dtv

Wußten Sie, daß Mickey Mouse ursprünglich Mortimer hieß? Oder daß eine Schnecke bis zu 25 000 Zähne hat? – Geballtes Wissen hebt des Wanderers Gemüt und tröstet ihn, bevor er im Sumpf der Tatsachen versinkt. Sind solche Tatsachen nun blühender Blödsinn, oder darf man sie ernsthaft zum Anlaß für neue Spekulationen nehmen? Hanswilhelm Haefs stellt es dem Leser anheim, gerät er doch selbst beim Stoffsammeln nur allzuoft ins Fabulieren und Augenzwinkern. Wie auch immer: Das Inhaltsverzeichnis weist viele Wege zum Vergnügen: Naturgeheimnisse und das Akkordeon in Norwegen, römische Damen in Bonn um 185, Theologie und Inquisition, Lebensläufe oder die Slawen und Ostdeutschland ... Greifen Sie hinein in dieses ultimative Schatzkästlein – Sie finden dort die neuesten Ergebnisse eines unermüdlichen Sammlers, ergänzt um die besten Stücke aus den Handbüchern zwei und drei.

Hanswilhelm Haefs wurde am 11. November 1935 in Berlin geboren und studierte in Bonn, Zagreb und Madrid. Seine Reisen führten ihn u. a. in die USA, nach Kanada, Israel und China. Haefs gründete die Deutsche Marco-Polo-Gesellschaft und lebt heute als Übersetzer, Herausgeber und Autor zahlreicher Bücher in der Alten Schule zu Atzerath in Belgien.

Hanswilhelm Haefs

Das ultimative Handbuch des nutzlosen Wissens

Deutscher Taschenbuch Verlag

Von Hanswilhelm Haefs
ist im Deutschen Taschenbuch Verlag erschienen:
Das Handbuch des nutzlosen Wissens (20111)

Für Herrn Arne:
ein kleiner Stein
zum großen Mosaik

Originalausgabe
Dezember 1998
4. Auflage November 1999
© 1998 Deutscher Taschenbuch Verlag GmbH & Co. KG,
München
Umschlagkonzept: Balk & Brumshagen
Umschlagbild: © Andrew Shachat/ZEFA, Düsseldorf
Satz: KCS GmbH, Buchholz/Hamburg
Gesetzt aus der Plantin 9,5/11˙ (QuarkXPress)
Druck und Bindung: Presse-Druck Augsburg
Gedruckt auf säurefreiem, chlorfrei gebleichtem Papier
Printed in Germany · ISBN 3-423-20206-8

Inhalt

Vorwort
7

I. Von den geheimsten Geheimnissen der Natur
13

II. Von den Völkern, ihren Eigenschaften,
Sitten und Ritualen
Außerdem: die Geschichte des Akkordeons
in Norwegen
69

III. Geschichte, wie sie wirklich war,
und die von zwei römischen Damen in Bonn um 185 sowie
von der Echternacher Springprozession
83

IV. Von Gott und Engeln, Theologie und Wissenschaft
zunebst der Geschichte der Inquisition
121

V. Wie die Slawen in die Geschichte gerieten
und weite Teile des heutigen Ostdeutschland
besiedelten
145

VI. Von den Ursprüngen der Zisterze Ossegg
163

VII. Vom Stoff, aus dem gedichtet wird
183

VIII. Von Personen und Persönlichkeiten
Apropos Lebensläufe
215

Bibliographie
314

Vorwort
oder:
die Geschichte von der Sinnfindung bei der Suche
nach Ordnungsprinzipien im Zettelkasten

Je wichtiger ein Buch ist, desto umfangreicher haben Vorwort und Anmerkungsapparat zu sein. Doch sei an dieser Stelle auch und besonders jener schönen, rhodopygischen Römerin gedacht, die – Historikerin und Philosophin – mich in Arezzo vor Brancusi-ähnlichen etruskischen Köpfen und in Pisa im herrlichsten Campo Santo davon zu überzeugen trachtete, daß Faktenwissen nutzlos sei, weil aristokratische Menschen Welt und Wahrheit aus sich selbst schöpften.

Mein Freund Hugo Schrath erläuterte einst der liebenswürdigen Gefährtin seiner Forschungsfahrten durch slawische, magyarische und andere balkanische Landschaften (unter denen Maghrebinien nicht die geringste ist!) in Domažlice/Taus, dem hübschen Hauptort der Choden, vor dem Oswald von Wolkenstein vormals sein Auge nicht verlor:

»Wenn du sagst: ›Welch schöne Kirche!‹, und ich antworte: ›Apropos Kirche – kennst du eigentlich schon den herrlichen Hauptaltar von Meister Paul zu Leutschau?‹ – dann ist das ein ordentliches Apropos. Sage ich aber: ›Apropos Kirche – Zander schmeckt in Knoblauchbutter gebraten doch am besten!‹ – dann ist das ein unordentliches Apropos, unordentlich, weil der Gang der Assoziation (Kirche – Fasten – Fastenspeise – Fisch – Zander) nicht mehr erkennbar ist. Scharf ist davon aber das klassische Nonsequitur zu trennen, etwa der Art: ›Apropos Kirche – ich habe Hunger‹.«

Kein Wunder, daß jene bezaubernde Dame eines Tages das Reisen mit ihrer Privatuniversität satt hatte und es aufgab.

»Bekanntlich« ist bekanntlich die unverfrorenste unter allen unverschämten Anreden, unterstellt sie den Angesprochenen doch in hämischer Weise: wären sie selbst nicht so blöde oder faul, wüßten sie eh schon, was der hochgelahrte Autor ihnen im Folgenden zu verpassen gedenke. Das klingt dann etwa so: »Bekanntlich hat bereits Isidor von Sevilla in seiner Etymologie ›Bulgaren‹ und ›Burgunder‹ aus sprachlichen Gründen miteinander verwechselt und sie für ein Volk gehalten.« Diesen Satz habe ich des Beispiels halber frei formuliert. Doch trifft sein Inhalt trotz des »Bekanntlich« zu, und also merken Sie ihn sich gefälligst!

> »Auch wenn der Baumeister oder Maurer selbst weder die Steine noch die Materialien herstellt, aus denen er das Schloß oder Haus erbaut ..., so hat er doch die Materialien zusammengetragen, ihnen ihren je eigenen Platz zugewiesen, gemäß der Absicht, die er zu verwirklichen sucht. Genau so bin ich mit den Stoffen verfahren, aus denen sich meine Abhandlung zusammensetzt; mir genügt es völlig, wenn ich sie so zu verwenden weiß, daß sie der Idee, die ich entwickeln will, dienen und diese verstärken.« (Christine de Pizan)

Damit ist erneut untermauert, was sich wie folgt behaupten (und belegen) läßt: Alle aufgeführten Fakten sind in ihrer Faktizität zutreffend. Für Zitate aus der Literatur aber gilt weiterhin der altchinesische Brauch, dessen ich bald gedenken werde.

Angesichts des Reichtums der neuerlichen Versammlung kaleidoskopischer Elementarteilchen galt es zunächst, das

Vorwort

Material nach einer überzeugenden Ordnung zu sichten. Hierbei lag nun natürlich in dieser unserer Republik nichts näher, als sich an den Wortordnungsgruppen der hochverehrten Ahnherren aller Großhandbücher zu orientieren, der Brüder nämlich Jakob und Wilhelm Grimm. Nun wird es männ/frau/iglich unmittelbar einleuchten, daß einem Vertreter unseres sprachlich schwächer begabten Zeitalters die Einordnung solchen Materials, wie es hier vorgelegt wird, in jene Wortordnungsgruppen höchster Geistigkeit nicht nur anmaßend, sondern grundsätzlich unmöglich erscheint. So mußte denn zährenden Blicks auf eine Anlehnung an die tröstlichen Gebrüder verzichtet werden.

Ein anderes mögliches Ordnungsprinzip hat Vladimir Nabokov beschrieben: »Allein gelassen, machte sich Cincinnatus an die Suppe und blätterte gleichzeitig im Katalog. Sein Kern war sorgfältig und gefällig gedruckt; in den gedruckten Texten waren mit roter Tinte und einer kleinen, aber genauen Handschrift zahlreiche Texte eingefügt. Für einen Nichtfachmann war es schwierig, aus dem Katalog klug zu werden, da die Titel nicht in alphabetischer Folge, sondern nach ihrer jeweiligen Seitenzahl angeordnet waren und Vermerke darüber trugen, wie viele Extrablätter (um Doppelungen zu vermeiden) in dieses oder jenes Buch eingeklebt waren. Daher suchte Cincinnatus ohne ein bestimmtes Ziel und wählte, was ihm zufällig gerade verheißungsvoll schien.«

Natürlich wäre es ein leichtes gewesen, die einzelnen Einträge in einer diesem Prinzip angepaßten Folge zu bieten, etwa nach der Zahl der Buchstaben jeder Notiz geordnet, zumal ja diesem Handbuch wie jenem Katalog das Zugriffsprinzip der Suche ohne bestimmtes Ziel vorgegeben ist. Jedoch weigerte sich der Kompilator, buchstabenzahlgleiche

Notizen zur Vermeidung von Doppelungen durch Hinzufügungen zu verungleichen, und außerdem konnten sich Kompilator und Lektor nicht einigen, ob im Zweifelsfall die absteigende oder die aufsteigende Zahlenreihe zugrunde zu legen sei. Einem Vorschlag des Verlegers, die Frage durch ein Duell (= Gottesurteil) zu bereinigen, vermochten sich beide angesichts der dem Vorschlag innewohnenden doppelten Frivolität (= Leichtfertigkeit) nicht anzuschließen.

Somit konnte auch die geistreiche Idee des großen Entomologen Nabokow, eines wahren Nachfahren des bedeutenden Linnaeus, nicht übernommen werden.

Bot sich als dritte Ordnungsmöglichkeit ein Verfahren an, das uns im anderen tiefsten Weisheitsbronn begegnete: jenes chinesische Ordnungsverfahren, das hier der Einfachheit halber noch einmal zitiert werde, aus der bedeutenden Enzyklopädie Alt-Chinas ›Himmlischer Warenschatz wohltätiger Erkenntnisse‹ (dessen bedeutungsvoller Titel gar nicht tiefgründig genug ausgelotet werden kann). Dort hatte man für die Tierwelt die folgende Ordnung entwickelt:

a) Tiere, die dem Kaiser gehören
b) einbalsamierte Tiere
c) gezähmte
d) Milchschweine
e) Sirenen
f) Fabeltiere
g) herrenlose Hunde
h) in diese Gruppierung gehörende
i) die sich wie Tolle gebärden
j) unzählbare
k) die mit einem ganz feinen Pinsel aus Kamelhaar gezeichnet sind

l) und so weiter
m) die den Wasserkrug zerbrochen haben
n) die von weitem wie Fliegen aussehen

Nun gestehe ich, daß mir beim Versuch, diese ungemein einleuchtende Ordnung als Raster dem hier versammelten kaleidoskopischen Material überzustülpen, der kalte Schweiß ausbrach. Der Gründe dafür sind viele, die sich aber an einem einzigen Beispiel ganz eindeutig erklären lassen. Guy de Maupassant beschreibt eingangs seiner furchtbaren Geschichte vom ›Horla‹ die Gegend, wie sie sich ihm an diesem bewunderungswürdigen Tag darbot: »Gegen 11 Uhr zog ein langer Konvoi von Schiffen, gezogen von einem *Schlepper, groß wie eine Fliege*, der vor Mühe keuchte und dicken Rauch erbrach, an meinem Gatter vorüber.« Dementsprechend wäre also dieser Schlepper durchaus der obigen Kategorie n) zuzuordnen. Wenn nicht, ja wenn nicht in der ganzen Enzyklopädie wohltätiger Erkenntnisse kein Wort darüber befindlich ist, wie denn Schlepper als solche zu betrachten sind: als Tiere oder als was?

Daraus ergibt sich nun, zumindest nach dem höchst fragwürdigen argumentum e silentio (= Schweigen ist auch ein Argument) sowie der Popperschen Falsifikationslehre (»Suche die eine Ausnahme und die Regel ist keine mehr«), daß offenbar abendländische Dinge nicht gewillt sind, sich dem Raster chinesischer Weisheitsordnungen zu unterwerfen.

So blieb mir denn nichts anderes übrig, als mich auf die Suche nach jener druidisch-mustergültigen Ordnung zu machen, die zukünftig in fernsten Gefilden mit Recht bestaunt werden wird. Aber nun erwies sich das Unheimliche an magisch-mystischen Vollzügen: Nachdem ich die neuen Zettelkästen ins Rüttelsieb der kaleidoskopischen Zahl gegeben hatte, sortierte sich das meiste gefügig in die entsprechenden Töpfchen.

Für Zitate hinwieder lautete das Problem nicht, wie sie thematisch zuzuordnen seien, sondern ob intellektueller Redlichkeit halber überall der Weisheitsquell benamst werden müsse. Hier nun konnten glücklicherweise doch noch, wie vorstehend angedeutet, die alten Chinesen hilfreich einspringen, da eine Anthologie schöner Zitate mit wissenschaftlichem Anspruch wirklich das letzte Ziel vorliegenden Bemühens ist. In der klassischen chinesischen Literatur war es nämlich so, daß man Zitate mit Absicht nicht als solche kennzeichnete, sondern vielmehr um so größeren Ruhm erwarb, je geschickter und unauffälliger man der großen Alten Ideen ins eigene kleine Werklein diskret einzubetten verstand. Und ähnlich genoß die gebildete Leserschaft – die liebliche Leserin ebenso wie der wohlgeneigte Leser – gerade wegen dieser Diskretion das Werk des kleinen Meisters, da er ihr zwar die alten Ideen nicht vorenthielt, sie aber so zu verpacken verstand, daß sie auch als neue gelten konnten, und damit ein zwiefach Feld der assoziativen Freuden eröffnet wurde: der Assoziationen aus dem alten wie der aus dem neuen Kontext, und ihr Amalgam.

Da nun nicht anzunehmen ist, ja der Gedanke allein schon fast eine Beleidigung wäre, die hiesige Leserschaft des Volkes der Dichter und Denker sei nicht auch auf diesem Gebiet den nach Fortschritt jammernden Chinesen bereits weit voraus, habe ich mich um so reineren Gewissens jenes Verfahrens bedient. Was itzo zu belegen ist.

Und also: Valete!

Und: Dann lest mal schön.

I. Von den geheimsten Geheimnissen der Natur

»Unsere Erde ist vielleicht ein Weibchen.« (Lichtenberg)

»Wann ist und wo das zweite Frühstück abhanden gekommen?«
(Johannes Groß)

»Wundern kann es mich nicht,
daß Menschen die Hunde so lieben;
denn ein erbärmlicher Schuft ist,
wie der Mensch, so der Hund.« (Goethe)

»Die Grundlage des Christentums ist ein Apfel!«
(Gustave Flaubert)

»Vögel, die durch die Luft humpeln, sind ebenso arme Hunde wie Würmer, die im Stall unter der Scheißkruste langfliegen.«
(Camilo José Cela)

»Daß die Sonne am Abend untergeht, bedeutet noch lange nicht, daß sie am nächsten Tag auch wieder aufgeht.«
(Mathilda Snowden)

Von den geheimsten Geheimnissen der Natur

»Wir wissen nicht, wir raten ... Alles Wissen ist Vermutungswissen ... Wissenschaft ist nicht Besitz von Wissen, sondern Suche nach der Wahrheit ... Das Verfahren der Wissenschaft sollte Falsifikation und nicht Verifikation sein; ihre Methode Mutmaßung statt Anmaßung.« (Karl Popper)

»Für 1 km Autobahn könnten 6 geisteswissenschaftliche Zentren mehr als 10 Jahre lang forschen.« (Wolfgang Thierse)

»Greifvogelbegegnungen sind oft überraschend und bedauerlicherweise auch kurz.« (Einhard Bezzel)

»Moralisten sind wie Trichinen: beide leben im Schweinefleisch.« (Ein Zyniker)

Der Mensch kann als einziges Säugetier lächeln.

40% aller Säugetiere sind Nagetiere.

Etwa 70% aller Lebewesen sind Bakterien.

Auf Komodo leben immer noch prähistorische Salamander.

Mollusken sind nach den Insekten die zweithäufigste Lebensart auf Erden.

Die Amazonas-Regenwälder stellen (noch) etwa 1/3 der gesamten Waldfläche auf Erden dar. Das Amazonas-Flußsystem führt rund 1/4 allen Flußwassers auf Erden. Die gesamte Waldfläche der Regenwälder am Amazonas entsprechen ungefähr der Landoberfläche der USA. In ihnen leben rund 50% aller Vogelarten auf Erden.

Allah schuf sich die Sahara zum Garten, aus dem er alles überflüssige menschliche und tierische Leben entfernte, damit er wenigstens einen Ort habe, an dem er ungestört lustwandeln kann.

Wenn man alle Insekten auf Erden auf die eine Seite der Waage legte und alle anderen Tiere auf die andere, so wögen die Insekten schwerer.

Bienen haben fünf Augen.

Bienen töten pro Jahr mehr Menschen als Giftschlangen.

Honigbienen sterben an ihrem ersten Stich.

Bienenköniginnen legen bis zu 3000 Eier pro Tag.

Um ein Pfund Honig zu produzieren, müssen Bienen rund zwei Millionen Blüten anfliegen.

Zwar haben die menschlichen Wissenschaftler herausgefunden, wie Bienen sich verständigen, Bienen hingegen können keine Fremdsprachen lernen: ägyptische und deutsche Bienen z. B. können sich nicht miteinander verständigen.

Von den geheimsten Geheimnissen der Natur

Nach allen Erkenntnissen der Aeronautik ist die Hummel flugunfähig.[1]

Bärenlauch (allium ursinum) ist der Knoblauch (allium sativum) der Eifel.

Bärtierchen sind Raubsauger, die auf lateinisch vornehm Tardigrade = Langsamschreiter heißen, bis zu 1 mm lang werden und sowohl einen Atomblitz überdauern können (bisher gemessene Belastung mit 500 000 Röntgen ohne die geringsten Auswirkungen), wie auch Temperaturen bis -270° C: dann ersetzen sie die Wasserfüllung ihrer Zellen mit körpereigenem Glyzerin[2]; wenn aber das Wasser, ihr Lebenselement, völlig verdunstet, dann schrumpfen sie in einen Dürreschlaf, in dem sie nurmehr 1/500 ihres normalen Sauerstoffbedarfs haben, das einzige jetzt noch meßbare Lebenszeichen, und können in ihm jahrelang überstehen, bis neues Wasser sie zu neuem Leben erweckt.

Da die meisten Menschen im Bett sterben, empfiehlt es sich, dieses zu meiden.

Nur weibliche Moskitos stechen.

---

[1] Salvatorische Klausel: auch diese verblüffende Feststellung entnahm ich einem der im Anhang genannten Bücher und berichte sie hier, ohne für ihre Richtigkeit einstehen zu können, in der Absicht, die Freude der Verblüffung weiterzugeben.
[2] Ein natürliches Vorbild für die Hilfe, die österreichische Weinproduzenten mittels Glykolweins den Stadtstreichern leisten wollten.

Von den geheimsten Geheimnissen der Natur

Grillen hören mit den Knien.

Der Schmetterling hat 12 000 Augen.

Die Durchschnittsgeschwindigkeit eines Schmetterlings ist 32 km/h.

Die Seidenspringerraupe hat 11 Gehirne.

Einige Mottenarten senden Störfrequenzen aus, um die Hochfrequenzsuchorgane der Fledermäuse zu verwirren.

Heute ist der erste Tag vom Rest Ihres Lebens.

Die Crauschrecke, endogen, lebt nur so lange wie die Crau.

Crinoiden sind Seelilienreste, die nur in Europa und Nordamerika verbreitet sind.

Der Dornenkronenseestern Acanthaster planci mit 7 bis 23 Armen und einem Durchmesser von 30 bis 40 cm heißt so wegen der zahlreichen Stacheln auf seiner Körperoberseite.

In einem Bonner Labor wurde versehentlich spezifisches Politikermaterial mit behandelten Genen von Tieren und Pflanzen kombiniert. Nach der von Greenpeace betriebenen Sprengung des Labors entkamen etliche der Wesen in die Eifel und bewohnen nun dort einige zusammenhängende Täler.[1] Im grasigen Norden findet sich der Knallhamster Cricetus fragorax dumdum, der sich durch mit Geknall austretenden Gestank vor seinen gefährlichsten Feinden wie der Pfingstanakonda, dem Humpelkuckuck oder der Hasenschartenkrake schützt. Nahebei lebt die Hüpfschleiche Anguis fragilis salto salto, die die Geruhsamkeit des Schleichens mit dem Überblick verschaffenden Hüpfen verbindet. Östlicher lebt ihr Verwandter, der Jodelwurm Vermis ululator freneticus, der vor allem in Neumondnächten hemmungslos in Steilwänden jodelt. Das Leihwiesel Mustela creditabilis giro lebt vom Umsatz, indem es zunächst eine Maus fängt und diese erst laufen läßt, wenn sie zwei andere Mäuse beschafft hat. Ähnlich ernährt sich auch die Taschenflunder Pleuronectes flesus portemonnesus, ein Plattfisch, der innen größer ist als außen und sich von fremden Geldern in die eigene Tasche mehrt.[2] In der gleichen Gegend verwandeln sich Trauerweiden am Ende ihrer Trauerzeit in Wanderweiden Salix emigrans. Wanderweiden reagieren besonders allergisch auf den Meuchelmops Canis mopsis assassinus, der im zentralen Hochland sein Leben als indirekt fleischfressender Vegetarier fristet. Der Schrubberfink Fringilla purgatoria, oft fälschlich für eine Moppmeise gehalten, lebt in großen Stammesverbänden. In Feuchtzonen haust der seltene Klappenmolch Salamandra

---

[1] Ihre Konsolidierung und weitere Mutation zu selbständig lebensfähigen Wesen erlebten nur jene, die durch Zufall in Vollmondnächten Kreuzwege passierten, die von Ginster umstanden und von Eißen überschattet sind.

[2] Vermutungen, daß hier engere archaische Verwandtschaftsverhältnisse zur heutigen Spezies der Parteischatzmeister ans Tageslicht träten, konnten bisher nicht erhärtet werden.

Von den geheimsten Geheimnissen der Natur

valvina clic, auch Tütenolm genannt, der sich im Wege der Molchverklappung bis ins Metaphysische erstreckt.[1]

Eisbären fressen nie Pinguine.

Pro Quadratzentimeter Schnittnarbe gibt ein an Eutypiose eingegangener Rebstock alle 24 Stunden ca. 10 000 000 000 Sporen ab, für mindestens 5 Jahre = ca. 182 500 000 000 000 oder 182,5 Billionen Sporen, die den Boden weiter verseuchen und vor allem Weinstöcke zwischen 10 und 25 Jahren zu befallen lieben.

Flügelschnecken sind Meeresschnecken, die Flügel haben, als seien sie Putten.

Bei Fröschen können die Männchen nur die das Gebiet kennzeichnenden Töne vernehmen, die Weibchen nur die Balztöne.

---

[1] Für die Richtigkeit dieser bemerkenswerten Befunde hat, bis auf diese Anmerkungen, der Entdecker geradezustehen, der das auch in seinem passend ›Freudige Ereignisse‹ benamsten Werk tut. Als Eifelbewohner kann ich aber nicht umhin, und als langjähriger Eifelforscher (seit 1953), zu bezeugen, daß sich in diesem nordöstlichen Teil des großen und bedeutenden Ardennats noch viel merkwürdigere Dinge abspielen, abgespielt haben und noch abspielen werden, wie auch in den übrigen Landstrichen des genannten fünfgeteilten Landes, das angesichts der so positiven neuen Entwicklungen in Europa sehnsuchtsvoll seiner Wiedervereinigung in den Grenzen von 800 entgegenschlummert (alle späteren Grenzziehungen waren Firlefanzereien längst untergegangener Politbosse und Parteischatzmeister und sind daher unter demokratischen Umständen irrelevant).

Die Lippen sind nächst der Zunge der empfindlichste Körperteil. Die Lippen weisen für taktile Reize gegenüber etwa der Haut des Unterarms das 10fache Auflösungsvermögen auf.

Profi-Martini-Trinker leben vorwiegend von den Oliven.

Der flugunfähige Galapagoskormoran ist der beste Taucher unter allen Vögeln.

Generäle, die im Krieg fallen, haben ihren Beruf verfehlt.

Der Goldfisch sieht von allen Lebewesen das breiteste Farbspektrum.

Rammler können sich aus dem Stand 2 m hoch und 7 m weit katapultieren und auf der Flucht bis zu 80 km/h erreichen.

Vor 530 Millionen Jahren entstand im Rahmen der Naturexperimente mit Lebensformen das Helicoplacus, ein Lebewesen mit einem Bauplan, wie es kein heutiges Lebewesen besitzt: Einen spindelförmigen Körper umhüllte ein System spiralartig angeordneter Panzerplatten. Das bis zu 5 cm lange Wesen starb vor 510 Millionen Jahren wieder aus.

Der Hermelin ist kein Tier, sondern die westgermanische Verkleinerungsform zum althochdeutschen »harmo« = das Wiesel, und bedeutet das weiße Winterfell des Wiesels, bzw. das daraus geschaffene Rauchwerk.

Die Zahl der Nachkommen des Sperbers richtet sich nach der Zahl der Blaumeisen im Sommer.

Samuel Christian Hahnemann (*10. April 1755 zu Meißen, † 2. Juli 1843 in Paris) setzte sich für eine reine Arzneiheilkunde der Erfahrung ein, die sich auf geprüfte Einzelmittel, statt auf Vielgemische stützen sollte.
1810 schrieb er das ›Organon der Heilkunst‹, die Grundlegung der Homöopathie: »Wähle, um sanft, schnell und dauerhaft zu heilen, in jedem Krankheitsfall eine Arznei, welche ein ähnliches Leiden (homoion pathos) vor sich erregen kann, als sie heilen soll (similia similibus curantur).«
Als Allopathie bezeichnete Hahnemann die üblichen Behandlungsweisen, weil in ihr Arzneimittel meist dem Krankheitsbild gegensätzliche Erscheinungen hervorrufen.
Das Heilverfahren der Homöopathie wird als Reizbehandlung angesehen, wobei die Stärke des zu gebenden Heilmittels anhand der Krankheitszeichen des Einzelfalls bestimmt wird. Als »Urtinkturen« gelten zum Beispiel Tonerde, Salmiakgeist, Kochsalz oder Mönchspfeffer. Die Kleinheit der Gabe wird durch Verdünnen (hier Potenzieren genannt) erreicht. Zur Verdünnung füge man der gewählten Urtinktur 9 Teile Alkohol oder Milchzucker zu und verschüttle oder verreibe. Jede weitere Potenzierung (= Verdünnung) erfolgt wieder im Verhältnis 1 : 10, weshalb die einzelnen Stufen mit »D« bezeichnet werden = Dezimalpotenz (daher Potenzieren für Verdünnen).

Von den geheimsten Geheimnissen der Natur

$D_1 = 1 : 10$ $= 10\%$
$D_2 = 1 : 100$ $= 1\%$
$D_3 = 1 : 1000$ $= 0,1\%$
$D_4 = 1 : 10\,000$ $= 0,01\%$
$D_5 = 1 : 100\,000$ $= 0,001\%$
$D_6 = 1 : 1\,000\,000$ $= 0,0001\% = 2$ Tropfen Urtinktur in
                                                1 Badewanne Alkohol

Heute gilt als übliche höchste Verdünnung = Potenzierung
$D_{12} = 1 : 1\,000\,000\,000\,000 = 0,000\,000\,000\,1\%$

Sogenannte Hochpotenzler berichten von bedeutenden
Erfolgen mit D_{100}, D_{200} und $D_{2000} = 1 : 1\,0\,0\,\,\,0\,0\,0\,\,\,0\,0\,0\,\,\,0\,0\,0$
000 000 000 000 000 000 000 000 000 000
000 000 000 000 000 000 000 000 000 000
000 000 000 000 000 000 000 000 000 000
000 000 000 000 000 000 000 000 000 000
000 000 000 000 000 000 000 000 000 000
000 000 000 000 000 000 000 000 000 000
000 000 000 000 000 000 000 000 000 000
000 000 000 000 000 000 000 000 000 000
000 000 000 000 000 000 000 000 000 000
000 000 000 000 000 000 000 000 000 000
000 000 000 000 000 000 000 000 000 000
000 000 000 000 000 000 000 000 000 000
000 000 000 000 000 000 000 000 000 000
000 000 000 000 000 000 000 000 000 000
000 000 000 000 000 000 000 000 000 000
000 000 000 000 000 000 000 000 000 000
000 000 000 000 000 000 000 000 000 000
,000 000 000 000 000 000 000 000 000 000
000 000 000 000 000 000 000 000 000 000
000 000 000 000 000 000 000 000 000 000

Von den geheimsten Geheimnissen der Natur

000 000 000 000 000 000 000 000 000 000
000 000 000 000 000 000 000 000 000 000
000 000 000 000 000 000 000 000 000 000
000 000 000 000 000 000 000 000 000 000
000 000 000 000 000 000 000 000 000 000
000 000 000 000 000 000 000 000 000 000
000 000 000 000 000 000 000 000 000 000
000 000 000 000 000 000 000 000 000 000
000 000 000 000 000 000 000 000 000 000
000 000 000 000 000 000 000 000 000 000
000 000 000 000 000 000 000 000 000 000
000 000 000 000 000 000 000 000 000 000
000 000 000 000 000 000 000 000 000 000
000 000 000 000 000 000 000 000 000 000
000 000 000 000 000 000 000 000 000 000
000 000 000 000 000 000 000 000 000 000
000 000 000 000 000 000 000 000 000 000
000 000 000 000 000 000 000 000 000 000
000 000 000 000 000 000 000 000 000 000
000 000 000 000 000 000 000 000 000 000
000 000 000 000 000 000 000 000 000 000
000 000 000 000 000 000 000 000 000 000
000 000 000 000 000 000 000 000 000 000
000 000 000 000 000 000 000 000 000 000
000 000 000 000 000 000 000 000 000 000
000 000 000 000 000 000 000 000 000 000
000 000 000 000 000 000 000 000 000 000
000 000 000 000 000 000 000 000 000 000
000 000 000 000 000 000 000 000 000 000
000 000 000 000 000 000 000 000 000 000
000 000 000 000 000 000 000 000 000 000
000 000 000 000 000 000 000 000 000 000
000 000 000 000 000 000 000 000 000 000
000 000 000 000 000 000 000 000 000 000

000 000 000 000 000 000 000 000 000 000
000 000 000 000 000 000 000 000 000 000
000 000 000 000 000 000 000 000 000 000
000 000 000 000 000 000 000 000 000 000
000 000 000 000 000 000 000 000 000 000
000 000 000 000 000 000 000 000 000 000
000 000 000 000 000 000 000 000 000 000
000 000 000 000 000 000 000 000 000 000
000 000 000 000 000 000 000 000 000 000
000 000 000 000 000 000 000 000 000 000
000 000 000 000 000 000 000 000 000 000
000 000 000 000 000 000 000 000 000 000
000 000 000 000 000 000 000 000 000 000
000 000 000 000 000 000 000 000 000 000
000 000 000 000 000 000 000 000 000 000
000 000 000 000 000 000 000 000 000 000
000 000 000 000 000 000 000 000 000 000
000 000 000

Ich hoffe, richtig gezählt zu haben und bitte die Setzer um Vergebung! Als Prozentzahl wäre zu schreiben 0,000 …1 mit insgesamt 1999 Nullen hinter dem Komma!

Der italienische Physiker Amadeo Avogadro (* 9. August 1776 zu Turin, † daselbst 9. Juli 1856) stellte die Regel auf, daß alle Gase in einer Raumeinheit die gleiche Anzahl von Molekülen enthalten, wenn Druck und Temperatur gleich sind; die Avogadrosche Zahl besagt, daß bei 1 Atmosphäre Druck und 0° Celsius in 1 Kubikzentimeter $2{,}70 \times 10^{19}$ Moleküle des idealen Gases enthalten sind.

Der österreichische Physiker Josef Loschmidt (* 1821, † 1895) leitete 1865 aus der kinetischen Gastheorie die Anzahl der Moleküle eines Gases in 1 Kubikzentimeter ab und kam so zu der Loschmidtschen Zahl L je Mol;

L hat in der chemischen Atomgewichtsskala den Wert $L = 6{,}02 \times 10^{23}$.

Aus der Avogadroschen Konstante und der Loschmidtschen Zahl ergibt sich, daß – grob gerechnet – in 1 Gramm einer Substanz nur 6×10^{23} Moleküle, geteilt durch das Molekulargewicht, enthalten sind. Daraus folgt, daß ab D_{23} rein rechnerisch kein Molekül der Urtinktur, des Wirk- und Reizheilstoffes also, mehr enthalten sein kann.

$D_{23} = 1 : 100\,000\,000\,000\,000\,000\,000\,000$.

Schnecken können bis zu drei Jahre ununterbrochen schlafen.

Eine Schnecke kann bis zu 25 000 Zähne haben. Sie hat sie auf der Zunge.

Tausendfüßler fressen auch Fleisch.

Der letzte Dodo starb 1681.

Nur männliche Kanarienvögel können singen.

Kolibris können nicht zu Fuß gehen.

Der Kolibri kann als einziger Vogel rückwärts fliegen.

Truthähne starren während schwerer Regenfälle oft in den Himmel – und ertrinken.

Wasserschlangen können bis zu 100mal giftiger sein als jede Landschlange.

Krokodile töten pro Jahr etwa 2000 Menschen.

Krokodile können ihre Zungen nicht herausstrecken.

Kalmare können Selbstmord begehen, indem sie ihre eigenen Tentakel verschlingen.

Hummer haben acht Beine.

Hummer haben blaues Blut.

Der Schwertfisch schafft eine Höchstgeschwindigkeit von 110 km/h.

Delphine schlafen immer nur halb: jeweils eine Hirnhälfte ruht, während die andere wacht.

Der größte Salzwasserfisch ist der Walhai.

Haie sind immun gegen Krebs.

Die größten Eier legen Haie.

Von den geheimsten Geheimnissen der Natur

Hummer teilen sich – zumindest in Maine/USA – in Rechts- und Links-Händer, wobei die eine die Schneide-, die andere die Halte-Hand bzw. -Schere ist.

Igel, bedrängt, fauchen.

Kernphysik ist die feine Umschreibung für eine brutale Vergewaltigung unschuldiger Atome.

Der bis zu 80 cm große braune Kiwi (Apteryx australis) aus der Familie der Schnepfenstraußen heißt so, weil er bei der nächtlichen Suche nach Würmern und Beeren »Ki-wi, Ki-wi« ruft, während seine Frau mit einem krächzenden »Körr-körr« antwortet.

Knoblauch heißt so, weil die Wurzelknolle in Zehen gespalten ist, also zerkloben (von klieben = zerhauen, zu klauben = mit Fingern oder Zähnen mühsam, sorgsam, langsam voneinander lösen, herauslösen): Spaltenzwiebel.

1 Lichtjahr = 9 460 800 000 000 km (9,4608 Billionen km).

Masturbation ist die menschenwürdigste, frauenfreundlichste und Aids-feindlichste Entsorgungsmethode für sogenannte männliche Triebe.

Alle Menschen haben im Durchschnitt weniger als zwei Augen.

Die Weibchen des Neunbindengürteltieres Dasypus novemcinctus bringen stets eineiige Vierlinge des gleichen Geschlechts zur Welt.

Giraffen können nicht husten.

Känguruhs sind ausgezeichnete Schwimmer.

Der Koala-Bär ist kein Bär, sondern ein Beuteltier.

Bären sind wie Menschen Links- oder Rechtshänder.

Gorillas essen kein Fleisch.

Gorillas können nicht schwimmen.

Faultiere verbringen 75% ihres Lebens schlafend.

Ein Gepard (Tschita) kann aus dem Stand in zwei Sekunden eine Geschwindigkeit von 60 km/h erreichen.

Hunde sind farbenblind.

Tiere unterscheiden sich von Menschen dadurch, daß sie Rache und Vergeltung nicht kennen.

Von den geheimsten Geheimnissen der Natur

Auf der Hautoberfläche eines Menschen leben mehr Lebewesen als Menschen auf der Oberfläche der Erde.

Während der letzten 4000 Jahre wurde kein Tier neu domestiziert.

Das Tier mit dem größten Gehirn im Verhältnis zu seiner Körpergröße ist die Ameise.

Klapperschlangen schmecken fast wie Aal, nur zarter und besser, da ihr Fleisch fester und nicht tranig ist.

Schildkröten sind als Spezies 275 000 000 (275 Millionen) Jahre alt.

Langusten werden scharlachrot, wenn man sie kocht.

Flundern sind leicht zu speeren, wenn man auf die Zehen aufpaßt.

In Ägypten gilt das Kamel als äußerst schmackhaft. In Urumqi aß ich gebratene Kamelfüße: wirklich eine Delikatesse.

Statistisch gesehen kommen Todesfälle durch Flugzeugabstürze seltener vor als durch Eselstritte.

Von den geheimsten Geheimnissen der Natur

Das Schwein zählt zu den zehn intelligentesten Tieren und ist eines der saubersten, wenn man ihm ausreichend Platz einräumt.

1968 wurde jeder 32. Briefträger vom Hund gebissen.

Der Berg Athos ist auch für weibliche Tiere verboten.

90% jeder Pflanze sind Wasser.

Bereits 3000 vor Christus aß man in China Rhabarber.

Rhabarber war im Mittelalter eines der höchstbezahlten Ausfuhrgüter Chinas in den Westen.

Gurken sind Früchte, kein Gemüse.

Die rohe Gurke ist das kalorienärmste Nahrungsmittel.

Spinat kommt ursprünglich aus Persien.

Knoblauch gehört zur Familie der Lilien.

Die Tomate wurde in Deutschland während des Ersten Weltkriegs heimisch, von Berlin aus, die gelbe bulgarische Tomate, geliefert vom Kriegspartner Bulgarien, als Aufschnittersatz.

Ein Pädobaptist ist auch etwas ganz anderes, nämlich ein Anhänger der Kindertaufe.

Ein Mann von 68 kg reicht gerade zu einer Mahlzeit für 40 Kannibalen.

In den USA gibt es mehr Psychoanalytiker als Briefträger.

Unter Psychiatern gibt es doppelt so viele Selbstmorde im Jahr wie unter ihren Patienten.

Männer begehen doppelt so häufig Selbstmord wie Frauen.

Männer fallen häufiger aus dem Bett als Frauen.

Es kann bei näherer Betrachtung überhaupt kein Fleck entfernt werden, der Fleck bleibt in jedem Einzelfall restlos Fleck, er läßt sich in seiner Formgebung beim Wechseln seines Trägermediums nicht stören. Diese Form- und Energiekonstanz widerspricht dem Entropiegesetz, und schon ist mein häusliches Thema erneut in Gefahr, seinen Rahmen zu sprengen und unversehens überzugehen in ernste physikalische Problemstellungen, wenn nicht sogar in religionsphilosophische; denn einem Menschen, der stirbt, geht es kaum anders als einem Fleck, der entfernt wird:

Beide werden aus ihrem Milieu herausgelöst und finden sich, im Anschluß an die qualitätsauflösende Sekunde des Bügeleisens, ohne sonderliche Zeitverluste in einem vergleichbar saugfähigen Milieu wieder, sofort wieder festgeronnen, etwas größer geworden, sonst aber in praktisch unveränderter Gestalt, es sei denn, der Fleck wird in Flüssigkeit aufgelöst. Doch auch in diesem Fall findet keine vollständige Liquidierung statt, sondern die Substanzen des Flecks bleiben außerhalb seiner Form vollständig erhalten. Diese potentielle Unsterblichkeit teilt er mit der Amöbe, mit der er auch die typischen Pseudopodien teilt, ferner die Kopflosigkeit und überhaupt die unentschiedene Silhouette.

Gelbhaubenkakadus kratzen sich mit Stöckchen hinter den Ohren.

Da die Rabenkrähe Miesmuscheln nicht mit dem Schnabel öffnen kann, nimmt sie die Muschel in den Schnabel, fliegt hoch und läßt die Muschel auf einen Stein stürzen, wo sie aufplatzt.[1]

Heinrich Powenz erkannte als erster die Unzutreffendheit des Satzes, daß Parallelen sich in der Unendlichkeit schnitten. Man versetze sich, sagte er, im Geiste an jenen Schnittpunkt, und siehe: auch dort schneiden sie sich nicht.

---

[1] Das erinnert an das Schicksal des griechischen Dramatikers Aischylos: siehe nachstehend S. 294.

Von den geheimsten Geheimnissen der Natur

In den Tiefen der Braunkohlegruben irren krächzend Raben klagend durch die Mondschluchten.

Der zu den Rabenvögeln gehörende nordamerikanische Kiefernhäher Nucifraga columbiana heißt deshalb Nußknacker, weil er mit seinem langen spitzen Schnabel den Zapfen der Kiefernbäume in den großen Nadelbaumwäldern als Hauptnahrung den Samen entnimmt.

Der mittelatlantische Rücken ist 16 000 km lang.

Sahel bedeutet Ufer (der Wüste).

Schwertschwänze leben nach einer inneren Uhr, die zu den Zeiten der Dinosaurier gestellt wurde: Seither legen sie ihre Eier immer beim höchsten Springflutstand ab.

Der Wendehals, Jynx torquilla, war ein kleiner rindenfarbener Specht, der vorwiegend in den Gärten lebte, mit weichen Schwanzfedern und schwachem kurzem Schnabel; seine Eier legte er in Baumhöhlen ab; mit langer klebriger Zunge holte er als Hauptnahrung Erdameisen aus ihren Höhlen; den Winter pflegte er in Nordafrika zu verbringen.[1]

---

[1] Jede dieser Feststellungen ist natürlich rein naturkundlich und nur insofern auf sogenannte Menschen anwendbar, wie diese den Mut zur Demut in der Natur aufbringen und nicht aus der Feigheit wider die Natur existieren.

Von den geheimsten Geheimnissen der Natur

Durchschnittlich verliert man pro Tag 30 bis 60 Haare.

Menschenmuskeln können nicht schieben, sondern nur ziehen.

Der Mensch bewegt 43 Muskeln, wenn er ein finsteres Gesicht schneidet, und 17, wenn er lächelt.

Im menschlichen Nacken befinden sich Muskeln, die zwar heute ungeübt und außer Wirkung sind, einst jedoch dazu dienten, die Ohren zu bewegen.

Dem Linkshänder wachsen die Nägel an der linken Hand schneller, dem Rechtshänder die an der rechten.

Im Mittelalter war es üblich, daß Frauen sich Holunderzweige ans Fußende des Bettes banden, um zu verhindern, daß sie zu Hexen wurden.

Eau de Cologne wurde ursprünglich als Mittel gegen die Pest erfunden.

Abrakadabra war ursprünglich ein magisches Wort zur Bekämpfung von Heuschnupfen.

Am Niederrhein behandelt man schwere Fälle von andauerndem Erbrechen oder Durchfall mit Stutenmilch, die der Kranke trinkt, nachdem in ihr glühende Eisenstücke abgeschreckt worden sind.

Von den geheimsten Geheimnissen der Natur

Mütter neigen dazu, ihre unausgelebten Probleme und ihre unbefriedigten Sehnsüchte von ihren Töchtern austragen zu lassen.

Tabak ist geraucht gesundheitsschädlich, gegessen nahrhaft.

Wer ein Stück Sellerie ißt, verbraucht dabei mehr Kalorien, als das Stück enthält.

Die Verpackung von Cornflakes enthält mehr Nährstoffe als die Cornflakes in ihr.

Meine Mutter lehrte mich das Wackeln mit den Ohren und kaninchenhaftes Nasenflügelzucken.

Eine Blechbüchse verrottet im Durchschnitt binnen 100 Jahren.

Zungenabdrücke sind ebenso einmalig wie Fingerabdrücke.

Die gesamte Menschheit könnte auf der Insel Wight untergebracht werden, allerdings nur auf Stehplätzen.

Die Wissenschaft von der Dummheit heißt Morologie.

Wer an akuter Nasopharyngitis leidet, hat einen Schnupfen.

Wer Angst vor Betten hat, leidet an Klinophobie.

Wer Bärte fürchtet, leidet an Pognophobie.

Blonde Bärte wachsen schneller.

Tiefseefledermäuse sehen aus wie gerupfte Hühner und schwimmen wie Schollen.[1]

Der gemeine Vampir Desmodus rotundus, etwa mausgroß, lebt in Familienclans in nachtdunklen Baumhöhlen kopfunter: Ein männliches Leittier bildet mit einem Dutzend weiblicher Tiere und ihren Jungen die Lebensgemeinschaft. Zwischen weiblichen Tieren, vor allem verwandten, bestehen oft jahrelange freundschaftliche Beziehungen. Nach 60 Stunden ohne Nahrung verliert das Tier bis zu 25% des Körpergewichts, und seine Körpertemperatur sinkt unter die lebenserhaltende Grenze. Danach müßten statistisch gesehen pro Jahr 82% der ausgewachsenen Tiere Hungers sterben: doch sterben nur 25%, und manche Tiere werden bis zu 18 Jahre alt. Das wird dadurch ermöglicht, daß Clanmitgliedern, die wegen Unterernährung weniger als 24 Stunden Lebenszeit übrig haben, von Clangenossen durch aus dem Magen heraufgewürgtes Blutkonzentrat Futterübertragungen à la Bluttransfusion erhalten, so daß der Empfänger weitere 12 Stunden und also eine weitere Jagdnacht erhält, wäh-

---

[1] Amtlich heißen sie zwar nur Seefledermäuse, doch klingt »Tiefseefledermäuse« richtiger.

rend dem Spender noch mindestens 2 Nächte Lebenszeit verbleiben.[1]

Buckelwale komponieren immer neue Gesänge und wiederholen alte nur selten.

Das Wort huracán bedeutete in karibischen Indianersprachen jenen einbeinigen Gott, der brüllend übers Meer stieg.

Da Stahl sich in der Hitze ausdehnt, ist die Eisenbahnbrücke über den Forth in Schottland im Sommer einen Meter länger als im Winter, der Eiffelturm in Paris 15 cm höher.

Bestimmte Kunststoffe, die im Autobau verwendet werden, riechen ähnlich wie weibliche Marder, weshalb immer häufiger Marder unter Motorhauben schlüpfen und dort Kabel und Leitungen zernagen.

Bleistifte werden nicht aus Blei, sondern aus Graphit hergestellt.

Die kleinsten Naturbäume der Welt sind die Zwergweiden Grönlands, die knapp 5 cm Höhe erreichen.

---

[1] Der Zusammenhang zwischen diesem Verhalten und jenem so menschlichen wie widerständigen des Grafen Dracula harrt noch der wissenschaftlichen Erhellung.

Von den geheimsten Geheimnissen der Natur

Blauwale erreichen die 5fache Größe von Dinosauriern.

Die Barten der Wale sind Hornplatten, die einst als Fischbein in Korsetten staken.[1]

Die alten Griechen betrachteten die Delphine als Symbole der Liebe.[2]

Grauwale vollziehen das zärtlichste Liebesspiel. Zwei Wale bemühen sich um eine Walin. Sobald diese gewählt hat, verschwindet der Nichterwählte zunächst in den Tiefen des Ozeans. Er taucht wieder auf, sobald das Vorspiel beendet ist und die eigentliche Kopulation beginnen soll. Dann stützt er – meist querliegend – den Erwählten im Rücken, um diesem so die Einführung des bis zu 3 m langen Penis beim senkrecht im Wasser vollzogenen Akt zu erleichtern.[3]

Wallenborn bei Gerolstein heißt Wallenborn, weil dort noch immer der Born wallt, Geysir auf eiflisch.

Die Mandelbrot-Menge ist keine EG-Produktionsnorm für Bäckereien, sondern beschreibt das spontane Entstehen

---

[1] Wegen ihres zähen Widerstands gegen quellende (Offiziers- wie Damen-) Massen im Dienste der Eitelkeit.
[2] Wegen ihrer Zärtlichkeit, in der egoistische Motive nur aus dem Bereich der Spielfreude erkennbar sind.
[3] Ein weiterer Beweis dafür, daß Eifersucht nichts mit Liebe, sondern ausschließlich mit Besitzgier zu tun hat.

symmetrischer Systeme im Chaos, wie etwa von Farnblättern oder Schneekristallen.

Stiefmütterchen heißen Stiefmütterchen, weil das Hauptblumenblatt, die Stiefmutter, auf zwei grünen Knospenblättern sitzt, zu ihren Seiten ihre legitimen Blumenblätterkinder je auf einem eigenen Sitz, während ihr gegenüber ihre Stiefblätter zu zweit auf einem Knospenblatt zusammengedrängt hocken müssen.

Sonnenkollektoren wandeln Tageslicht bei 0° Celsius mit einem Wirkungsgrad von 40% um: Eisbärenfelle wandeln einstrahlendes Licht zu 95% in Wärme um.

Die durch Abermillionen mehr oder minder vergilbter Photographien belegte Vorliebe nackter Mädchen für Eisbärenfelle vor Kaminen läßt daher auf frühe intuitive Einsichten der Kleinen in Zusammenhänge schließen, die der Wissenschaft erst jüngst bekannt wurden.

99% aller Arten, die bisher auf Erden lebten, sind bereits wieder ausgestorben – oder vom Menschen ausgerottet worden, der sich dieser Ausrottung mit höchst erfolgreichem Stumpfsinn weiter hingibt.

Baumschlieffer sind stammesgeschichtliche Verwandte der Elefanten.

Im Herbst sitzen alte Damen auf den Parkbänken, damit sich die nicht wie die Zugvögel auch davonmachen und Liebespaare im Winter dann im Schnee stehen müßten.

Wenn Westeuropa in dem gleichen Maße weiter sinkt wie gegenwärtig, wird in 200 000 Jahren der Eiffelturm überflutet sein.

Eisberge wiegen durchschnittlich 20 000 000 (20 Millionen) Tonnen.

Vor rund 450 Millionen Jahren befand sich der Südpol da, wo heute die Sahara ist.

In der Sahara gibt es eine Stadt, die ausschließlich aus Salz erbaut ist.

Der Nil ist, soweit man weiß, nur zweimal zugefroren: im 9. und im 11. Jahrhundert.

Das Rote Meer wird in der Bibel nicht erwähnt. Doch gibt es die Theorie, daß seine eigentliche Bezeichnung Schilfmeer war; durch einen Abschreibfehler in englischen Übersetzungen wurde aus dem Reed Sea Red Sea, von woher das Rote Meer seinen Ausgang nahm. Das Schilfmeer wird in der Bibel erwähnt.

Während Sie diesen Satz lesen, werden Sie von 100 000 000 000 000 000 000 (100 Milliarden Milliarden) Luftmolekülen bombardiert.

Von den geheimsten Geheimnissen der Natur

Die Chemikalie Tryptophansynthetase wird mit der Formel $C_{1289} H_{2051} N_{343} O_{375} S_8$ bezeichnet, ihr voller Name zählt 1913 Buchstaben.

Ohne Abkürzungssysteme wie 9^{99} brauchte man zur Darstellung dieser Zahl 369 000 000 Ziffern (3 ist zur 387 420 489. Potenz erhoben).

Die Völker fordern von den politischen Klassen ihre Länder zurück.

Wie kann jemand ständig die Ärmel aufkrempeln, um anzupacken, wenn er sie zwischendurch nicht immer wieder heruntergekrempelt hat?

Daß die Mathematik den Naturwissenschaften zuzurechnen ist, geht z. B. aus folgendem Satz zur Vektorenlehre hervor: »Ein stetig und nicht-trivial gekämmter Igel hat mindestens einen Glatzpunkt.«

Es ist eines, das Wort Ringelblume zu kennen, gar in fremden Sprachen, ein anderes, sie in der Natur zu erkennen.

Rippenquallen können groß wie Hüte werden.

In der Antarktis gibt es keine Heuschrecken.

Meerschweinchen reagieren fast um den Faktor 10 000 empfindlicher auf Tetrachlordibenzodioxin (TCDD) als syrische Goldhamster.

Schillerlocken werden aus Haifleisch gedreht.

Ratten, die das Schiff verlassen haben, nehmen es ihm übel, wenn es dann nicht untergeht.

Eine Fleder-Maus könnte als eine nach Ovids Art verwandelte Maus angesehen werden, die, von einer unzüchtigen Maus verfolgt, die Götter um Fliehflügel bittet, die ihr auch gewährt werden. Dieses ist eine Theorie, die meines Erachtens in der Psychologie eben das vorstellt, was eine sehr bekannte in der Physik ist, die das Nordlicht durch den Glanz der Heringe erklärt.

Ich habe nie mehr etwas Komischeres gesehen, als einmal einen an der Spitze einer Staubwolke durch die arizonische Wüste rasenden Roadrunner.

Nilpferdleder wird nach 6jährigem Gerben so hart, daß man es zum Schleifen von Diamanten verwendet.

Das Nilpferd verwirbelt seinen Kot beim Ausscheiden mittels seines kurzen, spatelförmigen, propellerartig rotierenden Schwanzes. Denn:

Als Gott die Welt erschuf, bestimmte er das Flußpferd dazu, in Afrika Gras zu weiden. Als das Flußpferd merkte, wie heiß es dort ist, bat es um Erlaubnis, tagsüber im Wasser zu bleiben und nur nachts Gras fressen zu müssen. Gott erlaubte das unter der Bedingung, daß es am Tage nicht heimlich Fische fresse. Seither verwirbelt das Tier seinen Kot, um Gott zu zeigen, daß keine Gräten darin sind.

Man muß Nichtstun nicht *tun*, sondern *nicht* tun.

Bei den Seenadeln tragen die Männchen die Eier, die ihnen die Weibchen in ihre Bruttaschen legen, mit sich herum.

Der Seeschmetterling ist eine Meeresschnecke, die von Plankton lebt.

Die Seeschwalbe brütet im Wattenmeer und fliegt zum Überwintern nach Südafrika.

Nach Richard Dawkins sind die Körper der Organismen lediglich Vehikel, die sich die Gene zur ununterbrochenen Weitergabe ihrer Informationen geschaffen haben; demnach steuert in der Natur der Gen-Egoismus das Verhalten alles Lebendigen, und das Huhn ist lediglich eine Erfindung des Eis, um die weitere Produktion von Eiern sicherzustellen.

Nach Wolfgang Wieser stellt die wichtigste neue Erkenntnis der Evolutionstheorie die Einsicht dar, daß die Selektion sich nicht auf Individuen, sondern auf Populationen richtet: weshalb die Ablehnung eindimensionaler Fortschrittsmodelle ebenso notwendig und nötig ist wie der Übergang von linearem zu systemorientiertem Denken.

Von den geheimsten Geheimnissen der Natur

Träge Tiere tauchen tiefer.

In der Regel sind Bischöfe größer als einfache Geistliche, Universitätspräsidenten größer als College-Präsidenten, und Verkaufsleiter größer als Verkäufer.

In Irland gibt es keine Schlangen und keine Schildkröten. Und in einem einzigen Staat Europas, nämlich in Island, gibt es überhaupt keine Amphibien oder Reptilien, also zugleich auch keine Eidechsen oder Frösche.

Daß in den Kirchen gepredigt wird, macht die Blitzableiter auf ihnen nicht unnötig.

An vielen Stellen ist der Neckar so schmal, daß man einen Hund hinüberwerfen kann, wenn man einen hat.

Der Mensch hat im Mund mehr Bakterien als im After.

Mit dem Kopf gegen die Wand schlagen verbraucht pro Stunde 150 Kalorien.

Männer sind komische Wesen. Neulich sah ich einen in einer Ausstellung vor einem vollendeten Marmorakt in Lebensgröße stehen, ruhig und in die Vollkommenheit der marmorn prangenden Pracht versunken. Da begann neben ihm ein gar nicht besonders hübsches Mädchen, an ihrem Strumpfband zu nesteln. Das Rascheln durchdrang seine

Versunkenheit ins künstlerisch Vollkommene. Ein Blick nur, und alle Verzauberung durch die Statue schwand aus seinen Augen.

Nichts unterscheidet den Menschen eindeutiger von Vieh und Gemüse als seine Fähigkeit, seinen innersten Bewegungen schriftlich Ausdruck zu verleihen.

Der Hund wurde vom Menschen vermutlich zuerst als sich selbst transportierender Fleischvorrat domestiziert und gezüchtet.

In der Mandschurei aß ich hervorragend schmeckenden »Feuertopf«; einen raffiniert gewürzten Eintopf mit Hundefleisch.

Hunde, die bellen, beißen solange nicht.

Wer kein Steckenpferd reitet, den reitet der Teufel.

Die Augenbrauenzipfelkröte – wenn sie sie hochzieht, gibt es Regen.

Der Meleagris gallopavo liebt das Fliegen nicht, schlägt in der Balz sein 18fedriges Schwanzgefieder wie ein Pfau zum Rade, rennt schneller als ein Pferd, heißt bei uns Truthahn (von seinem Lockruf »truut«) oder Puter (männliche Form zur niederdeutschen Pute, die nach dem niederdeutschen Lockruf nach Hühnern »put-put« so genannt ist), lebte einst auf dem gesamten Territorium der USA östlich der Rocky Mountains bis hinab nach Mexiko, sollte nach dem Willen von Benjamin Franklin als der typischste allgemein vorkommende Vogel zum Wappentier der Vereinigten Staaten werden, heißt dort offiziell Turkey (weil Engländer ab 1555 das Guinea-Huhn wegen seiner bunten Ähnlichkeit mit türkischen Festgewändern Turkey-cock bzw. -hen nannten, obwohl es aus Afrika stammt), wird aber allgemein »gobbler« genannt (wegen seines charakteristischen Geräuschs aus der Gurgel, dem Kollern), während man ihn in manchen Gegenden Frankreichs »jésuit« nennt (weil Jesuitenmissionare ihn aus Nordamerika nach Europa zurückbrachten).

Auf dem unbeackerten Boden der Unwissenheit wuchert das Unkraut der Vorurteile.

Die Zahnfußgarnele kann mit ihrer Schere ein so scharfes Knacken produzieren, daß davon ihre Beutetiere betäubt, manchmal gar getötet werden.

Zahlen sind algebraische Strukturen, die durch ihre Axiomensysteme definiert werden.

Wie groß muß die Langeweile des Mondes im Mai sein, der doch im März schon den Katzen leuchtet?

Nicht ohne Grund fragte sich einst Janusz Minkiewicz, ob wohl Hennen nächtens ihrem Hahn zuflüstern, sie hätten ein süßes Geheimnis: »Wir kriegen ein Ei!«

Der Esel kommt mir vor wie ein Pferd ins Holländische übersetzt.

Das Landkärtchen Araschnia levana sieht im Frühjahr ganz anders aus als im Sommer.

Die Zahl 13 trägt in der abergläubischen russischen Sprache den hübschen Namen »Teufelsdutzend«.

Die Männchen des Feuerkäfers Neopyrochroa flabellata nutzen eine Substanz als Sexuallockstoff, die von anderen Käfern stammt. Bei dem als Kantharidin bezeichneten Stoff handelt es sich um einen komplizierten Phenolabkömmling. Er wird von Blasenkäfern gebildet und ausgeschieden.

Ein Katzenfloh mißt nur 3 mm und kann 100mal so weit springen. Eine Hornmilbe mißt nur $1^{1}/_{2}$ mm und kann 290mal so weit springen. Ein Mensch könnte, besäße er diese Fähigkeit, fast $^{1}/_{2}$ km weit springen. Da er sie nicht besitzt, muß er Brücken bauen.

Oh, man kommt ins Plaudern, wenn es um den Mops geht. Es gibt viel zu erzählen über ihn, und seine Geschichte ist anders, als man denkt. Der Mops war nicht immer der Blödel, zu dem man ihn in der Commedia dell'arte machte, wo er als Affenersatz den Arlecchino und den Petruccio geben mußte. Und fette Sofarollen (»alter Damen Freude«, heißt es bei Wilhelm Busch) wurden die Möpse erst im 19. Jahrhundert, an dessen Ende Brehm den Mops »das Zerrbild der Hunde« nannte und schrieb: »Die Welt wird nichts verlieren, wenn dieses abscheuliche Tier den Weg allen Fleisches geht.«

Das nach dem deutschen Mathematiker und Astronomen August Ferdinand Möbius (1790–1868) benannte Band hat weder Ober- noch Unterseite, weder Vorder- noch Rückseite, weder Ober- noch Unterkante. Wenn man das in sich um 180 Grad verdrehte Band in der Mitte teilt, erhält man ein doppelt so langes Band. Zerteilt man das, erhält man zwei ineinander geschlungene Ringe. Ein »unechtes« Möbius-Band entdeckte die Voyager-Sonde als Bestandteil der Saturn-Ringe. Wie es zustande kam, ist den Astronomen bis heute ein Rätsel.

Starenschwärme mit bis zu 50 000 Individuen führen manchmal gemeinsame komplexe Flugmanöver durch, für die sie nur Sekundenbruchteile brauchen, ohne Stau oder Crash. Bis heute weiß niemand, warum und wie.

Der Adlerrochen sieht mit seinem schwarzen Umhang wie ein Vampir aus.

Zwischen Mitteleuropa und Asien lebt in den Getreidehalmwäldern die Zwergmaus Mi cromys mutus von Daumengröße und nur bis zu 7 Gramm schwer. Sie spreizt ihre Zehen und hangelt sich auf der Suche nach Samen, Knospen und Früchten wie ein Affe an den Stengeln hoch, wobei sie den Klammerschwanz als Stütze verwendet. Doch ist auch der Halmwald ihr kein Schlaraffenland: je kleiner ein Säugetier, desto größer der Energiebedarf. Eine Maus verbraucht pro Gramm Körpergewicht pro Minute 100mal mehr Energie als ein Elefant.

Die Drachenbäume auf den Kanaren heißen so, weil sie aus den Schuppen emporwachsen, die den trauernden und weinenden letzten Drachen abfielen, als sie nach dem Aussterben der meisten ihrer Art fliegend über die Kanaren hin ins Nichts flüchteten, indem sie in der Unsichtbarkeit verschwanden.

Wenn wir im Englischen Garten spazierengehen, verdunkelt sich gelegentlich die Sonne, und ein riesiger Schatten fällt. Unser Haar weht in den Atemzügen eines Ungeheuers, der Boden zittert wie unter gigantischen Hammerschlägen, als nahe der Tyrannosaurus rex, und in den Maßkrügen am Chinesischen Turm zittert das Bier. Sein Schaum zerfällt. Dann wissen wir: Ein Doggenfreund führt seinen Liebling aus, »gewaltig schnell von flinken Läufen, / gewohnt, den wilden Ur zu greifen«, wie Schiller im Gedicht über zwei Doggen schrieb, die auf einen Lindwurm gehetzt wurden, »zu fassen ihn mit scharfem Zahn«. *Canis familiaris molossus germanicus*, langschädeliger Kolossalhund mit kräftiger Kaumuskulatur. Mit den Vorfahren dieser Tiere versetzte Alexander der Große die Feinde in Panik, und im Mittelalter fielen Schwerdoggen bei der Jagd auch schon mal über Pferd und Reiter her, wenn es ihnen an Wildschweinen fehlte.

Sitzen 13 Personen bei Tisch, wird eine von ihnen binnen Jahresfrist sterben, und alle übrigen werden unglücklich sein. Dies ist von allen bösen Omina das böseste.

Schüttgüter gehorchen eigenen Gesetzen.

Für den Iiwii-Vogel gibt es noch Hoffnung.

Gering ist die Zahl der Freunde des Krokodils; im Grunde vermögen wir nur jenen Zahnputzervogel zu nennen, welcher im Auftrag der Deutschen Parodontose-Gesellschaft den Krokodilen bei regelmäßigen Reihenuntersuchungen die Blutegel aus dem Rachenfleisch pickt, ohne dabei gefressen zu werden. (Auch da ist der Begriff »Freund« etwas hoch gegriffen – immerhin rechnet das Vöglein mit den Ortskrankenkassen ab.) ... Ja, haben denn die Krokodühle keine Gefühle?! ... So war das einmal: Menschen lagerten an Flüssen, behaglich schnurrende Krokodile kraulend. Konnte dann ein Tier vor Glück die Krokodilstränen nicht mehr halten, wäre niemand auf den Gedanken gekommen, das heuchlerisch zu finden. Man hielt es umarmt und sagte: »Du bist das einzige Tier, das weinen kann. Das ist schön. Laß es zu!« Es wackelte mit seiner Zahnspange und schwor, zum Vegetarismus überzutreten. Warum ist das vorbei?

Die amerikanische Maulwurfsart des Sternmull trägt die wohl perfekteste Spürnase des Tierreiches. Das Hochleistungsorgan aus 22 fleischigen Tentakeln voller Eimerscher Körperchen ist eine Art Handersatz. Die beweglichen Fangärmchen greifen wie Finger zu, was sehr hilfreich ist, da sich die eigentlichen Hände dieser Maulwürfe zu plumpen Grabschaufeln entwickelt haben. Im Winter leistet der Tentakelstern den Tieren außerdem Überlebenshilfe, indem er sich durch eingelagerte Fettreserven vergrößert. Er dient dem blinden Tier außerdem als Organ der Elektro-Ortung in ihren dunklen Bauten. Der kleine Warmblütler Sternmull hat einen sehr schnellen Stoffwechsel und wäre nach 24 Stunden ohne Nahrungszufuhr bereits verhungert.

Wo Terror herrscht, leidet die Hoffnung.

Tapire sind mißtrauische Einzelgänger. Bei ihrer Futtersuche gehen sie stets der Nase nach. Bei Gefahr stoßen sie schrille Warnschreie aus. Danach stoßen die Tiere wie Dampframmen durchs Gehölz. Der Mensch liebt es, die harmlosen Urgetüme hemmungslos abzuknallen. Weshalb die klugen Kolosse, die eigentlich vorwiegend tagaktiv waren, zu Nachtaktiven geworden sind. Aus Sicherheitsgründen. Doch hat ihnen das seit der Erfindung der batteriegespeisten Kopflampe nichts mehr genützt. Der mittelamerikanische Baird-Tapir wird bis zu 1 m hoch, der südostasiatische Schabrackentapir bis zu 7 Zentnern schwer. In Mittel- und Südamerika trifft man ferner noch auf den Berg-Tapir und den Flachland-Tapir. Sie lassen sich von Nasenbären vollgesogene Zecken aus dem Fell lesen und suchen Zuflucht und Abkühlung in Flüssen, wo sie elegant wie Flußpferde schwimmen. Lange Zeit rätselten die Zoologen, ob die in Guyana »Buschkühe« genannten Tiere zu den Flußpferden oder den Nashörnern gehörten, bis man in ihnen die Urahnen der Pferde erkannte.

Da der Intelligenzquotient stark von den Erbanlagen abhängt, wird durch das Milieu niemand klug.

Auch die Balzstrategie der Kampfläufer wird vererbt.

Rotkehlchen sind wunderbar gesellige Tiere.

Das Chamäleon, denken die Leute, die sich mit Chamäleons nicht so gut auskennen, nimmt immer die Farbe seiner Umgebung an: Sitzt es auf einem sattgrünen Blatt, wird seine Haut sattgrün, hockt es auf einem postgelben Briefkasten, färbt es sich umgehend postgelb, und erklimmt es den Kopf der Großmutter, changiert es sofort ins Silbergraue.

»Was für ein schüchternes, schüchternes Tier!« denken also die Menschen, die über Chamäleons nicht richtig Bescheid wissen. »Ob es ihm peinlich ist, daß es überhaupt existiert?« fragen sie sich. Es kann sogar, um noch unauffälliger zu werden, seine Gestalt verändern, kann sich aufblasen oder papierdünn werden oder durchsichtig! staunen die Personen. Haben wir je gesehen, daß wütende Redner im Bundestag sich schwarzgrün verfärben würden mit gelblichen und weißen Punkten, wie es das Lappenchamäleon *Chamaeleo dilepsis* tut, wenn es erregt ist? Statt dessen ...

Die Quantentheorie gehört nicht zu den Lehrstoffen für Schuster.

Der Pudel ist ein kompliziertes Tier, und sein Bild changiert in der Geschichte.

Der Große Fetzenfisch *Phycodurus eques* sieht wie ein Stück Tang aus, ist mit den Ringelnatzen verwandt und lebt in den Tangwäldern vor Australiens Südküste – noch.

    Ziegenmelker jagen nur im Dunkeln und kehren erst im Mai aus ihren Winterquartieren in der Sahara zurück.

Riesenottern fressen Schlangen bis höchsten 2 Meter 50 vom Kopf her auf.

 Der Hai ist im Wasser schneller als zu Lande.

       Flughündinnen haben die Milchzitzen in den Achselhöhlen.

      Krill hat ein Gesamtgewicht, das das aller lebenden Menschen zusammengenommen übersteigt.

 Seevögel folgen im Heckwasser der Wale, die den Krill so nahe zur Oberfläche treiben, daß ihn dort sogar ungeschickte Tauchvögel schnappen können.

      Heerwürmer verwandeln sich bei Sonnenuntergang in Nachtfalter, die gegen 23 Uhr bis zu 300 m hoch auffliegen, dort vom Wind über Hunderte von Kilometern verteilt oder aber eng zusammengetrieben werden. Die eng Zusammengetriebenen paaren sich dann und bringen eine neue Heerwurmplage hervor.

Von den geheimsten Geheimnissen der Natur

Zur Identifizierung der Peptidhormone des Hypothalamus wurden die Gehirne von über 1 000 000 Schweinen und über 1 000 000 Schafen verarbeitet und untersucht. Nie zuvor haben uns so viele Schweine und so viele Schafe zu so vielen Kenntnissen über so wenige Hormone verholfen.

Der Androgenrezeptor bindet im Cytoplasma Testosteron bzw. dessen Metaboliten Dihydrotestosteron.

Laron-Zwerge stammen durchweg aus jüdischen Familien asiatischer Herkunft und sehen genau so aus wie hypophysäre Zwerge mit Wachstumshormonmangel.

Die Rote Elefantenspitzmaus gehört zu den Rüsselspringern und kann es sich leisten, ohne schützende Behausung auf ihren Pfaden zu leben.

Antennenfeuerfische gönnen sich auch nachts keine Ruhe.

Nachts schlängelt die Muräne sich durch den Korallengarten und schleicht sich an schlafende Papageienfische heran.

Feigenschnaps nennt man in Tunesien Bucha. Ihn stellt die jüdische Familie Bochobso her, die zu den rund 300 Familien gehört, die Anfang des 17. Jahrhunderts aus Andalusien vertrieben wurden, aber in denen bis heute die Schlüssel ihrer damals unter Zwang verlassenen Häuser jeweils vom Vater auf den ältesten Sohn vererbt werden.

Das giftigste aller Tiergifte produziert der Goldene Pfeilgiftfrosch in Kolumbien. Der Phyllobates terribilis wird knapp 5 cm groß. Die Giftmenge eines einzigen Tieres genügt, um 20 000 Mäuse zu töten. Und wenige millionstel Gramm sind für einen Menschen absolut tödlich.

Für einen Lippenkuß ist die Inbetriebnahme von zwölf Muskeln notwendig, für einen Zungenkuß die von siebzehn.

Der Großplattenseestern ist in trübem Wasser kaum zu erkennen.

Das schnellste Lebewesen auf Erden ist der Eilstachelschwanzsegler mit 340 km/h Höchstleistung.

Zum Feuerspucken benutzt man reines Petroleum, niemals Spiritus oder Benzin.

Mustangs sind keine Wildpferde, sondern verwilderte Pferde.

Vielleicht haben ja die Dinosaurier die Blumen erfunden.

Auch Tiger sind meist gute Väter.

Bernhard von Clairvaux lobte die Templer nicht nur wegen ihrer Glaubenstreue, sondern auch wegen der Tatsache, daß sie sich nie wuschen, wodurch sie sich wohltuend von den ach so reinlichen und ergo bösen Muselmanen abhoben.

Von den geheimsten Geheimnissen der Natur

Der Urkontinent Baltica, ein präkambrischer Vorgänger Europas vor über 600 Millionen Jahren, bestand aus dem Baltischen Schild im Norden und östlich der Tornquistschen Linie aus dem Ukrainischen Schild und der Russischen Tafel im Osten. Dagegen stieß vor rund 400 Millionen Jahren die silurische Kontinentalplatte Avalonia, die vor allem aus Eifel und Ardennen, aus England, Wales und dem südlichen Irland bestand und sich Baltica anlagerte: der andere Vorgänger Europas.

In der Antike war die Nieswurz ein beliebtes Heilmittel bei Geisteskrankheiten. Horaz schlug vor, den Geizhälsen große Mengen davon zu verabreichen, bezweifelte aber selbst, daß die vorhandenen Pflanzen dazu überhaupt ausreichten.

Auch die Ehe des Weißbauchseeadlers wird fürs Leben geschlossen.

Eine ganzrationale Funktion nten Grades hat n Nullstellen.

Man unterscheidet den Werwolf vom echten Wolf am kurzen abgestumpften Schwanz.

Laue Lüfte wehen lind.

Natürlich ist auch die Ginsterkatze keine wirkliche Katze, sondern gehört als eine Art Mischung zwischen Marder und Mungo zu den Schleichkatzen.

Der Schnabeligel sieht zwar so aus, ist aber gar kein Verwandter des Igel, sondern eines jener wenigen eierlegenden Säugetiere, die in Australien bisher überlebt haben. Es wurde als erstes dieser Spezies 1884 entdeckt.

Der Mondfisch legt bis zu 300 000 000 Eier auf einmal.

Der Fächerfisch erreicht schwimmend eine Spitzengeschwindigkeit von über 100 km/h.

30% aller Herzinfarkte während Bettspielen erleiden Männer bei ihren Geliebten, nur 20% bei ihren Frauen; insgesamt etwa 1000 pro Jahr. Wer aber überhaupt keinen Sex betreibt, bekommt noch schneller einen Herzinfarkt.

Da Wildschweinen sich beim Geruch von Menschenhaar die Borsten sträuben, versuchen in Darmstadt-Dieburg ein pensionierter Förster und ein Friseur mit abgeschnittenem Menschenhaar, das sie über frisch eingesäte Felder ausstreuen, die Schwarzkittel zu vertreiben.

Wie die Überreste einer fleischfressenden Riesenechse beweisen, lebten einst auch in der Antarktis Dinosaurier.

Die Mundhöhle des westatlantischen Blaustreifengrunzers ist leuchtend orange gefärbt.

Von allen Erdwurmmännchen, Nematoden der Art Caenorhabditis elegans, ist im allgemeinen nur eine Minderheit von echter Männchenart und vermag nur Sperma und keine Eier zu produzieren, während die Mehrheit der Fadenwürmer Zwitter sind und sich selbst befruchten. Deren mittlere Lebenserwartung liegt bei 11,8 Tagen; bei Männchen, die sich nicht paaren, bei 11,1 Tagen; ihr intensives Liebesleben bezahlen die Sexprotze masculini generis mit einem frühen Tod: nach 8,1 Tagen.

Der »entenähnliche Plattfuß« Platypus anatinus trägt einen entenähnlichen Schnabel und einen Biberschwanz auf Pinguinfüßen mit Schwimmhäuten und Krallen, legt Eier und säugt seine Jungen. Der Schnabel enthält 850 000 Elektrorezeptoren, die auf Feldstärken bis zu 50 Mikrovolt reagieren: die Spannung, die Flußgarnelen beim Schwimmen erzeugen. Das 1799 entdeckte Tier wurde bereits 1800 in Ornithorhynchus paradoxus, »paradoxer Vogelschnabel«, umgetauft, erhielt aber 1802 seinen endgültigen Namen Ornithorhynchus anatinus, »entenähnlicher Vogelschnabel«, heute besser als Schnabeltier bekannt.

Lederschildkröten wandern Tausende von Kilometern durch die Meere. Und kein Mensch weiß warum.

Die Technik der Nutzbarmachung des Saftes vom Lackbaum Rhus vernicifera, der nur in Ostasien vorkommt, begann spätestens um 4000 vor Christus, genauer also um 3994 aCn.

Am Ende des Perm verschwanden ¾ aller Tierarten.

Da Graumulle ihre Geschwister großziehen, gelten sie als Nager mit Familiensinn.

Die Puritaner sind nicht deswegen gegen das Vorführen von Tanzbären, weil das die Bären schmerzt, sondern weil es die Zuschauer erfreut.

Wenn er eine Schnauze wie ein Schwein hat und wie ein Bär läuft, wenn sein Gebiß an das einer Kuh erinnert und seine Streifung an ein Zebra, und wenn er dann auch noch unter der Erde herumkriecht wie ein Maulwurf: dann gehört er zur Familie der Marder und heißt Dachs.

In der Eifel heißen Kraniche auch Hollergänse.

Der Wespenbussard gräbt mit seinen Scharrfüßen Wespennester aus und verzehrt dann behaglich die fetten Larven, die er sich aus den Waben herauspult.

Der Röhrenwurm Riftia ist mit einer jährlichen Größenzunahme um 85 cm das am schnellsten wachsende Lebewesen der Tiefsee.

Forsche Fische fressen früher.

Auch die Fähigkeit, aus Reue und Scham zu erröten, unterscheidet den Menschen so vom Tier wie vom Gemüse.

Studien zur bizarren Schönheit der Juliamenge haben ergeben, daß die Behauptung, »der Flügelschlag eines Schmetterlings in Laos (kann) Monate später zu einem Hurrikan in der Karibik führen«, falsch ist. Es muß vielmehr heißen: der Flügelschlag eines Schmetterlings in Brasilien kann die Entstehung eines Schneesturms in Calisota beeinflussen.

Juliamengen sind Gebilde in der komplexen Zahlenebene, die für einen bestimmten Wert von c die Menge aller x-Werte darstellen, für die die durch den quadratischen Iterator erzeugte Folge nicht ins Unendliche strebt.

Die häufig erwähnte Mandelbrotmenge ist die Menge aller komplexen Zahlen x, deren zugehörige Juliamengen zusammenhängend sind.

Warum solche zugehörigen Juliamengen Juliamengen heißen, wüßte ich nicht zu sagen. Wer aber annimmt, durch die Chaostheorie werde die Vorstellung von der einzigartigen Position des Menschen im Universum erschüttert, da vieles darauf hindeutet, daß der Mensch das Produkt einer Natur ist, die sich ganz simpler Rezepte bedient, könnte sich irren. Denn zwar mögen die einfachen Rezepturen der Natur in logischer Konsequenz zu vielerlei Menschheiten im Universum führen: doch hat nun wiederum eben diese Natur mit Mandelbrotmännchen und Juliamengen auch jenen Schmetterling in Brasilien (oder Laos) erfunden, der vermittelst eines einzigen Flügelschlags einen Schneesturm in Calisota (oder einen Hurrikan in der Karibik) zu beeinflussen vermag; und wie könnten diesem Schmetterling logische Konsequenzen widerstehen, vorausgesetzt, er hätte – wie anzunehmen – von der Betrachtung des normalen Verhaltens der einen irdischen Menschheit bereits die Nase voll?

Da Pfauenweibchen bei der Partnerwahl eindeutig die Hähne bevorzugen, die das prächtigste Gefieder haben und beim Radschlagen die meisten und prangendsten Augen zeigen, diese Hähne solche Kennzeichen ihrem Gesundheitszustand verdanken, haben die schönsten Pfauen die gesundesten Kinder und nur dank des Genegoismus der Hennen den Ruf, von unerträglicher Eitelkeit zu sein.

Die Seewespe gleitet wie ein harmloser Minischirm durchs Meer und ist doch das giftigste Tier auf Erden, an dessen Gift selbst ein Mensch in wenigen Minuten stirbt.

Mäusezählen ist kein Kinderspiel. Fallen, in denen die Tiere lebend gefangen werden, können den Forschern leicht ein falsches Bild von der Zahl der Mäuse in Wald und Feld vermitteln. Waldmäuse und Rötelmäuse bevorzugen nämlich den Duft der jeweils eigenen Art. Sie gehen besonders leicht in Fallen, in denen einige Stunden zuvor schon einmal ein Artgenosse gesteckt hat. Andererseits meidet die Waldmaus (Apodemus sylvaticus) sogar jene Behältnisse, denen der Geruch von Rötelmäusen (Clethrionomys glareolus) anhaftet. Fallen, die einen Artgenossen des anderen Geschlechts beherbergt haben, erweisen sich als ganz besonders attraktiv. Die forschenden Fallensteller müssen also sorgsam darauf achten, ihre Geräte nach jedem Einsatz gründlichst zu reinigen, damit ihnen der Mäuseduft nicht die Statistik verfälscht.

Hat die Natur einen Linksdrall? Sie hat. Zum Beweis mag dienen, daß fast alle Leichtathleten, Eisschnelläufer, Trabrennfahrer auf links gebogenen Bahnen laufen und fahren, daß sich die Erde linksherum dreht, wie Drehtüren, Karusselle und tibetische Gebetsmühlen, daß von hinten angerufene Menschen sich meist linksherum zurückwenden, Fledermäuse in Linkskurven aus ihren Höhlen flattern, Vögel Futterhäuschen in Linksschleifen anfliegen, die Gehäuse fast aller der 100 000 Schneckenarten linkswendelig sind, die Spitzen nahezu aller Kletterpflanzen sich von oben betrachtet gegen den Uhrzeigersinn linkskreisend bewegen, und selbst die den genetischen Code aller Lebewesen tragende DNS-Spirale linkswendig ist. Sogar in der Welt der Atome ist dieser überwiegende Linksdrall nachzuweisen: »Beim Zerfall des radioaktiven Cobalt 60 strahlen Teilchen immer nur in eine Richtung, die wir links nennen.« Womit zugleich erstmals der Begriff links naturwissenschaftlich bestimmt wurde. Das Faktum an sich ist unbestreitbar: warum es so ist, weiß niemand. Ebensowenig, warum es auch Ausnahmen gibt. Und warum vor allem Frauen Schwierigkeiten haben, links und rechts auseinanderzuhalten.

Ein Pottwal kann einen Mann verschlucken, ohne ihn zu verletzen, denn Pottwale kauen ihre Nahrung nicht, sondern schlingen sie im

Ganzen hinunter. Möchte hingegen ein Mensch einen Pottwal essen, so muß er ihn kleinschneiden. Daraus folgt, daß einmal verzehrten Pottwalen der Rückweg aus Menschenleibern zu den Hiesigen verbaut ist, es aber andererseits Menschen gibt, die auf Grund verschiedener Zufälle und schicksalhafter Wendungen aus den Eingeweiden eines Wales ans Licht zurückzukehren imstande waren. In den meisten anderen bekannten Fällen hatten Aufenthalte in Walen gravierendere Auswirkungen auf den hernach Ausgespuckten.

Einst waren die Kröten die schönsten, anmutigsten Tiere der Welt, schöner und anmutiger als die zerbrechlichsten Schmetterschönlinge. Schwerelos waren ihre Salti, Schrauben und Tiefenköpper in die Brunnen der Königsschlösser, zart tremolierend wehte ihr abendliches Krötenlied durch Sümpfe und Auen, maifrisch dufteten ihre Körper und sonderten bei Berührung sanfte Lotionen ab. Selbst Prinzessinnen beneideten die Kröten um die Reinheit ihres Teints, wünschten sich Unken als Kuscheltiere zum Geburtstag, suchten nachts hingerissen, ihre Lippen auf die seidenmatt schimmernde Lurchenhaut zu stupsen und zerbrachen vor Unglück, wenn sich das zauberhafte Wesen zwischen den Kissen in jenem Moment in einen Königssohn mit ungeschickten, harten Händen verwandelte. Ach, es war eine wundervolle Zeit, bevor die Kröten hautkrank wurden!

Die Gene der Glutamin-Synthetase scheinen sich vor rund 3,5 Milliarden (3 500 000 000) Jahren durch Verdoppelung aus Cyanobakterien ihre eigene Erbinformation geschaffen zu haben und gelten als die ältesten noch funktionierenden Gene überhaupt.

Faule Fruchtfliegen leben länger, wie ja statistisch gesehen auch Leistungssportler früher sterben als Vertreter der »no sports«-Philosophie. Stubenfliegen leben in Flaschen eingesperrt mehr als doppelt so lange wie ihre frei herumfliegenden Artgenossen.

Löffelhunde gehen vorzugsweise in der Dämmerung auf Nahrungssuche.

Die Welt erneuert sich nach der Vorstellung der Dogon (in Mali) alle 60 Jahre.

Die Weibchen des orange und schwarz gemusterten Scheckenfalters Euphydryas editha legen in Nevada ihre Eier gerne an den Blättern des Spitzwegerichs Plantago lanceolata ab.

Der in Afrika lebende Graue Lärmvogel ermangelt des metallischen Federschimmers seiner nächsten Turako- Verwandten: Sie verfügen über die beiden chemischen Stoffe des grünen Turacoverdin und des kupfern-rötlichen Turacin, die beide aber nicht wasserfest sind. Baden die Vögel, gehen die metallischen Färbungen ab und verfärbt sich ihr Badewasser rot. Bis sie sich wieder aufbauen.

Liebe ist kein einfaches Forschungsgebiet.

Von den geheimsten Geheimnissen der Natur

1186 blühten in Europa im Januar die Bäume, und im Februar trugen zum Beispiel die Birnenbäume schon Früchte, groß wie Hühnereier.

Beim australischen Eucalyptus albens war die Vielfalt eines untersuchten Gens in einem isolierten Wäldchen in der ersten Generation nach dem Abholzen gegenüber der natürlichen Population um knapp 10% vermindert.

Spitzhörnchen, auch Tupajas genannt, sind eichhörnchengroße Säugetiere und stehen zoologisch den Halbaffen nahe. Sie geraten schnell in extreme Aufregung. Wenn Rivalen sich nicht aus dem Weg gehen können, verlieren sie den Appetit, fallen in Bewußtlosigkeit und sterben.

Erdmännchen sind Schleichkatzen, die nur in der Kalahari leben.

Kaffeeklatsch kann Wunder wirken.

Soja putzt die Adern frei.

Ehekrach lähmt das Immunsystem.

Olivenöl ist gut gegen Magengeschwüre.

Von den geheimsten Geheimnissen der Natur

Dugongs decken ihren Bedarf an Eiweiß mit Seescheiden. Warum begnügen sie sich nicht mit einer vegetarischen Diät wie die anderen Seekühe?

Eine Attosekunde ist der milliardste Teil einer milliardstel Sekunde = 0,000 000 000 000 000 000 000 001 Sekunde.

Je länger man über den Hering nachdenkt, desto bedauerlicher erscheint es, daß er so tief im Meer wohnt, so weit von uns entfernt. Wir können nicht leben, wo er lebt, er nicht atmen, wo wir atmen. Oft haben wir uns vorgestellt, Heringe und Menschen würden in einem gemeinsamen Element vereint, nicht Wasser, nicht Luft – etwas Drittes! Dann könnten wir aus den Fenstern blicken, dachten wir, und gelegentlich einen Heringsschwarm vorüberziehen sehen, wie wir davonfliegenden Möwen nachblicken oder dem Zug der Gänse im späten Sommer. Wären wir im vierten Stock, schauten wir auf die blau-grün-purpurn schillernden Oberseiten der Fische hinab. Stünden wir in der zweiten Etage, würde uns der Perlmuttglanz ihrer Flanken blenden. Säßen wir parterre, wanderten unsere Augen über das endlose Weiß von zehntausend Heringsbäuchen. Man kann natürlich auch Sahneheringe im Fäßchen nach Ossegg bringen ins Kloster. Denn die tschechische Wirtschaft vermag bisher nur Salzheringe auf den Markt zu bringen, Sahneheringe schmecken aber besser.

Die Giraffe, stellte man sich einst vor, sei entstanden aus der Verbindung von Kamel und Leopard: vom einen der lange Hals und die weichen Augen, vom anderen das glatte, gefleckte Fell – Kamelpanther nannte man das Tier in Cäsars Rom, und *Giraffa camelopardalis* sagt der Zoologe. Aber das hört sich so nüchtern an. Es ist doch ein poetisches Tier, und ihm gehören unsere wärmsten Gefühle.

US-Wissenschaftler legten 1995 die Ergebnisse von fünf wissenschaftlichen Untersuchungen vor:

1. Beim Rechnen sind die Schläfenlappen mathematisch begabter Männer sehr aktiv, bei gleichbegabten Frauen jedoch gar nicht – demnach müssen rechnende Männer ihr Gehirn mehr strapazieren als Frauen, um gleich gut zu sein.

2. Beim Trauern sind die betreffenden Nervenzellen bei Frauen 8mal aktiver als bei Männern – entsprechend erkranken sie doppelt so häufig an Depressionen wie Männer.

3. Beim Phantasieren benutzen Männer primitivere Hirnteile aus der Urzeit als Frauen – daher sind die Phantasien von Frauen subtiler, die der Männer gewalttätiger.

4. Das limbische System, das die Gefühle steuert, wird von Männern viel stärker aktiviert als von Frauen – die daher die Emotionen anderer viel besser erkennen als Männer.

5. Männer lösen schwierige Sprachaufgaben fast ausschließlich mit dem Stirnlappen der linken Hirnhälfte, Frauen jedoch mit denen beider Seiten – sie sind sprachlich also geschickter als Männer. Woraus zu schließen ist, daß die Unterschiede von Frau und Mann weit über den berühmten »kleinen Unterschied« hinausreichen und die Vermutung nahelegen, daß Männer und Frauen jeweils eine besondere Spezies des Genus »homo sapiens« bilden (was bisher wohl nur als theoretisch erkannt bezeichnet werden kann) und insgesamt am ehesten durch die Formulierung beschrieben werden können: von allen intelligenten Lebewesen auf Erden

kommen Männer und Frauen sich und dem Homo sapiens am nächsten.

Schwer scheint es, den Rothirsch zu lieben. Er geht vielen von uns auf die Nerven. Das ewige Geröhre, die Geweihprotzerei, dieses ganze hirschblöde Herumgebrunfte. Außerdem seine unablässige Tannenschößlingfresserei, der Unwille zur Einsicht in ökologische Zusammenhänge – bah! ... Übrigens ist der Rothirsch nicht, wie viele meinen, mit dem Reh verheiratet, sondern mit der Hirschkuh, beziehungsweise – der Maßlose! – mit einem Rudel von Hirschkühen.

Vor 230 Millionen Jahren begründeten die Breitmaulfrösche oder Froschlurche eine der erfolgreichsten Tierordnungen überhaupt. Seit einem Dutzend Jahren verstummt ihr Gequarre, weil die Menschen ihre Lebensräume weltweit zerstören. In den letzten Jahren sind bereits 40 Arten ausgestorben, ungezählte andere verschollen, und im Laufe der nächsten 30 Jahre wird wohl die Hälfte aller heute weltweit bekannten etwa 3400 Lurcharten ausgerottet sein.

Hauptnahrungsmittel der Milbe sind menschliche Hautschuppen, von denen $1/4$ Gramm ausreicht, um Tausende von Milben monatelang zu ernähren.

Flohkrebse lieben es kühl.

II. Von den Völkern, ihren Eigenschaften, Sitten und Ritualen

»Zwischen Winningen, Wiltringen und Wellenstein werden 10 Sprachen gesprochen: Keltisch, Lateinisch, Hochdeutsch, Französisch, Umgangssprache, Luxemburgisch, Moselfränkisch, Niederländisch, Jiddisch und die Weinsprache. Volkssprache ist das Moselfränkische. Es enthält alle genannten Fremdsprachen.« (Karl Conrath)

»Wir haben die Damen gelehrt zu erröthen, wenn sie dasjenige bloß nennen hören, was sie sich nicht scheuen zu thun.«
(Michel de Montaigne)

Kannibalen heißt man Menschenfresser, weil die von den Spaniern ausgemordeten Cariben den rituellen Verzehr von Menschenfleisch pflogen; sie bezeichneten sich selbst als »caribe« = die Tapferen, die Mutigen. Daraus machten die Spanier zunächst »caribales« und daraus dann »canibales«. Im Englischen bezeichnet man die Karibischen Inseln bis heute auch als die Cannibal Islands.

Der Sinn der altägyptischen Monarchie war – wie der der chinesischen bis zuletzt – die Garantierung eines harmonischen Zusammenlebens zwischen den göttlichen Mächten und dem Menschen. Das Wesen des ägyptischen Pharao ging – wie das des chinesischen Kaisers – nicht darin auf, göttliches Wesen zu sein, sondern Kern seiner herrscherlichen Funktionen als Monarch war es, durch entsprechende Taten das Wohlwollen der himmlischen Mächte immer aufs neue zu erringen und damit die Harmonie zwischen der himmlischen und der irdischen Welt zu wahren oder wiederherzustellen. Der Pharao war – wie der chinesische Kaiser – an ethische Normen gebunden und wurde nicht durch Abstammung, sondern durch Krönung – der chinesische Thronanwärter durch erfolgreiches positives Handeln – zum Beauftragten der Götter und zu ihrem Sohn bzw. zum Träger des Mandats des Himmels.

Ägyptische Obelisken sind in der Regel aus Rosengranit gemeißelt, der aus den Steinbrüchen von Assuan stammt.

In den Steinbrüchen von Assuan liegt ein unvollendeter Obelisk, mit 42 m Länge/Höhe wäre er der größte auf Erden geworden.

In Cottbus steht (noch!) das einzige Jugendstiltheater der Welt.

Fremdenhaß und Fremdenfeindlichkeit sind in Wirklichkeit Ausdrucksformen der Fremdenangst, deren mildeste Form bei Kindern Fremdeln genannt wird.

Von den Völkern ...

Bis 500 vor Christus lassen sich in Eifel/Ardennen nur ethnisch nicht zuzuordnende Bevölkerungen feststellen.

1094 werden erstmals Gondeln in Venedig erwähnt.

Ein Australier haßte es, daß Katzen in seinen Garten kamen. Also baute er aus einer Sardinenbüchse mit elektrischem Anschluß eine Falle. Als er versehentlich hineintrat, starb er.

1876 starb der letzte reinrassige Tasmanier.

Jade heißt auf Maori u. a. auch: ahuahunga, auhunga, inanga, kahotea, kahurangi, kawakawa, raukaraka, tangiwai und totoweka.

Bereits Herodot berichtet von Reisen griechischer Kaufleute bis an die Ufer des Gelben Meeres.

Vielleicht ist das Wort Asiens semitischen Ursprungs in der Bedeutung Sonnenaufgang.

Vielleicht ist das Wort Asien semitischen Ursprungs in der Bedeutung Land der Eselzüchter.

Der Weltrekord im Krabbenverschlingen steht seit 1965 bei 29 Pfund und 350 Gramm.

Von den Völkern ...

Damit Sklaven, die von den Römern wilden Tieren vorgeworfen wurden, diese nicht verletzen konnten, wurden ihnen zuerst die Zähne aus- und dann die Arme gebrochen.

Die Urbevölkerung der kanarischen Insel Gomera benutzte eine Pfeifsprache, um sich über weite Strecken zu verständigen.

Die Etymologie des Wortes Kuß ist bis heute nicht befriedigend geklärt.

Nach Ansicht der zuständigen Fachleute ist Großbritannien dichter von Geistern bevölkert als irgendein anderes Land der Erde.

Rom importierte aus der Eifel/Ardennen-Landschaft u. a. Honig, blondes Frauenhaar, Sklavinnen, Jungadler für Jupitertempel und als Legionsmaskottchen sowie den delikaten angepökelten, mild geräucherten und luftgetrockneten Schinken von Schweinen auf Eichel- und Bucheckernmast – also keineswegs des geschmacklosen armseligen EG-Schweines!

315 gab es in Rom 144 öffentliche Toiletten.

Die antiken Griechen charakterisierten einen ungebildeten Menschen mit dem Satz: »Er kann weder schwimmen noch lesen.«

Von den Völkern ...

Die letzte Person, die Altkornisch, die keltische Sprache von Cornwall, als Muttersprache sprach, starb 1777.

In Ägypten grüßt man einander »Wie schwitzest du?«

Fußball wird seit dem 12. Jahrhundert gespielt.

In fast allen Sprachen der Welt beginnt das Wort für Mutter mit einem M.

Auf Korfu heißen über 50% aller Männer Spiro.

Alle Sikhs heißen Singh (der Löwenherzige).

Der verbreitetste Vorname auf Erden ist Mohammed.

Die alten Römer verwendeten Schwämme an Stöcken anstelle von Klopapier.

Der Panama-Hut stammt aus Ecuador.

Der norwegische Bauernverband hat im Zuge einer Kuhzählung auch die Reihenfolge der beliebtesten Kuhnamen festgestellt: 1. Dagros (= Tagrose), 2. Rosa, 3. Litago (wohl ein Klangwort), 4. Stjerne (= Stern), 5. Rølin (= Rötchen), 6. Staslin (= Schönchen), 7. Dokka (= Puppe), 8. Kvarta

(= die Vierte), 9. Roslin (= Röschen) und 10. Krona (= die Krone).

Auf der dänischen Insel Mors findet sich unter dem Namen »Hamlets Grab« beim Fegge-Klit das Grab, das Hamlet seinem Vater König Fegge gab, nachdem dieser von Frau und Bruder erschlagen worden war.

Die Schweden trinken pro Kopf mehr Kaffee als jedes andere Volk auf Erden.

20% aller Autounfälle in Schweden werden durch Elche verursacht.

Das längste moderne, in Gebrauch befindliche Wort stammt aus Schweden. Es lautet Spårvangsaktiebolagsskensmutsskjutarefackföreningspersonalbeklädnadsmagasinsförrådsfövaltaren und bedeutet Trambahnaktiengesellschaftsschienenreinigergewerkschaftsbekleidungsmagazinverwalter.

Pierre Andrézel, Autor des Thrillers ›Die Rache der Engel‹, hieß eigentlich Karen Christence Baronin Blixen-Finecke, besser als Tania Blixen bekannt.

In Schweden fiel 1969 schwarzer Schnee.

Im finnischen Lappeenranta beschlossen die Stadtväter, die bisherige »Saufboldgasse« in »Weg der Guten Laune« umzutaufen.

Von den Völkern ...

Fär Öer heißt: die Schafsinseln.

Zu den Hauptexportgütern Liechtensteins gehören falsche Zähne.

Ungarn exportiert mehr Nilpferde als jedes andere europäische Land.

Mens sana in corpore sano« hieß in der ungekürzten Originalfassung: Wenn man aber die Götter um etwas anflehen wolle, dann solle man um »mens sana in corpore sano« bitten.

In Indien werden pro Jahr mehr Filme produziert als in jedem anderen Land.

Schottlands wichtigstes Exportgut nach Saudi-Arabien ist Sand.

1702 erschien als erste englische Tageszeitung der ›Daily Courant‹.

Im Durchschnitt enthält jeder Mensch zwei Moleküle des letzten Atems von Julius Caesar.

Laut ›Domesday Book‹ lebten im 11. Jahrhundert in Britannien über 28 000 Sklaven.

Der Zigarettenanzünder wurde vor den Streichhölzern erfunden.

Von den Völkern ...

Die Gewohnheit, Toastbrotscheiben belegt zu verspeisen, stammt aus der Zeit, als dicke Brotscheiben als Tellerersatz dienten.

Catgut wird nicht von Katzen gewonnen, sondern aus den Därmen von Schafen.

Chop Suey ist kein chinesisches Gericht, sondern wurde von chinesischen Einwanderern in Kalifornien erfunden.

Udmurte heißt auf udmurtisch »Mensch auf der Wiese«.

1571 fand vor Lepanto die letzte Seeschlacht mit geruderten Schiffen statt.

Im Krieg gegen Japan verwendeten die US-Streitkräfte auch im offenen Funksprechverkehr einen Code, den Japans Spezialisten nicht knacken konnten: Sie ließen Navajo-Soldaten die Meldungen in Navajo sprechen.

Der Brauch alter Seeleute, einen goldenen Ohrring zu tragen, entstand aus dem Wunsch, beim Tode auf jeden Fall genügend Geld bei sich zu haben, um eine anständige Beisetzung zu erhalten.

Gulasch heißt auf ungarisch Suppe: dick und sämig und aller festen Bestandteile bar; Fleisch in Würfeln heißt Pörkölt.

Von den Völkern ...

Im 19. Jahrhundert gab es unter Frauen die Mode, sich die Brustwarzen durchbohren zu lassen, um dort Ringe tragen zu können.

Die Römer erfanden das Türkische Bad.

Das Symphonieorchester von Monaco hat mehr Mitglieder als die Armee.

Nördlich des Äquators befinden sich etwa dreimal so viele Länder wie südlich.

Das Sandwich wurde von den Römern erfunden, die es offula nannten.

Die Jahreswerbekosten für Coca-Cola reichen aus, um jeder Familie auf der Erde eine Flasche zu schenken.

Der Mensch blinzelt normalerweise 25 000mal pro Tag.

U-Boote wurden Anfang des 17. Jahrhunderts erfunden.

Margarine kommt vom griechischen margarites (die Perle).

Falls nicht die Niflunge aus dem Zülpich-Gau die originalen Nibelungen waren, hat es Nibelungen in der Geschichte nie gegeben.

Das älteste bekannte Wasserklosett mit funktionierender Spülung ist über 4000 Jahre alt und in Knossos zu besichtigen.

Um 1750 monopolisierten in London zwei Damen namens Perkins und Philips fast den gesamten Kondomhandel.

Am 10. Mai 1763 schrieb Boswell in sein Tagebuch, daß er mit einer munteren Maid an der London Bridge der Liebe gepflogen habe, »in voller Rüstung«.

Bis 1975 hingen in allen irischen Häfen Schilder, die die Einfuhr von Kondomen und anderen Verhütungsmitteln verboten. Danach wurde die Einfuhr nur zum persönlichen Gebrauch gestattet. Als die Zollbehörde 1978 einen Herrn mit 40 000 Kondomen im Gepäck festhielt, verteidigte er sich mit dem Hinweis: sie seien nur zum Eigengebrauch, und wurde freigelassen. Verfallzeit für Kondome: 5 Jahre.

Mumien heißen Mumien, weil ihre Bandagen mit mum (Harz) gegen Feuchtigkeit imprägniert wurden.

Außerdem: die Geschichte des Akkordeons in Norwegen

Ab 1850 wurden Akkordeon, Walzer, Mazurka, Polka usw. in Norwegen sehr populär und von Puristen sofort heiß angefeindet, weil ausländisch (das Akkordeon kam aus Österreich, die meisten Noten aus Deutschland und Österreich, und die Melodien der Brüder Schrammel aus Wien waren besonders beliebt).

Die Puristen erklärten, echte Norweger hätten Hardingfiedel zu spielen und alte einheimische Tänze wie Slåttar, Springar und Rheinländer (!) zu tanzen. Dadurch wurde die Hardingfiedel auch in Gebieten populär, wo es sie vorher nie gegeben hatte. Im Jahre 1904 verbrannten die wichtigsten Nachlässe von norwegischen Akkordeonisten, unabhängig voneinander: der von Anders Sørensen, 1821–1896, einem Schüler Ole Bulls, der lieber Klassiker geblieben wäre, davon aber nicht leben konnte, und von Per Bolstad, Ålesunds Walzerkönig. Sein Nachlaß verbrannte beim großen Brand von Ålesund, was zeigt, wie weit diese fanatischen Puristen gehen. Es bleibt abzuwarten, wann einer der rührigen norwegischen Krimiautoren den unbedingt norwegischen Walzerkrimi vorlegen wird. Der Antiwalzerterrorismus half den Puristen aber auch nix – kurz vor Weihnachten 1904 entstand Norwegens erste Grammophonaufnahme: Carl Mathiesen spielte auf dem Akkordeon einen Walzer.

Ebenfalls 1904 eröffnete Christianias erstes Kino, das Edison, und viele andere folgten bald. Dort wurden nicht etwa Pianisten angeheuert, sondern Akkordeonspieler, die Walzer, Mazurka usw. spielten, und sie mußten sich dem Film entsprechend kleiden: als Scheich, als Cowboy usf.

Salonfähig wurde die »neue« Musik 1917, als Königin Maud den Kinomusiker und Akkordeonisten Hans Erichsen zum Vorspiel ins Schloß einlud.

Beneidenswerte Skandinavistik!

Seit über 300 Jahren hat sie ein Übermaß an Fleiß und Geistesschärfe in ihre Suche nach den »Warägern«, nach ihrem Fürsten »Rjurik« und nach dem Anteil der »schwedischen Waräger« an der russischen Staatwerdung gesteckt – und jetzt hat Prof. Kunstmann sie von dieser ebenso schweißtreibenden wie erfolglosen Aufgabe befreit, indem er nachwies, die »Waräger« hätten als »Warjagi« überhaupt nichts mit Skandinavien zu tun gehabt, ebensowenig wie »Rjurik«.

Seit über 250 Jahren hat sie ein Übermaß an Fleiß und Geistesschärfe in die Theorie verschwendet, daß Skandinavien »Ursprung« der Germanen gewesen sei, von wo aus sie sich nach Süden ausgebreitet hätten – und jetzt hat Prof. Udolph sie von dieser ebenso schweißtreibenden wie erfolglosen Aufgabe befreit, indem er nachwies, daß sich die Germanen im Gebiet zwischen Rhein und Elbe, zwischen Thüringer Wald und nördlichem Moorgürtel nördlich der Aller herausgebildet haben und von dort aus auch nach Skandinavien gezogen sind.

Wieviel so befreite Geisteskraft kann die Skandinavistik jetzt also ihrer wirklichen Aufgabe zuwenden!

Beklagenswerte Skandinavistik!

Seit über 350 Jahren besitzt sie in der ›Heimskringla‹, dem Königsbuch des Isländers Snorri Sturluson, ein Geschichtsbuch der ältesten Geschichte Skandinaviens. An deren grundsätzlicher Richtigkeit nie gezweifelt worden ist, auch wenn sich von Generation zu Generation an immer mehr Einzelheiten immer lebhafterer Zweifel meldete – oder zumindest an deren üblicher Auslegung. Das heißt: die »Heimskringla« diente ihr ebenso als Steinbruch ihrer kühnsten Thesen wie den Germanisten das Nibelungenlied.

Seit über 100 Jahren hat sich die Archäologie zu einer respektablen Wissenschaft gemausert, deren Funde sich seither geradezu anboten, durch die Texte der ›Heimskringla‹ gedeutet und so »sprechend« gemacht zu werden, was denn auch in überreichem Maße geschehen ist – und immer noch geschieht.

Jetzt hat Alexandra Pesch sich daran gemacht, mit penibler Genauigkeit all die Hausaufgaben nachzuholen, die sich die Skandinavistik bisher – bis auf einzelne Fälle und Ausnahmen – ebenso penibel verkniffen hat. Sie hat nämlich unter sorgsamer Berücksichtigung aller nur denkbaren Faktoren den gesamten archäologischen Befund mit dem ebenso umsichtig herangezogenen Text der ›Heimskringla‹ und deren Vorläufern verglichen. Aber: hélas!

»Die archäologische Bestätigung von in der ›Heimskringla‹ genannten Fakten konnte in keinem einzigen der Fälle erbracht werden.« Nicht einmal für die auf der ›Heimskringla‹

1950 aufgebauten Feiern des 900. Jahrestags der Gründung Oslos! Und: »... die zahlreichen Angaben, die Snorris Königssagas als Geschichtsbuch für die Wissenschaft so wertvoll machten, wurden niemals bestätigt, sondern im Gegenteil häufig durch den Vergleich mit archäologischen Befunden widerlegt.«

Da nun aber einerseits die ›Heimskringla‹ unbezweifelbar vorliegt und Wort für Wort gelesen werden kann, heißt das nichts anderes, als daß den Skandinavisten jetzt andererseits die schon für gelöst betrachtete Aufgabe neu entgegendrängt, Snorris Buch gründlich zu lesen – und richtig. Und sich mehr mit den Hard facts der Archäologie als Hilfsmaterial zur Deutung einzulassen und abzugeben, als mit in warmer Denkerstube erdachten Denkkonstrukten.

Wie schön muß es doch sein, jetzt wieder Skanddinavist sein zu dürfen!

III. Geschichte, wie sie wirklich war, und die von zwei römischen Damen in Bonn um 185 sowie von der Echternacher Springprozession

»An ihren Früchten sollt Ihr sie erkennen!«   (Matth. 7,16)
»Vorwärts zum Fortschritt mit sozialistischer Unterwäsche[1] aus Meerane!«
   (1990 noch gesehene Werbeschrift des VEB-Textilkombinats)

»Ich hoffe immer noch, daß es gestern besser wird.«
                                             (Charlie Peanuts Brown)

»Die alten Bundesländer sind auch nicht mehr das, was sie mal sein sollten.«   (Olaf Böhme)

»Überhaupt hat der Fortschritt das an sich, daß er viel größer ausschaut, als er wirklich ist.«   (Johann Nestroy)

»In den USA hat man Sperma light entwickelt: macht schwanger, aber nicht dick.«   (Frauenfront)

»Geschichte ist organisierte Kausalität.«   (Jorge Luis Borges)

»Die Zeit heilt alle Wunden. Aus Napoleon zum Beispiel ist mittlerweile Cognac geworden.«   (Alfred Biolek)

---

[1] »Textilien« hieß es im Original, doch klingt mir Unterwäsche richtiger.

Tel Aviv heißt Frühlingshügel.

Im Tell Leilan entdeckte Keilschrifttafeln bestätigen, daß sich bereits vor 3700 Jahren äußerst mächtige Königreiche in Nahost mit hohem Organisationsniveau über den Austausch von Spionen verständigten.

Der Bonner Moses Hess »erfand« den Kommunismus; deshalb veröffentlichte die Akademie der Wissenschaften der DDR nur diejenigen seiner Schriften, die sich mit dem Zionismus beschäftigen.

Der Bonner Moses Hess »erfand« den Zionismus; deshalb veröffentlichte ein Professor der Universität Tel Aviv nur diejenigen seiner Schriften, die sich mit dem Kommunismus beschäftigen.

Moses Hess bekehrte in Bonn den Trierer Hegelianer Karl Marx zum Kommunismus und machte ihn zum Redakteur der ›Rheinischen Zeitung‹.

Moses Hess bekehrte in Elberfeld den Industriellensohn Friedrich Engels zum Kommunismus.

Moses Hess machte Karl Marx mit Friedrich Engels bekannt.

Moses Hess übersetzte in Paris Marx' ›Das Kapital‹ ins Französische, schrieb danach die grundlegende Kritik am ›Kapital‹, und Marx sprach nie mehr ein Wort mit ihm.

1148 fiel König Philipp II. von Frankreich einmal in Ohnmacht, weil der Gestank aus dem aufgewühlten Schmutz der Straße so unerträglich war.

Römische Damen in Bonn

Im Schriftfranzösischen gibt es Akzente erst seit Ludwig XIII.

In Florida nahmen Chirurgen einem Mann den falschen Fuß ab. Das Krankenhaus ordnete an, daß in Zukunft die Glieder, die bei Operationen nicht abgenommen werden sollen, mit einem deutlichen Aufkleber »No« zu kennzeichnen seien.

In Großbritannien wurde ein Mann zu 18 Monaten wegen Versicherungsbetrugs verurteilt, der nach nahezu jedem Flug den Totalverlust seines Gepäcks gemeldet und von den Versicherungsgesellschaften insgesamt über 80 000 Pfund Schadensersatz gefordert hatte.

In Großbritannien bestand ein Kleriker schließlich nach 632 Fahrstunden, 5 000 Pfund Gebühren, 8 Fahrlehrern und 5 zerstörten Fahrlehrautos doch noch die Fahrprüfung.

Der Kopf ist nicht mehr frei, wenn ein Federvieh darauf brütet.

Eine Begabung ist ein tiefverwurzelter Instinkt, dessen Befriedigung großes Vergnügen bringt.

Je älter Sportler (Künstler, Politiker, Liebhaber) werden, desto besser waren sie.

Der »Cop« nennt sich so nach copper/Kupfer, aus dem früher die Polizeimarken waren.

Kein Telephon hat einen verfassungsmäßigen Anspruch, abgehoben zu werden.

Die Aleuten nennen sich selbst »Unangan« = Wir, die Menschen.

Das Dorf Nikolski auf der Aleuteninsel Umnak ist mit 4000 Jahren die älteste durchgehend bewohnte Siedlung Nordamerikas.

In Griechenland ist es gesetzlich untersagt, in Restaurants mit Geschirr und Gläsern zu werfen.

Das nordrhein-westfälische Gesundheitsministerium stellte in seinem ›Gesundheitsreport Nordrhein-Westfalen 1994‹ unter anderem fest: »Der Tod ist ein finales Ereignis und begrenzt die Lebensdauer.«

Im Lande Bayern herrscht ein irdisches Verhältnis zum Kreuz und ein mystisches zum Bier, wie der Theologe Johann Baptist Metz herausgefunden hat.

Wohlstand macht allergisch.

Das Vogtland heißt so, weil das Land an der Elster lange Zeit unter der Herrschaft der Vögte von Weida stand, als deren erster Heinrich von Weida 1199 von Kaiser Barbarossa mit dem Blut- und Landesherrenbann belehnt wurde.

Der venezianische Stadtadel entstand mangels Landes in den Lagunengewässern nicht aus einer Feudalisierung des Grundbesitzes, sondern ab dem 8. Jahrhundert aus der alten byzantinischen Beamtenschaft des Exarchates Ravenna. Bis zur »Schließung des Großen Rates« 1297, den es als formalen Beschluß nie gab, starben »alte« Familien aus, kamen »neue« auf, so daß nicht aristokratische Kontinuität, sondern aufsteigerische Assimilationsfähigkeit das Charakteristikum des venezianischen Stadtadels war.

Der Neujahrswunsch »Guter Rutsch« entstammt einer Verballhornung des hebräischen Wortes »rosh« = Kopf, Haupt, Spitze; daher hebräisch »rosh ha shanah« = Spitze des Jahres im Sinne von »Neujahr«; aus »rosh« wurde übers Jiddische »Rutsch«. Also bedeutet »Guter Rutsch« sowohl den Wunsch, das neue Jahr möge für den Bewünschten einen guten Anfang nehmen, wie auch, er möge für alles, was das neue Jahr bringe, einen guten und klaren Kopf haben.

Arles war die erste Kolonialstadt, die Caesar außerhalb Italiens gründete.

Der Ardenner Wald, dessen nordöstlicher Teil ab dem 8. Jahrhundert nach und nach den Namen Eifel erhielt, heißt spätestens so, seit ihn Caesar in ›De bello Gallico‹ als »silvam Arduennam« in die Weltliteratur einführte. Es ist der Wald der keltischen Göttin Arduinna, der Göttin des Hochlandwaldes (denn das keltische Wort »ardu«, zu dem ihr Name gestellt wird, bedeutet »Hochland«).

Römische Damen in Bonn

Nachdem Caesar, der genialste und skrupelloseste Exekutor der Raubgier des parasitären Stadtstaatsystems Rom, zugunsten seiner und Roms weiter Taschen 59 aCn die gallischen Kriege vom Zaune gebrochen hatte, erwiesen sich ihm die rechtsrheinischen Tenkterer, die linksrheinischen Eburonen als so widerspenstig, daß er sie 55–53 auf die brutalste Weise ausrottete. Das Gemetzel war so furchtbar, daß der sonst nicht eben weichherzige römische Senat Caesar wegen dieses Völkermordes anklagte. Caesar erledigte das Problem wie üblich durch Bestechungen. Überlebende des Tenkterer-Massakers im Westerwald zwischen Lahn und Sieg sickerten danach wohl langsam in das ausgemordete linksrheinische Eburonengebiet, aber auch andere rechtsrheinische Germanen (Caesars »Freunde«, die Westerwald- und Taunus-»Ubier«) kamen hinzu, und diese alle mischten sich dort mit letzten Überlebenden des Eburonengenozids und angrenzenden Kelten und wurden zu einer neuen Bevölkerung, die man später insgesamt Ubier nannte, ohne daß dieser Name bisher gedeutet werden konnte. Da nun aber das ferne Rom, als es nach und nach davon erfuhr, nicht zugeben konnte, daß im alten Eburonenland solche Vorgänge sich ohne römisches Wissen abgespielt hätten, entstand die amtliche Lesart, die Ubier seien von Roms Gnaden vom rechten aufs linke Rheinufer umgesiedelt worden.

Spätestens seit den Nürnberger Kriegsverbrecherprozessen identifizierte man Widerstand gegen Hitler mit Antifaschismus und blockierte so eine vernünftige Faschismusforschung, indem man alle Hitler-feindlichen »roten« Systeme automatisch für antifaschistisch ansah.

Römische Damen in Bonn

Die römische Stadt[1] Colonia Ulpia Trajana (= Kolonialstadt, gegründet von Kaiser Trajan aus der Familie der Ulpier), in deren Nachbarschaft später die fränkische Siedlung »ad Sanctos« (= bei den Heiligen) entstand, woraus dann Xanten wurde, hieß mit vollem Namen Colonia Ulpia Trajana Cugernodurum[2] und war also in vorrömischer Zeit der Hauptort der Cugerner.

---

[1] Üblich ist der Vulgärfehler, eine Anhäufung umwehrter Kasernements mit einer »Stadt« zu verwechseln, deren Einwohner alle Stadtrechte der »urbs« = Rom(a) genossen.
a) Trier, die Kaiserstadt, hatte einen Sonderstatus auf der Basis des Militärlagers: Die Einwohner hatten *kein* Bürgerrecht aus ihrem Status als Einwohner, wenn: dann aus anderen Gründen (und also ist Trier keineswegs die älteste Stadt Deutschlands, auch wenn es das gerne von sich behauptet).
b) Die *colonia* wie Köln *hatte* die *Stadt(bürger)rechte*; doch von allen transalpinen »coloniae« blieb Köln als einzige während der Völkerwanderung als lebendiges Gemeinwesen erhalten und wurde vielleicht gerade deshalb Mutter des später so bedeutenden Systems der deutschen Stadtrechtsfamilien, in das auf diesem Wege vielleicht vom kölnischen Anfang an Gedanken des urban-römischen (Stadt)Rechts übertragen wurden (Stadtrechtsfamilien u. a.: Magdeburger Recht bis nach Poltawa in der Ukraine, Soester Recht über Lübeck zum Hanserecht wie zum Alten Kulm des Deutschritterlandes, Altenburger Bergrecht bis in die slowakische Zips und die siebenbürgischen Goldminenstädte, »süddeutsches« Recht von Straßburg ausgehend über Wien und Budapest bis Bukarest usw.).
c) *Kein* Bürgerrecht hing an den »castra« = Legionslagern, »cannabae legionis« = den zugehörigen Dienstleistungssiedlungen, den »castella« = Lagern der Hilfstruppen, dem »vicus« = dem Kastell zugeordnete Dienstleistungssiedlung.

[2] Schreibweisen: Cugernodurum, Cugernodunum; Cugerni, Cuberni, Ciberni, Cigerni.

Die Mongolen töteten in 1½ Jahren ihrer Anwesenheit (1241/42) 50 % der Bevölkerung des damaligen Ungarn (etwa 1 Million Menschen), zu dem auch Siebenbürgen gehörte: weshalb in die menschenleer verheerten Räume auf Einladung des ungarischen Königs Béla IV. jene »Siebenbürger Sachsen« aus dem moselfränkischen Raum zwischen Trier und Luxemburg einwanderten, deren Nachfahren Ceauşescu, der ungebildete walachische Oltenier, zuletzt für rund DM 8 000,– pro Kopf (realsozialistischer Standardpreis im Menschenhandel) plus Schmiergelder (in vorrealsozialistischen Zeiten nannte man's auf dem Balkan feiner Bakschisch) in das Land ihrer Ahnen zurückverscherbelte. Bis wer auf wessen Einladung hin die von Ceauşescu verwüsteten Räume wieder aufzubauen hat?

Agrarische Gesellschaften in Europa müssen spätestens seit den ersten Versuchen zu gezielter Tierzucht in der Jungsteinzeit gewußt haben, daß zur Fortpflanzung das gemeinsame Wirken eines männlichen und eines weiblichen Wesens benötigt wird. So ist denn anzunehmen, daß überall da, wo »Fruchtbarkeitsgöttinnen« im weitesten Wortsinn verehrt wurden, auch mit der Existenz entsprechend befruchtender »Fruchtbarkeitsgötter« zu rechnen ist. Die bekanntesten Fruchtbarkeitsgöttinnen der kontinentaleuropäischen Antike sind die »Matronen« und unter diesen wiederum die aus dem Bonner Raum stammenden »Aufanischen Matronen«. Und seit einigen Jahren mehren sich die archäologischen Beweise, daß der den Matronen zuzuordnende Fruchtbarkeitsgott der keltische »Mercurius Gebrinius« ist, der »Ziegen-Merkur«, wobei man daran denken muß, daß die Römer den unheimlichsten, den wandernden Gott Wotan, ihrem Wandergott und Götterboten Merkur gleichsetzten.

Um 185 lebten laut Professor Rüger in Bonn zwei Damen aus feinstem römischen Adel. Die eine war Sutoria Pia, die Gattin von Titus Statilius Proculus, dem Präfekten der I. Minervischen Legion mit dem Ehrennamen »zuverlässig und treu«. Sutoria dürfte eine Urenkelin jenes berühmten Prätorianerpräfekten aus Alba Fucens, Quintus Naevius Cordus Sutorius Macro, gewesen sein, der 31 den berüchtigten Prätorianerpräfekten Lucius Aelius Seianus, den Günstling des Kaisers Tiberius, wegen Hochverrats stürzte und tötete. Die andere war Flavia Tiberina, die Frau von Claudius Stratonicus, dem Legaten der I. Minervischen Legion, und da der Legat ein Offizier senatorialen Ranges war, war sie selbst wenigstens durch die Ehe gleichgestellt. Nun dürften die Damen, auf der Menschheit Höhen wandelnd, ihre Freizeit weniger mit den moralinsauren Sittenepisteln des älteren Cato oder den literarisch so bewundernswerten Reichspropagandaschriften Caesars verbracht haben, als vielmehr mit jener ihrem freieren Geist angemesseneren Literatur nach der Art des gerade in dieser Zeit erschienenen Romans der magischen Verwandlungen von Apuleius ›Der goldene Esel‹, oder in der Art der hellenistischen Abenteuer- und Liebesromane, für die der rund 50 Jahre später schreibende Heliodoros mit seinen ›Aithiopischen Geschichten von Theagenes und Charikleia‹ das bekannteste und beste Beispiel lieferte. Die in diesen Romanen so wirkmächtige Exotik aber mag die beiden Damen dazu veranlaßt haben, sich mit der Exotik ihrer unmittelbaren Umgebung genauer zu befassen, etwa mit den von den Legionären so sehr verehrten Matronen, den für den Bonner Raum so typischen aufanischen zumal, deren Namen auf einen

Zusammenhang mit den die beiden Bonner Trockenrücken trennenden wie umgebenden »aufanja« (= Venns, Sumpfgebiete) hinweist, die wiederum mit ihren Sumpfgräsern nicht nur Ziegenweiden gewesen sein, sondern auch als Habitate Pan-ähnlicher Götter gegolten haben mögen, wie etwa des den Matronen zuzuordnenden keltischen Ziegengottes Mercurius Gebrinius (keltisch »gabros«, lateinisch »caper« = Ziegenbock). Und sie gingen hin und ließen sich von keltischen Steinmetzen zu Bonn Altäre schaffen, die den aufanischen Matronen gewidmet waren, aber in völlig ungewöhnlicher Weise auf uralte keltische Stil- und Darstellungselemente zurückgriffen und nicht auf die damals üblichen Bildelemente. Am deutlichsten zeigt das der Weihealtar von Statilius Proculus und Sutoria Pia, auf dessen Rückseite ein Baum zu sehen ist, aus dem eine Schlange emporzüngelnd sich einem Nest mit Vögeln nähert, Symbole der Erde und der ungezähmten Natur. Unter dem Baum aber befindet sich eine Darstellung, die eines Picasso würdig wäre: Man sieht eine Mutterziege, deren Kopf über ihre Placenta gebeugt ist und deren Körper in den drei wichtigsten Stellungen des Werfens gezeigt wird. Die Ziege läßt sich eindeutig als zur früh in Europa domestizierten Spezies der Säbelhornziege gehörig identifizieren. Langlebigkeit und lebenslange Fruchtbarkeit der Ziegen waren damals wohlbekannt, die sich damit als Symbole der Fruchtbarkeit geradezu anboten. Und es mag sein, daß in der 3-Phasen-Darstellung ein Schlüssel zu der auffälligen Matronen-Trias fast aller Darstellungen steckt.

Im Gesamtbereich des Römischen Reiches hat man bisher insgesamt rund 1700 Darstellungen mehrzahliger weiblicher Gottheiten entdeckt, davon rund 700 »Matronen mit Beinamen« vor allem im Gebiet der Ubier.

Römische Damen in Bonn

Die Bildseite des den Aufanischen Matronen zu Bonn von Sutoria Pia und ihrem Mann Statilius Proculus geweihten Altars mit der Darstellung der picassoiden Dreifach-Ziege, die gerade geworfen hat, der Schlange und dem Vogelnest; ca. 185 pCn (nach Umzeichnung von Margret Sonntag-Hilgers).

Franken« werden 291 pCn erstmals erwähnt: See- und Küstenräuber mit Stützpunkten in der Rheinmündungslandschaft. Der Name wurde den Römern zum Sammelbegriff für alle »Barbaren« östlich des Niederrheins. Am Ende des 4. Jh.s wurde für sie auch der Name »Germanen« im gleichen Sinne geläufig, vielleicht im Zusammenhang damit, daß damals Franken im Römischen Reich bereits hohe und höchste Stellungen bekleideten: der Heermeister Silvanus, der 355 nach der Kaiserwürde griff, stammte aus fränkischem Hause; die Frankenkönige Childerich († 482) und sein Sohn Chlodwig († 511) waren als Könige auch Amtsträger Roms. Sie entstammten jenem Haus der Merowinger, das sich nach seinem legendären Urahn Merowech benannte. Er dürfte sich kurz nach 400 mit seiner Sippe in den Ruinen der römischen Festung Turnacum (heute Tournai bzw. Doornijk) niedergelassen und seine Jungmannschaft mit dem Abschneiden der Hälse aller Konkurrenten beschäftigt und erfolgreich ausgebildet haben, eine Politik, die nach ihm sein mutmaßlicher Enkel Chlodwig ebenso erfolgreich in noch größerem Stile fortsetzte, weshalb man die Merowinger eine durch Mord gemilderte Despotie genannt hat.

Die unbekannten unterlegenen Konkurrenten, sei es aus der Familie, sei es aus der Nachbarschaft, waren wie Merowech zunächst Kleinkönige (= reguli) oder besser: Sippenoberhäupter, die sich nach den Wirren der Völkerwanderungsjahre nun langsam seßhaft machten. Da den frühen Merowingern zunächst ein weiteres Ausgreifen in drei Richtungen versperrt war (im Norden der Ärmelkanal, im Westen der Atlantik, im Süden das gallorömische Reich, das unter Aegidius, aus gallischem Senatorenadel, ab 456 in Nordgallien als faktisch selbständiges Reich entstanden war und es bis zur Niederlage seines Sohnes Syagrius gegen Chlodwig 486 blieb), konnten sie sich nur nach Osten entwickeln: in die keltischen Gebiete der Ardennen hinein, zu denen auch die nachmals Eifel genannten nordöstlichen Regionen gehörten.

Nun hatten sich zu eben jener Zeit, da Merowech sein Treiben in den Ruinen von Turnacum begann, andere fränkische Sippschaften unter ihren »reguli« entlang des Rheins von Xanten aus nach Süden bis Koblenz und Mainz festzusetzen begonnen. Einer von ihnen war ein gewisser Thetmar, Sohn von Samson und Vater von Didrik. Ihr Herrschaftszentrum war Bonn, das lange Zeit (bis ins 15. Jh.) den Beinamen »Verona« trug: die historische Gestalt des Dietrich von Bern, dem man viele Jahrhunderte später, als die Geschichte der rheinfränkischen »reguli« längst vergessen war, den Namensmantel Theoderichs des Großen überstülpte, woraus die unendlichen Widersprüche zwischen Geschichte und Literatur entstanden. Auch diese ripuarischen »reguli« unterlagen den Merowech-Leuten, und ihre Herrschaftsbereiche an Rhein und Mosel und in der Eifel gingen im merowingischen Reich auf.

Ihre Geschichte aber blieb in Liedern bewahrt, die Karl der Große sammeln, sein Sohn Ludwig dann als heidnisch wieder verbrennen ließ. Doch haben Stücke dieser Sammlung sicherlich mit den rheinfränkischen Franken, die sich im wachsenden Frankenreich bis an die entferntesten Grenzen begaben, diese Reise mitgemacht, und an den neuen Wohnorten bildeten sie den Kern sich neu entwickelnder Heldensagen, wobei sich an diese rheinfränkischen Kerne die jeweiligen örtlichen Geschichten dermaßen anlagerten, daß die ursprüngliche Geschichtserzählung kaum mehr zu erkennen war: in der bairischen Grenzmark z. B. die Geschichte vom

Bulgarenmord, in Oberitalien die ostgotisch-langobardischen Berichte über Theoderich den Großen, in gallischen Landen die Geschichte der Burgunder wie die des Syagrius, aber auch die vom Hunnensturm, in Skandinavien eben dortige Sagas. Und in jenen »alten maeren«, die das Nibelungenlied eingangs zitiert, kann man vielleicht auch Reste jener alten Handschriften erblicken.

Wohl fast vollständig erhalten blieb diese Sammlung in einer Fassung, die vor Karl dem Großen, also vor 700 entstanden sein muß, da er in ihr nicht genannt wird und da in ihr Zustände beschrieben werden, wie sie vor 600 bestanden haben. Diese Sammlung ist als ›Didrikschronik‹ in einer altschwedischen Übersetzung tradiert, als sehr viel spätere Ausgestaltung in der altnorwegischen Fassung der ›Thidrekssaga‹ bekannt. Der Didrikschronik lagern sich nun Nachrichten aus Fredegars und Gregors Frankenchroniken ebenso an, wie aus Snorri Sturlussons norwegischer Geschichte von den Königen, die man bisher, da unverständlich, als literarische Erfindungen abgetan hat.

Im Zusammenhang aber mit der Didrikschronik erweisen sie sich immer mehr als recht genaue Geschichte jener bisher verschollenen Zeiten. Und verdienten höchstes Interesse der Historiker, der Germanisten und der Nordisten. Und auch der Archäologen, da sich hier möglicherweise Schlüssel für sonst undeutbare Befunde finden. So stehen die rheinischen Archäologen vor einem seit etwa 1985 stetig wachsenden Bestand an ostgermanischem Fundgut aus Grabungen am linken Rheinufer zwischen Xanten und Mainz, das sich hier in solchen Mengen aus jenem 5. Jahrhundert der bisherigen Vorstellung von den geschichtlichen Vorgängen zufolge überhaupt nicht befinden dürfte. Laut Fredegar sind jedoch die

Franken von der unteren Donau zugewandert, und ähnlich berichtet das Snorri. Im trierischen Raum hingegen gibt es solche Funde nicht: wohl aber bei Fredegar wie in der Didrikschronik gehäufte Berichte über das verräterische Verhalten des zu Trier residierenden Königs, dem unterschiedliche Namen beigegeben werden, davon der bekannteste der aus der Didrikschronik ist: Ermenrik, Oheim Didriks. Möglicherweise verbirgt sich hinter diesen Verratsgeschichten die Tatsache, daß der Trierer sich bereits früh gegen seine rheinfränkischen Verwandten stellte, die Ripuarier[1], und mit den Merowech-Franken kollaborierte, was dann wiederum eine mögliche Erklärung für das Fehlen ostgermanischen Fundgutes im Trierer Raum andeuten könnte.

In ›Fanfan la Tulipe‹ sagt der Marschall Frankreichs, er habe für die Schlacht mit 10 000 Toten gerechnet, ohne sich nach oben festlegen zu wollen; und Louis XV. erwidert: in solchen Fragen sei er nie kleinlich gewesen.

Maß des Fortschritts: die 10 Gebote zählen 279 Wörter, die Unabhängigkeitserklärung der 13 nordamerikanischen Staaten 1776 zählt 300 Wörter, die EG-Verordnung über den Import von Karamel-Bonbons 1981 zählt 25 911 Wörter.

---

[1] Die Ripuarier (= Uferleute) sind nach gegenwärtigem Wissen ein romanisch überformtes keltisch-germanisches linksrheinisches Völkchen mit (noch unidentifizierten) ostgermanischen Einsprengseln: aus dem 791 bei Bonn bezeugten »Malgiso seu Lezzeniche« (Malgiso oder Lezzeniche) erhält sich nicht das auf einen der neuen Bosse bezogene merowingisch-fränkische Malgiso, sondern das viel ältere, Rhein-römisch abgestützte, wohl keltische Lessenich.

Am 2. Mai 1989 begann Ungarn, den Eisernen Vorhang zu zerschneiden und so ein Tor zu öffnen, durch das das Ende des II. Weltkrieges erreicht werden konnte.

Fortschritt wäre, wenn aus Sex und Smog wieder Luft und Liebe würden.

Die »Wölfin« im Dom zu Aachen ist in Wirklichkeit eine Bärin.

Tempelmalereien lassen erkennen, daß das Alte Ägypten glaubte, weil die Schlange ihre Haut abstreift, sei sie unsterblich. Damit der Mensch wenigstens einen Anteil an der Unsterblichkeit erwerbe, müsse er wie die Schlange seine Haut abstreifen. Als symbolische oder Ersatzabstreifung erfand das Alte Ägypten die Beschneidung des Mannes. Vielleicht hängt die bis heute im Islam weitverbreitete Vorstellung, die Frau habe keine Seele, mit der Abwesenheit einer beschneidbaren Vorhaut zusammen.

Die Nachtigall in ihrer Brust – sagte er über die Sängerin – ist sehr klein, aber sie wohnt wunderschön.

Wer in der Diskussion von Begriffsdefinitionen die Meinungen des anderen erfährt, braucht über Inhalte nicht mehr zu streiten.

Volary in Südböhmen ist eine seltsame Stadt. Einst wurden hier Tiroler angesiedelt, und die haben sich eine Tiroler Holzstadt errichtet, mit niedrigen Tiroler Dächern und Steinen darauf, und mit Alpenwiesen ringsum, und mit einer Sprache, die manchmal entfernt dem Deutschen zu ähneln scheint.

Klauen kleinklein führt am Ende auch zu nichts Großem.

Am 8. Juli 1937 begann mit dem von Japan provozierten Zwischenfall an der Marco-Polo-Brücke, etwa 10 km südlich von Beijing, das damals noch Beiping genannt wurde (= Nördlicher Friede), endgültig der Zweite Weltkrieg mit einem Gefecht zwischen japanischen und chinesischen Truppen, der dann am 1. September 1939 durch den von Deutschland inszenierten Zwischenfall mit dem Sender Gleiwitz auch in Europa ausbrach. Am 7. Dezember 1941 geschah der japanische Überfall auf den US-Flottenstützpunkt Pearl Harbor, von dem das US-Oberkommando mindestens 12 Stunden vorher wußte, ohne jedoch die noch mögliche Evakuation der Flotte zu befehlen, und so wurden die USA mitsamt der gesamten pazifischen Welt in den Krieg hineingezogen. Er endete in Europa formell mit der Kapitulation Deutschlands, die am 8. Mai 1945 in Kraft trat, und in Asien formell mit der Kapitulation Japans nach dem Abwurf der US-Atombomben auf Hiroshima und Nagasaki am 2. September 1945. In Wirklichkeit scheint der Zweite Weltkrieg am 9. November 1989 endgültig zu Ende gegangen zu sein.

Auf Chinesisch heißt die Marco-Polo-Brücke »lugouqiao« = Brücke über den Schilfgraben. Sie wurde 1189–1192 erbaut, also von der tungusischen Jin-Dynastie, aus weißem Stein, und mit 485 Löwenskulpturen geschmückt, und überspannt den Fluß, der seit 1689 Yongding heißt, in 11 Bögen, und nicht in 24, wie Marco Polo schrieb. Der Name »Pulisanghin«, den Marco Polo dem Fluß gab, besteht aus dem persischen Wort »pul« = Brücke und den Namen »sanggan« oder »sangin« für den Oberlauf des Lugou bzw. Yongding, also ein Mischname, der die Bedeutung dieser Brücke für den internationalen Fernhandel bezeugt.

Die Marco-Polo-Brücke heißt im Westen Marco-Polo-Brücke, weil sie Marco Polo, der sie wohl gegen Ende 1276 zum ersten Mal sah, in seinem um 1300 erschienenen Reisebericht als erster für Europa berichtete. Er schrieb im CVI. Kapitel ›Die Provinz Catai und der Fluß Pulisanghin‹ über »dieses herrliche Bauwerk«. Der Großchan habe ihn mit einer Mission nach Westen betraut: »10 Meilen nach Cambaluc gelangt der Reisende an den breiten Fluß Pulisanghin. Kaufleute mit ihren Waren fahren darauf bis zum Ozean. Eine prächtige steinerne Brücke führt über den Fluß; auf der ganzen Welt ist keine mit ihr zu vergleichen. Die Brücke ist 300 Schritt lang und 8 breit; 10 Reiter, Flanke an Flanke, reiten ohne weiteres darüber. Die 24 Bogen und die 24 Pfeiler sind aus grauen, fein gehauenen und schön gesetzten Marmorsteinen. Marmorplatten und -säulen bilden beidseitig eine Brüstung. Am Brückenkopf steht die erste Säule, sie trägt einen Marmorlöwen, an ihrer Basis ist ebenfalls ein Löwe. Nach 1 1/2 Schritten folgt die nächste Säule, auch mit zwei Löwen. Der Zwischenraum wird mit einer grauen Marmorplatte geschlossen; so können die Menschen nicht ins Wasser fallen. Es ist wundervoll, wie Säulenreihen und Platten sich verbinden.«

Das einzig Sichere ist die Vagheit aller Hoffnung.

Römische Damen in Bonn

Die wichtigste Lehre aus dem Revolutionsjahr 1789 ist, daß man ein Jahrhundert nicht vor seinem Ende für erledigt erklären soll.

Einst produzierte man in Beaune als Nebenprodukt der Reifung burgundischen Weins aus den Kernen Beauner Wachs, das allüberall mit großer Begeisterung zum Wachsen von Fußböden gebraucht wurde, zum »Bohnern«, also zum Glänzendmachen. Natürlich erschienen ähnlich hergestellte Wachse deutscher Fabrikation sehr bald als »Deutsches Beauner-Wachs«, was den Herstellern durch den unseligen Versailler Vertrag 1918 verboten wurde. Daraufhin wurde es flugs in Bohnerwachs umgetauft.

Wer keinen Spaß versteht, den lohnt es sich auch nicht ernstzunehmen.

Wäre Burebista, dakischer Kriegskönig, bereits des Ungarischen mächtig gewesen, hätte man als seine letzten Worte beim Anblick der anstürmenden römischen Kohorten überliefern können: Ischtenem, ischtenem – mi lesz velünk? (O Gott, o Gott, was soll nur aus uns werden?) Hätte er andererseits bereits in seiner Jugend die Wohltaten humanistischer Gymnasialbildung genießen können, so würde ihm die lateinische Antwort auf seine Frage nicht schwergefallen sein: Vae victis! (Wehe den Besiegten!)

Am 23. September 1988 entdeckten Archäologen in einem Weinberg nahe dem niederösterreichischen Krems auf dem Galgenberg die älteste bisher bekannte Plastik eines weiblichen Körpers. Die »Venus vom Galgenberg« ist ca. 30 000 Jahre alt, 7,2 cm hoch, aus stark glänzendem grünlichem Serpentinschiefer vorderseitig plastisch ausgeformt und im Gegensatz zu den bisher bekannten Frauengestalten wie der »Venus von Willendorf« (ca. 5 000 Jahre jünger) weder fettleibig noch symmetrisch noch mit besonders stark markierten Geschlechtsmerkmalen. Sie zeigt vielmehr in tänzerischer Anmut eine Frau in Bewegung, rechter Arm und rechtes Bein schwach angewinkelt, das Hauptgewicht auf dem durchgedrückten linken Standbein, mit leicht seitlich gedrehtem Oberkörper, was die linke Brust im Profil erscheinen läßt.

Wer dreimal lügt, ist guter Dinge, denn aller guten Dinge sind drei.

Viele alte Kulturen sahen in der Schlange eine Verkörperung göttlicher Kräfte: von der Midgardschlange der alten Germanen über die Schlange des Übels Naga im alten Indien bis zu der geflügelten Schlange der indianischen Hochkulturen.
Und auch der sumerische Marduk-Drache hat ebenso wie der chinesische Himmelsdrache viel mehr Ähnlichkeit mit geflügelten Schlangenwesen als mit den fliegenden Sauriern der europäischen Sagen- und Märchenwelt.

Mit einem Kartoffelschälmesser kann man den Erfinder der Höchstleistungsmaschinenpistole erstechen. Mit einer Höchstleistungsmaschinenpistole kann man Kartoffeln nicht schälen.

Römische Damen in Bonn

Die Kutsche heißt so, weil sie erstmals im ungarischen Ort Kocs gebaut wurde.

Die 45er Automatik wurde nach einem Filipino-Aufstand entwickelt. Die Aufständischen hatten sich die Genitalien mit Lederriemen zusammengeschnürt und brachten sich so dermaßen wahnsinnige Schmerzen bei, daß sie die Stellungen der US-Truppen einfach überrannten, während die Kugeln derer Springfields und 30–40 Kraigs in ihren Körpern kaum mehr Wirkung zeigten wie heiße Nadeln. Die neue 45er jedoch riß Löcher, die so groß waren wie Crocket-Kugeln und sie auf der Stelle stoppten.

Eskimos[1] nennen sich selbst »Inuit« = Menschen.

Donauschwaben heißen so, weil deutsche Auswanderer aus der Rheinpfalz, von der Mosel, aus Südhessen und dem Elsaß, als sie im 17. und 18. Jh. in Richtung Osten auswanderten, mit sogenannten »Ulmer Schachteln« vom schwäbischen Ulm aus über die Donau in die neuen Ansiedlungsgebiete reisten.

Die Siebenbürger Sachsen stammen größtenteils von rund 170 Familien ab, die nach der Zerstörung Ungarns durch die Mongolen nach 1245 auf Einladung des ungarischen Königs Belas IV. aus dem Gebiet zwischen Trier und

---

[1] Das Wort »Eskimo« hingegen bedeutet keineswegs »Rohfleischesser«, wie vielerorts noch verbreitet wird, sondern stammt aus dem Cree *aayaskimeew* = Schneeschuhmacher, vom Verb *assimeew*, und ist vergleichbar dem Ojibwa *askimee* = sie stellt einen Schneeschuh her.

Luxemburg abwanderten, um die verheerten Gebiete wieder aufzubauen.

Adolf Neuwert Nowaczynski hält die Zeiten für so altruistisch, daß man von denen, die schwache Nerven haben, sagt, sie hätten ein goldenes Herz; von denen, die einen schlechten Stil haben, sie hätten brave Absichten; und von denen, die dumme Absichten haben, sie hätten schwache Nerven – und so im Kreis herum bis zum Erfolg, das heißt: bis zur absoluten Hegemonie der schwachen Nerven, des schlechten Stils, der braven Absichten. Auch ist er der Meinung, daß in der Diplomatie und der Kunst die Mittelmäßigkeit gleich Null sei – in jedem Stadtrat und bei allen Wahlen aber eine Tugend.

Die Römer und die Ägypter hatten Kotgötter, deren besondere Verrichtungen in der Fürsorge für die Latrinen und für diejenigen bestanden, die diese aufsuchten.

Der Furz war den alten Ägyptern eine Gottheit.

Cicero betrachtete den Furz als ein unschuldiges Opfer, das von der Gesittung seiner Zeit unterdrückt würde. Er stieß daher zu seinen Gunsten einen Schrei nach Freiheit aus und stellte seine Rechte fest. In einem seiner Briefe heißt es: »Crepitus aeque liberos ac ructus esse opertere.« (Sowohl der Furz, als auch das Rülpsen müssen in gleicher Weise gestattet sein.)

Es ist fast unmöglich, die Fackel der Wahrheit durch ein Gedränge zu tragen, ohne jemandem den Bart zu sengen.

Aus den phantastischen Geographien des Honorius Augustoduniensis erfährt man nicht nur, warum im Knabenalter der Coitus nicht gelingt[1], sondern auch, wie man zur Verlorenen Insel gelangt und wie man einen Basilisken fängt.

Vor rund 10 000 Jahren wurde im Zweistromland das erste Gerstenbier gebraut.
Vor rund 5 500 Jahren kelterten die alten Perser den ersten Wein.
Vor rund 2 400 Jahren dürften Kelten an der unteren Donau erstmals die Geheimnisse des Destillierens enträtselt haben: Nicht ohne Grund also sind keltische Whisk(e)ys bis heute die besten.

In Diskussionen um den Müll gilt es als unfein, Schillers ›Geschichte des Abfalls der Niederlande‹ ins Gefecht zu führen.

Zu Braunschweig wurde in einer Auktion ein Hut für viel Geld verkauft, der aus dem heimlichsten Haar von Mädchen verfertigt war.

Die eine Schwester ergriff den Schleier und die andere den Hosenschlitz.[2]

---

[1] quare in pueritia coitus non contigat.
[2] Der Lichtenberg-Philologie ist es leider bisher nicht gelungen, die Frage zu beantworten, ob es nicht vielleicht gerade umgekehrt gewesen sei.

Am 11. Oktober 1737 sollen in Kalkutta durch ein Erdbeben mindestens 300 000 Menschen umgekommen sein. Tatsächlich hatte Kalkutta damals etwa 20 000 Einwohner, das Erdbeben war ein Wirbelsturm, und die Zahl der Todesopfer dürfte etwa bei 3 000 gelegen haben.

Walisisch ist viel einfacher als es aussieht: der Ortsname Cwmbrwyno zum Beispiel spricht sich Kumbrueino.

Als ein Sachse erstmals die Alpen auftauchen sah, entfuhr ihm der Bewunderungslaut: »Najetzwärtzawwerdichdchhiechlich!«

Wer behauptet, der Mensch sei ein Esel, verleumdet die Intelligenz und die Charakterstärke des Grautiers.

Sein Vater war nach einem Handgemenge auf dem Rand eines Whiskeykessels ertrunken. Nicht, daß er nicht schwimmen konnte: Er wollte sich raustrinken. So starb er denn an Alkoholvergiftung. Und später berichtete der Leichenbeschauer fasziniert: Er sei so phantastisch konserviert, daß es viel zu schade sei, ihn einzugraben.

Heinz Eggert warnt die Prinzipientreuen: »Gradlinige, paßt in den Kurven auf!«

Bereits 1296 berichtete der Stadtschreiber von Ulm über die Herstellung von Lebkuchen durch Lebzelter, nachdem die ersten Lebkuchen in Klöstern hergestellt worden waren. Nonnen bevorzugten das Gebäck süß mit Zuckerguß überzogen, Mönche eher die würzigere Variante.

Vor 4500 servierten bereits die alten Ägypter Gänse als Festmahlzeit. Die Germanen bevorzugten als Leckerei zur Wintersonnenwende Schweinebraten. Die erste Weihnachtsgans wurde der englischen Königin Elisabeth I. 1588 zur Feier des Sieges über die spanische Armada zubereitet; die süße Füllung aus Äpfeln und Rosinen symbolisierte Fruchtbarkeit und die süße Gnade Gottes.

Der erste Weihnachtskranz im Durchmesser von 1,60 m wurde um 1860 in Hamburg aufgehängt.

Marzipan ist seit rund 1000 Jahren in Europa bekannt, wohin die Kreuzritter es aus dem Orient mitgebracht haben.

Auf Russisch Geschäfte machen heißt: eine Kiste Wodka klauen, sie schnell verscherbeln, und den Erlös vertrinken.

Die Bundesregierung finanziert das Hamburger Friedensforschungsinstitut pro Jahr mit der gleichen Summe, die das Bundesverteidigungsministerium pro Jahr für Klopapier ausgibt.

Nüchtern betrachtet sind auch unbekannte Künstler unerträglich.

Wer des Englischen auch nur teilweise teilhaftig ist, weiß, daß der im Neudeutschen so beliebte »Shooting star« in Wirklichkeit die schnell verglühende Sternschnuppe meint.

Der Schutzheilige der Wichtigtuer ist nach Johannes Groß der Heilige Bombast.

Je höher Bäume in den Himmel wachsen, desto lieber nisten in ihnen Pleitegeier.

Ankum verfügt über die zweitgrößte Reithalle in Deutschland.

Da die Australier aus der Natur geräuberte Ziersteine im Garten lieben, unter denen sich normalerweise zahlreiches Getier in ihm gemäßen Mikroklimata angesiedelt hat, wird der Lebensraum z. B. für den zierlichen samthäutigen Fettschwanzgecko Oedura lesueurii beängstigend knapp.

Da die niederländische Provinz Zeeland dem 1648 in Münster unterzeichneten Westfälischen Frieden nie beigetreten ist, befindet sie sich bis heute formell im Kriegszustand mit Spanien. Jetzt ließ der Vertreter der niederländischen Krone in Zeeland, Kommissar Willem von Geldern, der spanischen Krone die Bereitschaft zu Friedensverhandlungen anzeigen.

Römische Damen in Bonn

Wenn eine Dame ihrem Geliebten seufzend vorwirft, alle Männer seien doch gleich, fragt sich ein Mensch, der Logik hat, verwundert: woher sie das wohl wissen mag.

Obwohl die Gestalt des guten Verlierers überall hochgeschätzt ist, will keiner es sein.

Milben sind nicht sonderlich gut zu Fuß.

Das Gute an der osmanischen Politik war, daß sie niemandem etwas Gutes tun wollte.

Wer Träume verwirklichen will, muß zunächst aus ihnen erwachen.

Ehe Motten einen duzen, muß man lange in fremden Kleiderschränken herumgestanden haben.

Ein guter Handelsvertreter kann einem Kuckucksuhrenliebhaber auch noch Vogelfutter verkaufen.

Das Schwarze Meer nannten bereits die alten Iraner wegen seiner dunklen Nebel so, nämlich axsaéna = dunkel. Daraus machten um 700 aCn einwandernde griechische Neusiedler aus Milet »pontos axeinos« = ungastliches (düsteres) Meer. Um durch diesen Namen die Meeresgötter nicht unwillig und damit ungnädig zu stimmen, wandelten die Abergläubischen axeinos in »euxeinos« um = gastlich, Pontos Euxeinos = gastliches Meer, also ein Euphemismus zur Abwehr gefährlicher

Strafaktionen beleidigter Götter. Weniger abergläubisch waren offenbar jene alten Germanen, über die das iranische Wort als »schwarz« eingedeutscht wurde, ebenso wie die Russen »tschernoje morje«, Türken einschließlich der Osmanen »kara deniz«, Italiener »mar nero« und Franzosen »mer noire« sagen: obwohl doch ihre Kultur- und Sprachahnen, die Römer, der griechischen Haltung anhingen: »pontus euxenus«.

Schlammschlachten« bezeichnen die saftvolleren Ungarn als »Zusammenstoß der Scheiße mit dem Ventilator«.

Als nun aber nach 1870 die Zeit der großen reform-pädagogischen Entwürfe begann, mit denen man die Verheerungen der Industrialisierung bewältigen wollte, entstand auch Idee und Wirklichkeit der Jugendbewegung, die in Deutschland vor allem wanderte, sich aber in den böhmisch-mährisch-slowakischen Landen vorwiegend in Kanusport auf den Flüssen umsetzte: wesmaßen die paddelnde Jugend sich den Seemannsgruß »Ahoi!« zulegte, der bis heute in tschechischen wie mährischen wie slowakischen Landen der Alltagsgruß geblieben ist (und also nicht, weil Shakespeare Böhmen einst ans Meer verlegt hat).

Dem Stuttgarter Sprachforscher Manfred Rommel verdanken wir die tiefgründige Einsicht: »Ein sauberes Weib ist etwas anderes als eine reine Jungfrau. Es kann sich um dieselbe Person handeln, muß aber nicht.«[1]

---

[1] Einer Übertragung dieser Lehrformel auf andere Gebiete, etwa des politischen Lebens, steht vom linguistischen Standpunkt aus nichts im Wege.

Schlechte Dichtungen wären besser zu ertragen, wenn sie nicht so viele noch schlechtere Rezensionen hervorriefen.

Da der spanische Grammatiker Antonio de Nebrija frühzeitig (und wohl aus Erfahrungen im Verlauf der Reconquista) begriff, welche Bedeutung der Sprache bei der Förderung der kulturellen wie der staatlichen Identität zukommt, da sie von jeher eine »Begleiterin des Imperiums« sei, legte er 1492 seine ›Gramática de la Lengua Castellana‹ vor, die erste Grammatik des Kastilischen, das damit gleichzeitig zur Hochsprache unter den spanischen Mundarten wurde und zugleich eine der modernen europäischen Sprachen. Und wies darauf hin: »Wenn Eure Königliche Majestät [die Königin Isabella nämlich] viele Barbarenvölker und Nationen mit fremden Sprachen zu unterjochen gedenkt, werden nach der Unterwerfung diese die Gesetze übernehmen müssen, die der Sieger dem Besiegten aufzwingt, und damit unsere Sprache.« Seinen Ruf als Grammatiker hatte er sich an der Universität von Salamanca erworben, indem er im Kampf gegen jene Barbaren der Praxis, die in Spanien das Latein völlig korrumpiert hatten, eine neue, äußerst geschickt angelegte Lateingrammatik ›Introductiones latinae‹ vorlegte, die bald so erfolgreich wurde, daß sie nicht nur als Lateinlehrbuch Verwendung fand, sondern auf Wunsch allerhöchst der Königin vom Verfasser selbst ins Spanische übersetzt wurde – der Anstoß zur nachfolgenden kastilischen Grammatik.

Die stärkste Festung der Christenheit, Graz, konnte 1809 nicht einmal von Napoleons Soldaten genommen werden.

Normannen zogen 892 plündernd und zerstörend durch die Eifel.

1550 spielte man in Italien erstmals Billard.

Im 17. Jahrhundert gab man in königlichen Residenzen mehr Geld für Kerzen als für Lebensmittel aus.

Marco Polo und Dante, Christopher Marlowe und Daniel Defoe, Lord Byron und Somerset Maugham dienten ihren Regierungen als Spione.

Alle Wettiner heißen als Kennzeichnung der Familienzugehörigkeit »zu Sachsen«, weshalb der »König von Sachsen« unter seinen Titeln auch den eines »Herzogs zu Sachsen« trug.

Das Haus Aremberg erlosch 1298 und 1547 in der männlichen Linie, ward aber immer dank vorhandener einziger Erbtöchter fortgesetzt.

1235 beschlossen die Mongolen die Eroberung Europas.

1973 schuf man in Tarent Stahlwerke, um Arbeitsplätze zu schaffen. Hätte man statt dessen all den in den Werken später Beschäftigten ab 18 Jahren eine ausreichende lebenslängliche Pension bezahlt, wäre das billiger gewesen – und hätte all die Umweltbelastungen vermieden, deren Kosten noch nicht abgeschätzt werden können.

Römische Damen in Bonn

Die Mongolen zerstörten die alte Kiewer Rus und bereiteten damit dem neuen Kreml-Rußland den Weg.

Wer auf der Flucht vor dem Ehemann der Geliebten den Sprung aus dem Fenster im 13. Stock scheut, braucht deshalb noch nicht abergläubisch zu sein.

1967 wurde in einer internationalen Übereinkunft festgelegt, daß die Sekunde genau die Zeit sei (bzw. zu sein habe), in der Elektronen des Cäsiums 133 eine elektromagnetische Strahlung von 9 192 631 770 Hertz aussenden, bzw. in der 9 192 631 770 Schwingungen, die von den Elektronen des Cäsiums 133 ausgehen, vergangen sind.

Ob die Erfindung des Hundehalsbands eher der Zuneigung zu den Hunden oder eher der Liebe zu den Frauen zu verdanken ist, gilt als so trendfreie Frage, daß ihre Beantwortung hier unterbleiben kann.

Was ist ein Professor? Diese eminent wichtige Frage legte Prof. Hans-Günter Rolff, der Leiter des Instituts für Schulentwicklungsforschung der Universität Dortmund, 1989 Kindern der Dortmunder Liebig-Grundschule vor. Hier einige der Antworten:
Ein Professor ist ein Kellner.
Ein Professor ist ein Wissenschaftler. Er untersuch Pflanzen.
Er ist ein Erfinder. Er baut machinen. Er schtudirt und will schlau sein.
Der sich interessante Sachen anschaut und der im Museum Arbeitet.

Ein Profesor ist ein jimiarbeiter, ein Profesor ist ein Profesor der Natur.
Der Wissensaft herstelt. Der Untersucht. Der chemikalirn herstelt. Er will Lehrer werden.
Ein Professor ist ein Chef, zum Beispiel in einem Krankenhaus. Der muß immer alles bestimmen.
Ein Professor ist ein Lerra. Ein Professer Arbeitet anschimi.
Ein schlauer Mann. Pzüchologe könnte er sein. Ein guter schüler könte er auch sein.
Ein Lehrer an einer Universität. Er lehrt die Studenten ihren Beruf.
Ein Mann der glaubt er weiß alles. Und er hätte das Superhirn.
Ein Professor ist einer, der Namen erfunden hat und er hat Autos erfunden und er arbeitet in einem Laburatoriom.
Er kontrolirt. Er kukt Op die Bauarbeiter alles richtig gemacht haben.
Ein hielf reicher Mensch.
Er ist ein kluger Mensch. Er ist fast wie ein Wissenschaftler.
Er guckt den Kindern zu.
Er ist einer, der mit fisenschaft arbeitet.
Ein Professor ist ferantwortlich für seinen staat.
Er spricht durch ein Mikrofon, wenn er mit andern spricht.
Ein Professor Macht Ekpermente. Ein Professor ist schlau und klug.
Ein Provezor ist ein Man der den ganzen Tag im Rathaus sist!
Er schreibt Bücher über Kinder.
Er ist Lehrer an der Universität. (Er ist besonders schlau.)
Er erfindet was gegen Insekten.
Er liest gerne.
Ein Professor ist ein Mann, der Bücher schreibt.
Ein schlauer Mann, der ganz viel abens weiß aber nicht alles.

Er ist ein Detektiv bei der Polizei.
Er guckt den Leuten zu, die Lehrer(in) werden wollen, was sie mit den Kindern machen.
Er erforscht sachen die ein Mensch noch nhi gesehen haben und expridizird henntut. Ein Professor ist ein Mann der Forscht.
Er sitzt im Büro.
Ein Professor ist ein Hochschullehrer oder Afinder.
Ein Professor ist der Chef von Lehrer und Lehrerin. Und ein mann, der den Studenden abeit gibt.
Ein Professor ist ein Lehrer. Ein Professor hilft manchmal im Krankenhaus aus.
Ein Profeser ist ein der macht das Land in ornung bebt.
Ein Provesser ist ein Ervinder. Ein Provesser mus schlau sein. Ein Provesser ervindet sachen die es nicht gibt.
Ein Professor arbeitet als forscha.
Der weiß zuviel! Ein Professor Weis fast alles.

Die Souveränität des Volkes bei Wahlen wie z. B. zur Präsidentschaft besteht darin, von zweien immer das kleinere Übel zu wählen.

Als bayerische Maxime darf gelten: Handle so, daß die Maxime deines Handelns bei allen, denen du schadest, Respekt und Anerkennung findet.

Eine Mehrheit, die im Benutzen von Hardware – der Fernsehgeräte, der Computersimulationen, der Intertext- und Telefax-Maschinen belanglosen Datenaustauschs – verharrt, wird gegen eine Minderheit, die die gute alte humanistische Software parat hat, sehr alt aussehen.

Römische Damen in Bonn

$\qquad$ Musik von Mozart macht müde Milchkühe wieder munter. Rockmusik hingegen macht sie lustlos.

Der Kritiker kann zwar nichts so gut wie der Künstler, weiß aber, wie der alles besser machen könnte.

$\qquad$ Am 2. VI. 1866 kam es in Lime Ridge zur einzigen Schlacht der USA gegen Kanada. Für diesen Tag hatte man überall auf der Welt, wo irische Herzen schlugen, den Kampf gegen das britische Königreich ausgerufen. Seitens der USA stürmten rund 800 junge irische Einwanderer über die Grenze. Kanada wurde von einer hastig zusammengetrommelten Studentenmiliz verteidigt. Die irischen Angreifer beklagten zwar 8 Tote und 20 Verwundete, aber ihre Fahne wies zum ersten Mal in der Geschichte das nachmals so berüchtigte Symbolzeichen auf: IRA (Irish Republican Army). Auf kanadischer Seite gab es 12 Tote und 40 Verwundete. Schlachtort und Schlacht sind inzwischen völlig vergessen. Ebenso wie das Ergebnis. Denn wie so oft verlieren sich Täter und Tat im irischen Nebel.

$\qquad$ Um 1100 entstand für die Bauarbeiter an der »Steinernen Brücke« über die Donau in Regensburg die erste Würstlbude.

$\qquad$ Herkules trug der lokalen Sage nach am Berg Olympos Schuhe der Größe 45.

1995 stellte man fest, daß von allen Bayern 300 000 Menschen alkoholkrank waren, etwa 60 000 medikamentenabhängig und nur rund 13 000 schwer drogenabhängig.

Den Duktus einer baierischen Schimpfkanonade erkennt man am einfachsten an Beispielen: »Saggrament Alleluja! Du Dregsau, du godfarregte! Gruzefix no amoi! Di wenn i dawisch du Hundsgrippe, du farregta!«

Wer mag eigentlich Plastik?

Die prachtvollen Chilkat-Decken mit klaren Ornamenten wurden nur von den Tlingit-Häuptlingen bei ihren Tänzen und Stammeszeremonien verwendet. Vor vielen Generationen hatte eine sehr schöne Tlingit-Frau mit Namen Tsihooskwallaam im Dorf Chilkat an der Mündung des Copper River gelebt, die sich entschloß, künftig weit von ihren Stammesbrüdern entfernt in der bergigen Wildnis des großen Chilkat-Landes zu leben. Dort fing sie Bergziegen und webte aus deren Fellen Decken. Als die Lachse sie aufspürten, berichteten sie nach ihrer Rückkehr an die Küste Häuptling Num-Kil-Slas und seinem Sohn Gunnuckets davon. Da suchten die beiden Männer sie auf, und sie heiratete nach kurzer Zeit den Häuptlingssohn. Als sie eines Tages mit ihm auf die Jagd zog, wies er seinen Vater an, heimlich alle Decken in Bündel zu verschnüren. Als sie von der Jagd zurückkehrten, verwandelte Gunnuckets sich in eine Baumschwalbe und Num-Kil-Slas sich in einen Raben. So schafften sie die Bündel und die übrige Beute fort und verteilten sie als Geschenke Cutlas Potlatch an alle Stammesmitglieder. So lernten diese die Herstellung der herrlichen Chilkat-Decken. Tshihooskwallaam aber starb vor Kummer.

    Seit 1977 untersuchten Wissenschaftler der Harvard-Universität rund 90 000 Krankenschwestern auf Kaffeekonsum und Selbstmordraten. Sie stellten fest: Frauen, die pro Tag 2 bis 3 Tassen Kaffee tranken, wiesen ein 66 % geringeres Selbstmordrisiko auf als Abstinenzlerinnen, bei vier und mehr Tassen sank das Selbstmordrisiko immerhin noch um 58 %.

    Wer viel küßt, lebt durchschnittlich 5 Jahre länger.

    Da schlanke Meisen durch weniger Fett wendiger sind, trotzen sie mutiger und erfolgreicher Räubern.

    Peruanern gelten die Avocado-Früchte als stärkste Aphrodisiaka: weshalb besorgte Väter ihre Töchter während der Reifezeit der Früchte nicht aus dem Hause lassen.

    Trobriander bei Papua-Neuguinea vollziehen den Beischlaf vorwiegend im Freien: das sei gut für die allgemeine Fruchtbarkeit der Pflanzenwelt.

    Auf Samoa ziehen die Familien traditionell jeden 5. Sohn von Kindesbeinen an als Mädchen auf: Obwohl diese sogenannten Faafine nicht homosexuell sind, lassen sie sich doch von Männern lieben.

Japaner lieben behaarte Achseln bei Frauen, halten aber das Küssen in der Öffentlichkeit für eine schwere Tabuverletzung.

Manche Kultur in Ägypten und im Sudan wünscht sich die Frau völlig enthaart, während die Chinesen Frauen mit schwarzen Zähnen für besonders sexy halten.

Gebrannte Kinder suchen neugierig nach dem Feuer.

Die alten Araber pflegten der Arabischen Oryx-Antilope, die heute praktisch nur noch in Zoos überlebt, ihre überlangen schlanken Hörner zusammenzubinden und schufen so das Urbild des ebenso mystischen wie mythischen Einhorns des europäischen Mittelalters.

Wenn Kerzen brennen, nimmt ihr Wachstum ab.

IV. Von Gott und Engeln, Theologie und Wissenschaft zunebst der Geschichte der Inquisition

»Hilf dir selbst, sonst hilft dir Gott. ›Mann-o-Mann!‹, rief Gott. ›O Gott, o Gott‹, erwiderte eingeschüchtert der Mann.«
(Rudi Spengler)

»Erst während der Auseinandersetzung mit den Katharern entschied sich Europa mit allen guten und bösen Konsequenzen zu seinem bis heute wirksamen Gesetz, daß die hiesige Welt eine Aufgabe und ihre Bewältigung der Daseinsgrund der Menschen war.«
(Arno Borst)

»Nichts übertrifft die Kurzsichtigkeit und den Hochmut der Jugend!«
(Jake Gulliver)

»Nicht die Dinge verwirren die Menschen, sondern die Ansichten über die Dinge.«
(Epiktet)

»Das Mögliche ist oft wahrer als das Wirkliche.«
(Arno Surminski)

»Das Wirkliche ist meist phantastischer als das Mögliche.«
(Hugo Schrath)

»Die Wahrheit wird ebensooft für eine Lüge gehalten, wie eine Lüge für die Wahrheit.«
(Ross King)

Engel, Gott und Inquisition

»Wahrheit und Lüge sind Nachbarn, die sich eng berühren.«
(George Cautley)

»Der Teufel kann nicht einmal mit dem Schwanz wedeln, ohne daß Gott es will.« (Thyraeus)

»Es gibt nicht nur keinen Gott; schlimmer noch: versuchen Sie einmal, am Wochenende einen Klempner zu bekommen.«
(Woody Allen)

Der Evangelist Matthäus bezeichnet den Besuch, den das Jesuskind bekam, als »Weise aus dem Morgenland«. Die anderen Evangelisten berichten nichts davon. Im 5. Jh. wurden drei daraus, und zwar nicht mehr Weise, sondern Könige, und im 9. Jh. wurden ihnen die Namen Kaspar, Melchior und Balthasar verliehen.

Der glaub-würdige Gott ist nicht denk-bar, ein denkbarer Gott ist nicht glaub-würdig.

Jeder Versuch eines Gottesbeweises ist – strenggenommen – bereits ein Grenzfall der Blasphemie.

Das Erste Gebot, man solle sich kein Bild von IHM machen, muß wohl vor allem als Berufsverbot für Theologen verstanden werden.

Vermutlich deshalb erweist sich die meiste Theologie bei genauerer Betrachtung als exegetische Paulologie.

Sünde ist Vergewaltigung Gottes.

Engel, Gott und Inquisition

Ist Jesus Christus?

Die Geschichte der Menschheit begann bekanntlich mit Diebstahl (angesichts der paradiesischen Gegebenheiten kann die Aneignung fremden Eigentums in Gestalt von Äpfeln nicht der Strafmilderung des Mundraubs unterliegen), Mord (Kain an Abel, also auch noch in der Form des Brudermordes) und Inzest (wie sonst hätten die Kinder Adams und Evas, Geschwister also allesamt, sich fortpflanzen und die heutige Menschheit hervorbringen können?).

Anna Selbdritt bedeutet immer Mutter Anna + Tochter Maria + Enkel Jesus.

Die Unbefleckte Empfängnis bedeutet die Mariens in Mutter Anna.

In Stavelot steht im liebenswürdigen Museumchen eine entzückend naive Statue aus dem 17. Jh., die darstellt, wie Mutter Anna Tochter Maria das Lesen lehrt: aus einer Fibel mit dem lateinischen ABC.

In Xanten befand sich bis vor einigen Jahren im St. Viktorsdom eine wunderbare Tafelmalerei (17. Jh.?), die auf einem schachbrettartig gemusterten Fliesenboden Vater Joseph in reicher Handwerkermeisterkleidung zeigte und neben ihm den ebenso reich bekleideten Sohn Jesus, wie der auf seinem Steckenpferdchen reitet. Der gegenwärtige Aufenthalt des Bildes konnte bisher nicht eruiert werden.

In Kirchsahr (zu trennen Kirch-sahr und nicht etwa Kirchs-Ahr) befindet sich die einzige noch vollkommen erhaltene Türkenmadonna: Sie zeigt die Madonna im Rosenkranz, dessen Perlen die von ihr ausgehenden Strahlen krönen, auf dem linken Arm den Jesusknaben, in der rechten Hand hochgeschwungen ein Schwert, mit dem der Türkenkopf abgehauen wurde, den der Jesusknabe seinerseits mit der linken Hand an der Skalplocke hält.

Die Ur-Hebräer waren Esel-züchtende Nomaden in Südarabien.

Die Patriarchen waren Karawanengroßherren, deren Ansehen, Macht und Reichtum auf ihren Eselskarawanen beruhten, den Fernhandelsvoraussetzungen vor dem Auftreten der Kamele.

Jahwe war ursprünglich der Esel-köpfige Gott der Esel-züchtenden ur-hebräischen Eselsnomaden.

Die Rolle des Esels im Neuen Testament, der Eselscruzifixus, die Eselsmesse führten und führen die althebräische Eselstradition im Christentum bei verschütteter Herkunft weiter.

Amen« und »Hallelujah« sind bis zur Unkenntlichkeit verzerrte Echos ritualisierter Eselsschreie.

In den Acta Sancti Sanctorum von 1709 ist unterm 5. Juni (S. 25–30) nachzulesen, daß der Apostel Markus sein

Evangelium in lingua franca (= in der Sprache der Franken) verfaßt habe. Schrieb er in Mayen?

    Wenn bei Mayen die Roma Secunda war, hat Petrus sich einige Jahre bei Mayen aufgehalten.

Wenn Petrus sich bei Mayen aufgehalten hat, war Linus sein direkter Nachfolger in Rom am Tiber, und Clemens sein direkter Nachfolger in Rom bei Mayen, und der Tiber-Clemens der direkte Nachfolger des Linus.

    Gott Jahwe beauftragte laut Mose IV, 13 den Mann Moses mit dem Einsatz von Spionen: er solle Männer ausschicken, das Land Kanaan auszukundschaften.

Der Mann Moses wies seine Spione, je einen aus den 12 Stämmen, an, in Kanaan auszukundschaften, »wie es beschaffen ist, und das Volk, das darin wohnt, ob es stark oder schwach, wenig oder zahlreich ist; und wie das Land beschaffen ist, darin es wohnt, ob fruchtbar oder schlecht, und wie die Städte beschaffen sind, in denen es wohnt, ob in Lagern oder in Festungen; auch wie der Boden beschaffen ist, ob fett oder mager, ob Bäume darauf stehen oder nicht. So zeigt Euch nun tapfer und bringt etwas von den Früchten des Landes mit.« Und entsprechend dieser ältesten und – da von Gott Jahwe inspiriert – bis heute unübertroffenen Dienstanweisung für Spione, zeigten sie sich tapfer, kundschafteten aus und kehrten mit den berühmten Weintrauben als Beispiel für die Früchte des Landes zurück, so schwer, daß zwei Mann je eine an einer Stange über die Schultern schleppen mußten.

Martin Luther übersetzte als erster Deutscher die Bibel aus den griechischen und hebräischen (bzw. aramäischen) Originalen, doch war sein ›Septembertestament‹ von 1522 erst der 19. deutsche Bibeldruck (14 der früheren waren in Oberdeutsch, 4 in Niederdeutsch übersetzt).

Zwar spricht die Bibel fünfmal von Noahs Frau, nennt aber nie ihren Namen.

In der Bibel werden Katzen nicht erwähnt.

Alle Autoren des Neuen Testaments sind Juden, mit Ausnahme von Lukas.

Ist es nicht sonderbar, daß die Menschen so gerne für die Religion *fechten* und so ungerne nach ihren Vorschriften *leben*?

Weil die alten irischen Mönche, als sie die Bibel abschrieben, der alten griechischen Seefahrtsterminologie nicht mächtig waren, glaubten sie, kamilos (Schiffstau, Ankertau) sei ein Schreibfehler und verbesserten ihn in kamelos (Kamel). Soviel zum Nadelöhr.

Weil die Merowinger den ungarischen Reiteroffizier Martin zum fränkischen Reichsheiligen erhoben, ist bis heute Martin der häufigste Vorname Frankreichs.

Weil die fränkischen Könige beim Mantel Martins, der capa, Staatsakte durchzuführen pflegten, wurde für ihn ein eigenes Haus gebaut: die capella, daraus unsere Kapelle, und der Kaplan ist ursprünglich der Mantelwächter.

610 hatte ein französischer Mönch beim Backen Teigstreifen übrig, aus denen er Kinderärmchen mit gefalteten Händen buk: die ersten Brezeln.

1500 dichtete der Laacher Mönch Johannes aus Andernach die schönste Fassung der Genoveva-Legende, deren historische Vorbilder wohl im 6. Jahrhundert im Maifeld lebten.

Für die Kreuzfahrer des Mittelalters bestand eines der schwierigsten Probleme darin, die Leichen Gefallener nach Hause zurückzubringen. Deshalb führten die Einheiten große Kochkessel mit sich, in denen die Toten so lange gekocht wurden, bis nurmehr die Knochen übrig blieben, die viel leichter und einfacher zu transportieren waren.

Wer Schlangen anbetet, begeht Ophiolatrie.

Der Satz »Der Zweck heiligt die Mittel« heißt eigentlich »Wo aber Gottes Wille am Werk ist, da heiligt der Zweck die Mittel« und stammt aus dem berühmten Gutachten von Jean Gerson vom 14. Mai 1429 für den ersten Jeanne-d'Arc-Prozeß in Chinon, in dem es um die Frage ging, ob angesichts der Verbote im Alten Testament, daß Frauen Männerkleider trügen und umgekehrt, Jeanne mit ihren Stimmen Glauben verdiene.

Engel, Gott und Inquisition

Der Prophet Mohammed haßte Hunde, aber verehrte Katzen; einst, als er aufstehen wollte, schnitt er sich den Ärmel seines Gewandes ab, auf dem eine Katze schlief, auf daß sie durch ihn nicht gestört werde.

Kardinal Mezzofanti soll 114 Sprachen und 72 Dialekte gesprochen haben, darunter Kölsch.

Die äthiopische Kirche verehrt Pontius Pilatus als Heiligen.

In England ist Elizabeth II. Anglikanerin, in Schottland Presbyterianerin, in beiden Ländern Oberhaupt der Kirche.

Der Versammlungssaal der Mönche heißt deshalb Kapitelsaal, weil z. B. die Benediktiner und ihr Reformorden der Zisterzienser dort jeden Tag ein Kapitel ihrer Ordensregeln zur Betrachtung und Beachtung vorgelesen bekommen.

In früheren Zeiten waren unter anderen folgende Formen der Weissagung in Gebrauch:
- Aeromantie: aus dem Zug von Wind und Wolken;
- Anthropomantie: durch Beobachtung menschlicher Eingeweide;
- Arithmantie: mit Hilfe von Zahlen;
- Astragalomantie: mit Hilfe von Würfeln;
- Chartomantie: durch Betrachtung von Briefen, insbesondere Liebesbriefen;
- Chiromantie: mit Hilfe der Handlinien;

- Dämonomantie: mit Hilfe des Teufels und böser Geister;
- Gastromantie: mit Hilfe von Geräuschen aus dem Bauch;
- Kapnomantie: durch Beobachtung des Rauchs;
- Kephalconomantie: durch Beobachtung der Köpfe von Eseln;
- Keromantie: durch Beobachtung schmelzenden Wachses;
- Logarithmantie: mit Hilfe von Logarithmen;
- Omphalomantie: durch Beobachtung des Nabels;
- Oneiromantie: durch Deutung von Träumen;
- Onomatomantie: aus dem Namen seines Trägers;
- Pyromantie: mit Hilfe des Feuers;
- Tyromantie: mit Hilfe von Käse;
- und nach Norfolks ›Lemprière‹
  Ejaculomantie: aus männlichen nächtlichen Ergüssen (vor allem von Kaisern).

Brigida von Kildare (irisch Efraid, auch Birgid Thaumaturga = die Heilkräftige genannt), deren altirischer Name »die Tugendhafte« bedeutet (453–523), war die uneheliche Tochter des irischen Königs Dubtach, gründete das Doppelkloster Kildare und war die erste Äbtissin sowie Begründerin des Brigittenordens, empfing den hl. Brendan, als der nach 7jähriger Seefahrt zurückkehrte, und hing nachher ihr nasses Habit an einen Sonnenstrahl zum Trocknen.

Hätte Gott das Weib für nützlich befunden, wäre er verheiratet gewesen. (Russisches Sprichwort)

Da wir wissen, daß Gott nichts Böses tun kann, läßt sich leicht erraten, wer die Frau erschaffen hat. (Französisches Sprichwort)

Eine Frau wählen ist wie seine Hand in einen Sack voll Schlangen stecken: mit Glück trifft man vielleicht auf eine ungiftige. (Arabisches Sprichwort)

Der Heiland hat nie moralisiert. Auch diesem Beispiel belieben Amtskirche, Amtstheologen und Kirchenchristen mehrheitlich nicht zu folgen.

Der Heiland sagte zu Petrus, dem Felsen, auf dem er seine Kirche aufbauen wolle: »Was du auf Erden bindest, wird auch im Himmel gebunden sein.« Entzückt ob der ihnen daraus zuwachsenden Machtfülle lasen die kirchlichen Eherechtler nie weiter; der Heiland hat anschließend noch gesagt: »Was du auf Erden lösest, wird auch im Himmel gelöset sein.«

Der Spaßverderber ist eine unentbehrliche Stütze aller Moral.

Im Talmud steht: Wenn ein Jude vor seinen Schöpfer tritt, muß er sich für jeden erlaubten Genuß, den er sich hat entgehen lassen, rechtfertigen.

Wertlos ist die Frau, die sich in allen Dingen auszeichnet, sich aber der Liebe nicht hingibt, denn sie ist ein Weinkelch aus feinstem Gold ohne Öffnung.

Engel, Gott und Inquisition

Seit ich die Tiere kenne, liebe ich die Pflanzen.

Die Vorstellungen der Kultusminister, ihrer Kultusbeamten und der GEW-Funktionäre über Sinn und Unsinn des Fremdsprachen-Lernens bezeugen, daß sie nicht einmal mehr Martin Luther lesen, geschweige denn verstehen können. Steht doch bei ihm: »Wenn ich jünger wäre, so wollte ich die hebräische Sprache lernen, denn ohne sie kann man die Heilige Schrift nimmermehr recht verstehen. Denn das Neue Testament, obs wohl griechisch geschrieben ist, doch ist es voll von Hebraismen und hebräischer Art zu reden. Darum haben sie recht gesagt: Die Hebräer trinken aus der Bornquelle, die Griechen aber aus den Wässerlin, die aus der Quelle fließen, die Lateinischen aber aus den Pfützen.« Jedoch was soll's? Wen interessiert schon die Bibel, seit man sich die Zeit mit Computerkriegsspielen vertreiben kann?

Der Alte Fritz lehnte das Gesuch einer Gemeinde in Pommern um einen anderen Pfarrer, da der amtierende die Auferstehung des Fleisches leugne, per Randnotiz ab: »Der Pfarrer bleibt. Wenn er am Jüngsten Tag nicht mit aufstehen will, kann er ruhig liegen bleiben.«

Da die von Jesus begründete Kirche der Verlockung nicht zu widerstehen vermochte, als Staatsreligion im Römischen Reich des Konstantin politische Macht auszuüben, vermochte die sich nicht mehr auf Jesus, sondern jetzt auf Christus berufende Kirche nicht, das durch das parasitäre römische Herrschafts- und Ausbeutungssystem entstandene Gift der konstitutiven

Lüge, Moral sei Ethik und: was gut für die Herrschenden sei, sei auch gut für den Staat und damit für die Bürger und sonstigen Untertanen im Reich, seelsorgerisch zu bekämpfen. Im Gegenteil: der Mythos Rom, den der Stuhl Petri aufgriff und verstärkte, transportierte dieses menschenverachtende Gift in das ab ca. 420 unter Führung der merowingischen Franken von Tournai aus entstehende neue Abendland. Und da der geistige, materielle und politische Zustand der heutigen Welt sich unmittelbar auf Merowechs Staatsgründung zurückführen läßt, kann man ihn so zusammenfassen, daß die Geschichte der Auswirkungen der christlich-abendländi-schen Kultur auf diese unsere Erde die Geschichte der Ermordung des Menschen durch den weißen Mann aus moralischer Feigheit und unter Vorsitz des Papstes ist. Daß er dabei gleichzeitig die Grundlage seines eigenen Lebens, die Natur, gierig, dumm und mitleidlos mit ermordet, ist der einzige Hoffnungsschimmer für die Erde.

Im 3. Jahrhundert nach Christus begann die christliche Theologie, die Vorstellungen vom Leben des Antichristen zu pervertierten Nachäffungen der Viten Jesu und der Heiligen zu stilisieren.

950 beschrieb Adso von Montier-en-Der (der von Melk kam später) in seinem ›Libellus de ortu et de tempore Antichristi‹ (Büchlein über Herkunft und Zeit des Antichrist) dessen Zeugung als Gegenbild zur Empfängnis Mariens: »Und wie der Heilige Geist in den Leib der Mutter unseres Herrn Jesus Christus kam und ihn mit seiner Göttlichkeit erfüllte, so daß sie von ihm schwanger wurde und etwas Göttliches und Heiliges gebar, genauso

kommt der Satan in den Leib von Antichrists Mutter und erfüllt sie gänzlich, besitzt sie äußerlich und innerlich, so daß sie etwas vollständig Verworfenes und Böses gebärt.«

Den ersten Kaiserschnitt in Europa, bei dem die Mutter nicht starb, führte 1550 ein des Namens unbekannter Mann durch, der von Beruf Eberkastrierer war.

Das Argument von der »Wahrung spiritueller Güter« ist der absolute Hebel zur vollkommenen Trennung der römisch-katholischen Kirche von irgendwelchen Verdächtigungen, sie könne etwas mit den für sie subversiven Lehren der Heilsoffenbarung Jesu zu tun haben.

»Ach, wär es Lied nur:
Am Kar ein Mond ohne Gezeiten,
der trinkt aus einem Helm ohne Sinn.
Gegen den Flugsand heimatlos reiten
stumm drei Soldaten aus Zinn.«

(Alfred Gong)

Da ohne wache Sinne Kommunikation mit der Außenwelt unmöglich ist, ist wache Sinnlichkeit die Voraussetzung jeder lebendigen Wahrnehmung.

Der Titel Kardinal leitet sich vom lateinischen cardo (Türangel) her. Die ersten »Kardinäle« waren die Erzpriester der acht Hauptkirchen Roms, die der Papst als Gehilfen zur Kirchenverwaltung heranzog. Papst und Kardinal sind ursprünglich kirchenhierarchische und nicht sacerdotal-sakramentale Ämter: Verwaltungs- und keine Priestergrade.

Um die priesterlichen Befugnisse der Kardinäle zu kennzeichnen, erhielten sie noch bis in die jüngste Vergangenheit Zusätze zum Titel: Kardinalbischof, -priester, -diakon. Erst seit Paul VI. sind nur noch Bischöfe zum Rang des Kardinalpurpurs erhoben worden, und damit sind die Zusätze zum Titel verschwunden.

Grundsätzlich könnten sogar verheiratete Laien in die Verwaltungspositionen Papst und Kardinal berufen werden. In der Vergangenheit war es nicht eben selten, daß Männer berufen wurden, die nicht einmal die niedrigsten Weihen besaßen – die wurden ihnen dann im Blitzverfahren nacherteilt, soweit die Kirche das für nötig ansah. Da die Kirche auf die Personalunion des Papstamtes mit dem des Bischofs von Rom Wert legt, konnte es geschehen, daß ein einfacher Mönch zum Papst gewählt und anschließend in wenigen Tagen zum Diakon, Priester und Bischof geweiht wurde: damit die Personalunion ermöglicht werde.

1539 wurde ein württembergischer Pfarrer seines Amtes enthoben und des Landes verwiesen, weil er gepredigt hatte: wenn eine Frau schwanger werde, dringe der Teufel in ihren Leib ein; nicht Gott, sondern der Satan bringe das Kind zur Welt. Damit aber hatte er gleichermaßen gegen die theologischen wie die gesellschaftlichen Normen seiner Zeit verstoßen.

Engel, Gott und Inquisition

Ein gewisser Martin Luther ist als Übersetzer berühmt geworden, obwohl nahezu nichts von den Märchen stimmt, die über diese seine bedeutende Leistung in Umlauf sind. Dafür hatten die Fehlleistungen des großen Mannes geradezu verblüffende Wirkungen und unsterbliche Lebensdauer. Zum Beispiel war bereits im Altertum ein gewisser See in der damaligen Welt berühmt wegen der Bläue seines Wassers und wegen seiner großen Schilffelder, weshalb er zum Beispiel auf hebräisch Jam Suff hieß, das Schilfmeer. Doch waren Luthers hebräisch-Kenntnisse nur oberflächlich. Weshalb er bei seiner Übersetzung der Bibel vorwiegend auf die lateinische Vulgata zurückgriff und auf die englische Bibelübersetzung von John Wyclif aus dem Jahre 1375. Der hatte Jam Suff richtig als »The Reed Sea« übersetzt. Aber Luthers Englischkenntnisse waren auch nicht eben vom Besten, weshalb er das blaue Schilfmeer falsch als »Rotes Meer« eindeutschte, von wo aus diese Umfärbung ihren Weg in ungezählte andere moderne Sprachen nahm, sogar ins Englische, seit Wyclifs Bibel aus ideologischen Gründen verworfen worden ist.

> »Jott Vater sitzt auf Wolkenbank
> bei einer Flasche Bärenfank,
> ißt Kuddeln und läßt Beine schlurn –
> ein Fuß is jrößer als Masurn –
> das Jungche unten steht und schnappt
> sich wech, was aus der Satte schwappt.
> Da hat er ihm auch schon bemerkt
> und winkt ihm jütich und jestärkt.«
>
> (Fritz Graßhoff in ›Des Heizers Traum‹)

»Als Gott an jenem Schlachtetag
auf einer frommen Wolke lag
und unten die Bescherung sah,
rief er: Goddam Halleluja!
Der sündet ja unsäglich!
Gott, wie ist das möglich?«

(Fritz Graßhoff in
›Die wahrhafte Geschichte vom wüsten Lolona‹)

Graßhoffs kaschubische Theologie ist Gott und Menschen näher als Papst und Kirche.«

(Hugo Schrath)

Als die römische Kirche sich mit den Katharern auseinandersetzen mußte und theologisch nicht zu siegen vermochte, rief sie gegen sie zum Kreuzzug auf, der in dem Massaker von Béziers (1209) seinen furchtbarsten Gipfel erreichte. Der Legat des Papstes schrie: »Tötet sie alle! Gott wird die Seinen schon erkennen.« Die überlebenden Katharer wurden als erste Menschen von der Kirche in den Tod des Lebendig-Verbrannt-Werdens geschickt. In ihrer anti-katharischen Hysterie grub die römisch-katholische Kirche sogar die Gebeine von gestorbenen Katharern aus und ließ auch sie verbrennen. Vor allem gegen die Katharer entwickelte der neu gegründete Orden der Dominikaner jenes Instrument, das bis heute vor allem in der Literatur von übelstem Geruch ist: die Inquisition.

Als die Kirche noch eine unter vielen war, gab es im Römischen Reich für sie nur geistliche Bußmittel bis hin zur Aufhebung der Kirchengemeinschaft, um sich gegen »Verunreiniger« der wahren Lehre zur Wehr zu setzen. Was aber »die wahre Lehre« war, das setzten die führenden Ideologen der christlichen Gläubigkeit erst im Verlauf der Jahrhunderte fest, in immer neuen Auseinandersetzungen mit »häretischen« Bewegungen. Als sich auch noch Kaiser Konstantin der Große entschloß, aus dem Christentum eine Staatsreligion zu machen, die ihm angesichts der unendlichen Vielfalt von einander widerstreitenden Gläubigkeiten als das beste Mittel erschien, die Einheit des Reiches zu wahren, setzte er gegen »Häretiker« wie die Manichäer oder die Donatisten bereits die Institution der Inquisition ein, wobei bestimmte »kirchliche« Vergehen von der Staatsgewalt mit Strafen bedroht wurden, da der Staat in jedem Angriff gegen »seine Staatsreligion« zugleich einen hochverräterischen, wenn nicht gar landesverräterischen Akt gegen den Staat erblickte. Noch aber gab es keine spezielle Behörde für solche Untersuchungen, noch wurden staatliche Richter jeweils ad hoc mit ihnen betraut.

Erst im hohen Mittelalter wurde die Institution der Inquisition mit den zunehmenden Bedrohungen von Kirche und Staat durch ketzerische Bestrebungen etwa der Albigenser, der Waldenser und der Katharer ausgebaut. Vor allem in der Auseinandersetzung mit den Katharern wurde an die Stelle der bisher rein mystischen Gläubigkeit (etwa eines Bernhard von Clairvaux) eine philosophisch-rationale Theologie gesetzt (etwa durch Wilhelm von Ockam und Petrus Abaelard). Papst Lucius III. verschärfte im Einvernehmen mit Kaiser Friedrich I. in Verona 1184 die Ketzerverfolgung, während der Kaiser gleichzeitig Ketzer und Ketzerschützer mit der Reichsacht bedrohte. Bis zu Papst Innozenz III. lag die Inquisition jetzt vorwiegend in den Händen der Bischöfe, dann aber traten im Auftrag Innozenz III. neben die bischöflichen auch päpstliche Inquisitoren.

Das 4. Laterankonzil erneuerte 1215 die Bestimmungen über die bischöfliche Inquisition und forderte zur Ausrottung der Ketzerei die Auslieferung der Überführten an die staatliche Gewalt, weil sich die Kirche als solche der peinlichen Gerichtsbarkeit nicht schuldig machen durfte. Dazu hatte sie ihre Vögte. Das Konzil von Toulouse regelte 1229 am Ende des Albigenserkriegs Verfahren und Bestrafung von Ketzern. Papst Gregor IX. nahm den Bischöfen die Inquisition aus der Hand, richtete 1231 die päpstliche Inquisition ein und steigerte deren Wirksamkeit durch die so geschaffene Zentralisierung. Als Inquisitoren wurden vor allem die Dominikaner berufen, danach aber auch die Franziskaner. Kaiser Friedrich II. verfügte bereits in seinen von der päpstlichen Kanzlei entworfenen Krönungsgesetzen 1220 die Hilfe des Staates bei der Ketzerverfolgung und verschärfte die Drohungen 1224 durch die Androhung der Todesstrafe (Verbrennung) für hartnäckige und rückfällige Ketzer. Die Nennung von Denunzianten und Zeugen wurde aufgehoben, den Angeklagten ein Verteidiger nicht mehr zugestanden. Papst Innozenz IV. genehmigte 1352 die Anwendung der Folter bei den kirchlichen Verhören, deren Aufgabe es war, das Schuldbekenntnis des Angeklagten zu erreichen, damit er dann der weltlichen Gewalt überantwortet werden konnte und die Kirche von seinem Blut unbefleckt dastehen konnte.

In Deutschland hatte sich der Inquisitor Konrad von Marburg, ein Beichtvater der hl. Elisabeth von Thüringen, so unbeliebt gemacht, daß ihn schon nach zweijähriger Amtszeit 1233 Ritter erschlugen und die Inquisition bis zum Einsetzen der Hexenprozesse etwa Mitte des 15. Jahrhunderts nahezu ruhte. In Spanien wurde sie 1478 zu einer staatlichen Institution gemacht und erhielt in der Folge durch wilde Erfindungen polemisch begabter Verleumder reformatorischen Gewandes den übelsten Ruf, den man sich denken kann. Papst Paul III. errichtete 1542 im Zuge seines Kampfes gegen die Reformation als oberste Behörde für alle Glaubensgerichte und erste Instanz für alle päpstlichen Reservatsfälle die aus sechs Kardinälen bestehende »Congregatio Romanae et universalis inquisitionis«, das sogenannte Heilige Offizium, die »heilige Inquisition«. Sie wurde erst durch das II. Vaticanum 1965 mit der Erklärung über die Religionsfreiheit stillschweigend aufgehoben und mit ihr z. B. auch der »Index«, ihr Verzeichnis verbotener Schriften.

Am 19. Oktober 1469 heiratete Ferdinand II. von Aragonien die Prinzessin Isabella von Kastilien, und durch diese Heirat wurden die beiden stärksten Königreiche Spaniens und mit ihnen Spanien selbst wieder vereinigt. In Verfolgung der Grundsätze der Reconquista, der Wiedergewinnung Spaniens von der maurischen Herrschaft der ungläubigen Moslims, verlangte das Königspaar in der Folge die Christianisierung aller Juden, und wer sich nicht christianisieren lassen wollte, wurde des Landes verwiesen. Die aber übertraten, die Conversos, wurden von gestrengen Christen mißtrauisch beäugt und gerieten oft in Verdacht, nur zum Schein konvertiert zu sein und in Wirklichkeit insgeheim weiter an den Lehren ihrer Vorfahren zu hängen. Das zu bekämpfen, wurde das staatliche Amt des hl. Offiziums gegründet, das rund 350 Jahre lang amtierte, bis es 1824 aufgehoben wurde.

Bald nach seiner Gründung brach in Deutschland die

Reformation los. Zunächst hatte das Offizium, das man auch als Inquisition bezeichnete, praktisch nichts mit der Reformation zu tun. Es hatte im Spanien seiner Zeit, in dem vier Fünftel aller Menschen außerhalb der Städte auf dem vorwiegend agrarischen Land hauste und hungerte, insgesamt 20 Gerichtshöfe eingerichtet, die je mit zwei bis drei Inquisitoren und einigen Helfern besetzt waren und ihren Aufgaben nachzugehen hatten.

Gegen die Reformation hatte sich Karl V., Kaiser des Heiligen Römischen Reichs, das sich seit 1404 immer öfter mit dem Zusatz »Deutscher Nation« kennzeichnete, und König Spaniens, zum »Defensor fidei«, zum Verteidiger des wahren Glaubens gemacht. Ihm bzw. seinen Truppen gelang es, die Truppen der Reformierten und Reformatoren bei Wittenberg entscheidend zu schlagen. Gegen die Reichsgewalt und die katholischen Truppenstärken hatten die Reformierten wenig Chancen. Dafür aber bemächtigten sie sich der neuen Erfindung der Buchdruckerei und setzten der katholischen Kirche bzw. dem Reich, die ihnen beide immer mehr in eins verschmolzen, mit den Mitteln einer immer übleren Polemik zu.

1567 verfaßte ein »Montanus« eine Schrift, die schnell in alle möglichen europäischen Sprachen übersetzt wurde und die »leyenda negra« aufbrachte, unter der die Inquisition und ihre wahre Geschichte sehr bald verschwand und bis heute verblieb. Er war es, der die spanische Inquisition in den glühendsten Höllenfarben malte, sie aus einer Horde toller Mönche bestehen ließ, die sich in ihrem wüsten Treiben am nächsten ihrem »Vater« befanden, dem Satan. Er erfand jene Folterkammern, in denen die Inquisition Ungezählte umgebracht haben sollte, er ließ die mönchischen Inquisitoren verhaftete Frauen und Mädchen vergewaltigen.

Erst jetzt haben britische, amerikanische, französische und spanische Gelehrte damit begonnen, die tradierten Urteile über die Inquisition anhand der überlieferten Aktenbestände des hl. Offiziums zu überprüfen. Mit dem Ergebnis, daß die alten Urteile nichts als Vorurteile sind, die jene »leyenda negra« gegen die spanische Supermacht der Zeit vorgebracht und erfunden hat.

Während z. B. die Staaten in Frankreich, Deutschland, England, Skandinavien während der rund 350 Jahre des amtlichen Wirkens der spanischen Inquisition, jenes Instrumentes der Hölle, insgesamt mindestens 150 000 Hexen verbrannten, hat die Inquisition in der ganzen Zeit höchstens 5 000 Ketzer zu Tode gebracht und den Hexenglauben als solchen überhaupt nicht anerkannt, sondern als Wahnwesen abgelehnt. Menschen, die in den üblen öffentlichen Kerkern Spaniens schmachteten, verfluchten im Gefängnis Gott, um in die sehr viel angenehmere Haft der Inquisition zu gelangen und sich dort eines nüchternen und sauberen Prozesses erfreuen zu können.

Denn allen Gerüchten zum Trotz waren die Inquisitoren in Wirklichkeit akademisch geschulte Juristen, die sich an ein strenges Reglement hielten, was sie zu tun und was sie nicht zu tun hatten. Was dazu führte, daß eben Wahnvorstellungen wie die von der Satansbuhlerei der Hexen bei ihnen keinen Glauben, kein Echo fanden und keinerlei Tätigkeit auslösten.

Im selben Augenblick also, da moderne Gelehrte sich der Mühe unterziehen, die vorhandenen Akten der Inquisition zu studieren, erweist sich, daß alles, was über sie bisher in der Welt verbreitet wurde – einschließlich der Mythen über Philipp II. und seinen unbedarften schwachsinnigen Sohn Don

Carlos, der bei einem Unfall ums Leben kam, wie sie von Demagogen, Mystifikanten und Literaten wie einem gewissen Friedrich von Schiller ausgingen –, nichts anderes ist als jene »leyenda negra«, die ein anonymer »Montanus« gegen Spanien aufbrachte.

Und wenn man auch die 5 000 Opfer der Inquisition in 350 Jahren ihrer Geschichte beklagen mag: was sind sie gegen die über 40 000 000 (vierzig Millionen), die der chinesischen »Inquisition« zum Opfer gefallen sind? Jener furchtbaren Schreckensherrschaft, die der so viel umjubelte Mao Zedong ausgeübt hat?

Aber es ist natürlich auch für sogenannte Wissenschaftler einfacher, sich alle möglichen Geistesblitze am grünen Schreibtisch einfallen zu lassen und anschließend mit Hilfe einer unbedarften Journaille in Umlauf zu bringen, als penibel die Hausaufgaben zu machen und erst einmal festzustellen, was wirklich war, ehe man das für die Wahrheit ausgibt.

Wie im altäthiopischen Heldenlied ›Kebra Nagast‹ nachzulesen ist, ruht der größte christliche Schatz im ältesten Staatswesen Afrikas verborgen vor den Augen der Welt in der Maria-Zion-Kathedrale zu Axum, der alten Hauptstadt ganz im Norden des Landes. Es ist die Bundeslade mit den Gesetzestafeln des Moses, die Menelik I., der Sohn der Königin von Saba und König Salomons, bei einem Besuch seines Vaters in Jerusalem gestohlen hat. Mönche bewachen sie, die erst mit ihrem Tode von dieser Aufgabe entbunden werden, denn nur die von Gott selbst auserwählten Hüter der Lade können ihren heiligen Anblick ertragen.

Engel, Gott und Inquisition

In Axum finden sich geheimnisvolle Steinstelen, deren Bedeutung niemand kennt.

Da der Nazarener als »Jesus von Nazareth, König der Juden« gekreuzigt wurde, erhebt sich die Frage: ist Christus (»Der Gesalbte«) Jesus, der Gekreuzigte?

Angesichts des bedrückenden Eifers, in dem der sogenannte rationalistische Homo sapiens seine Lebensbasis vernichtet, erhebt sich ebenso bedrückend die Frage: Was machen die Fliegen, wenn in Bälde alle Menschen fort sind?

Im Mai 1995 schrieb Axel Hacke die folgenden goldenen Worte: »War es nicht eine ziemlich gute Idee vom HERRN, daß er die Tiere gemacht hat? ER hat viel Phantasie bewiesen, als ER sie schuf, den Brillenkaiman zum Beispiel und den Axolotl, die Trichine und den Orang-Utan, das Känguruh und die Strandschnecke, den Goldfisch und den Lämmergeier. Sind das nicht lauter sehr ungewöhnliche Einfälle? Wer von uns käme schon auf so was? ER ist einfach unschlagbar in diesen Sachen – und außerdem muß ER einen Riesenspaß gehabt haben, damals. Und wir, heute? Sind den Tieren so fern und wären ihnen doch gerne nah, die Freuden des HERRN an seiner Schöpfung teilend. Nicht jeder kann Zoologe sein, Zirkusdirektor oder Zebrapfleger. Wenige leben auf dem Land, noch weniger in einem Großwild-Reservat. Ein Haustier? Ein Haustier ist eben nur *ein* Haustier – und ER schuf doch viele tausend Tierarten. Sprechen wir es aus: Wir wollen endlich wissen, wie ein Hering sich fühlt im kalten Ozean. Wir begehren zu verstehen, wie es ist, eine Schabe zu sein, voller Sehnsucht nach Nähe zum Menschen und so grausam von ihm bestraft. Auch möchten wir herausbekommen, was uns die Wellensittiche wirklich sagen wollen mit vielen Worten. Wir sind voller Sehnsucht nach den Offenbarungen der Tierseele, nach ihrem Tiefinnersten, nach dem Warum des gepanzerten In-sich-Gekehrtseins aller Krokodile, der Pickelhäutigkeit der Kröten, der nervösen Intellektualität des Pudels, der ganzjährigen Sexsucht des Hasen. Wie aber können wir es erfahren?«

V. Wie die Slawen in die Geschichte gerieten und weite Teile des heutigen Ostdeutschland besiedelten

»Gehst du nach rechts: verlierst du dein Pferd; gehst du nach links: verlierst du deine Seele; gehst du geradeaus: stirbst du.«

(Russisches Sprichwort zur Erläuterung der drei politischen Möglichkeitsformen)

Der fränkische Fernhandelskaufmann Samo schlug als Fürst der Westslawen am Main seine Schlacht gegen König Dagoberts Truppen vor der Wogastisburg: der Burg für Fernhändler, zu Burk bei Forchheim.

Samo ist kein Name, sondern ein Titel: »Ich selbst«. Dies bedeutete in jener Zeit einen regulus, einen Klein-König, aber auch Selbstherrscher von Gnaden der Volkswahl, wobei Volk die Wehrhaften bedeutet, die Messer und andere Schlachtinstrumente schwingenden sogenannten Männer.

Der bedeutende russische Komponist Borodin war von Beruf Professor der Chemie.

Vladimir Nabokov ließ sich in seinen Romanen in anagrammischer Form selbst mitwirken, u. a. als Vibian Darkbloom, Vivian Bloodmark, Vivian Calmbrod, Vivian Damor-Blok und Baron Klim Avidov.

Die Ansiedlung der slawischen Völker im Karpatenbecken (das die Ungarn Pannonien nennen) kann man nicht auf einen genauen Zeitpunkt festlegen. Es sei denn, sie seien durch den Sturm der sogenannten Hunnen um 375 mit ins Karpatenbecken gerissen worden. Denn als die sogenannten Awaren dort um 565/70 ihre Herrschaft zu organisieren begannen, saßen Slawen bereits da. Und nicht wenige Ortsnamen des heutigen Ungarn stammen aus der Sprache jener Slawen, die die landnehmenden sogenannten Ungarn um 900 dort vorfanden.

Karls des Großen Vorname wandelte sich in den westslawischen Sprachen wie dem Polnischen, dem Tschechischen, dem Sorbischen zu Formen wie »krol« oder »król« oder »kral« = König.
Karls des Großen Vorname wandelte sich im Ungarischen zu »király« = König.
Kaiser wie Zar sind Abwandlungen des römischen Namens Caesar ins Germanische bzw. Slawische.

Am alten Rathaus in Prachatice, der alten Stadt am uralten Goldenen Steig, über den einst Salz von Passau aus herangeschafft wurde, befindet sich an der Stirnseite eine Malerei, die einen Kerl mit einem Zweig und einem Schwert im Munde zeigt, mit einem Löwenkopf auf der Brust, einer Bärentatze, und einer

Hand, aus der er Geld schüttet. Was das bedeutet, weiß niemand.

Die Hilsneriade war keine Köpenickiade, sondern die 1899 stattgehabte tschechische Variante zur Affäre Dreyfuß, aus der Tomáš Garrigue Masaryk als Bekämpfer des Antisemitismus so viel Ansehen vor allem in den USA errang, daß er dort mit Unterstützung Washingtons 1918 durch das Pittburger Abkommen zwischen tschechischen und slowakischen Exilanten die Basis für die I. Republik legen konnte.

Eine Wurzel des Problems zwischen Tschechen und Deutschen besteht darin, daß Kaiser Ludwig der Bayer 1322 das rührige Völkchen der Egerländer für viel Geld als »Reichspfandschaft« an das luxemburgische Herrscherhaus in Prag verschacherte und sie nie wieder auslösen ließ. Hier ließe sich vielleicht Remedur schaffen, indem Edmund Stoiber und Theo Waigel als Nachfolger Ludwigs in ihrer Eigenschaft als Bayern und als Herrschafts- und Finanzpolitiker den Rechtsnachfolgern der Luxemburger in Prag die Auslösung der Reichspfandschaft Egerland anböten.

Nach der Befreiung der Tschechoslowakei vom Hitler-Joch unter erheblicher Beteiligung von US-Truppen entstanden in der ganzen westlichen Tschechoslowakei Denkmäler und Erinnerungstafeln. Die meisten wurden nach der kommunistischen Machtübernahme wieder abgerissen. Nur in Sušice/Schüttenhofen in Südböhmen überlebte am Stadtmuseum eine Bronzetafel mit der Inschrift »Zur dankbaren Erinnerung an die Befreiung vom Faschismus durch die US-Truppen unter

Der Einfall der Slawen in die Geschichte

General Patton«. Erst als Schüttenhofen die alltschechischen Jugendsportmeisterschaften haben wollte, gelang es der Partei, gegen die Spiele den Abriß der Tafel durchzusetzen: Das geschah in einer Dezembernacht 1970. Im nächsten Jahr hing da plötzlich eine Tafel: »Hier hing einst eine Tafel mit einem Dank an die US-Truppen, die uns unter General Patton vom Faschismus befreiten. Diese Tafel mußte wegen der US-Haltung in Vietnam abgenommen werden.« Diese typisch südböhmische Schlitzohrigkeit hielt nicht einmal ein Jahr dem Parteidruck stand. Seither feiert dort eine Marmortafel die Erinnerung an den bedeutenden Böhmerwald-Dichter Karel Klostermann, der für friedliches Miteinander der Völkerschaften eintrat und dem im Hause selbst seine ehemaligen Wohn- und Arbeitsräume als Gedenkstätte gewidmet sind.

Am 3. Mai 1791 erließ der Polnische Reichstag die erste moderne Verfassung Europas.

Als Czernowitz noch die kulturelle Hauptstadt der nördlichen Bukowina, ja geradezu das Kulturzentrum Galiziens war, wuchs dort ein Knabe namens Paul Antschel auf. Heute ist aus der Stadt die ukrainische Provinzstadt Tschernowzy geworden, aus dem Knaben wurde der große Lyriker Paul Celan.

Maxim Maximowitsch Wallach nannte sich als Revolutionär lieber Litwinow.

Lenin hieß in Wirklichkeit Uljanow.

Der Einfall der Slawen in die Geschichte

Trotzkij hieß in Wirklichkeit Bronstein.

Stalin hieß in Wirklichkeit Dschugaschwili.

Gromyko hieß in Wirklichkeit auch anders und nannte sich nach seiner Geburtsstadt.

Trotzkij hieß ein Gefängniswärter des Zaren. Einer der von ihm Bewachten borgte sich später in bitterem Spott seinen Namen als Revolutionärspseudonym: Lew Davidowitsch Bronstein.

Einiges zur Geschichte der slawischen Landnahme aus den Tiefen des Balkans, woher mehrenteils auch ihre Völkernamen und die der Städte, Flüsse und Dynasten stammen:
Das Kiewer Reich, »Rus« genannt, hat der russischen Geschichtsforschung immer wieder Rätsel aufgegeben. Die Frage nach der Herkunft des Namens und den mit der Staatsgründung zusammenhängenden politischen Vorgängen spaltete Forschung und Geschichtsschreibung in zwei Lager, da hiermit auch grundsätzliche politische Haltungen verbunden waren. Der Streit wird im wesentlichen zwischen den »Normannisten« und den »Autochthonisten« ausgetragen, deren gegensätzliche Positionen darin bestehen, daß die Normannisten als Gründer der ersten Rus skandinavische Waräger sehen, denen damit entsprechend starke Beeinflussungen des ersten »russischen« Staatsgebildes im Sinne einer Zugehörigkeit zu (West-)Europa zu verdanken wären, während die Autochthonisten davon ausgehen, der erste »russische« Staat

sei eine ausschließlich slawische Eigenschöpfung mit entsprechend anderer Akzentuierung gewesen.

Ein Hauptargument der Normannisten ist, daß in der Nestor-Chronik berichtet wird: da sich unter den Russen Streit erhob, sandten sie »übers Meer« und baten Waräger, zu ihnen zu kommen, den Streit zu schlichten und ihre Fürsten zu werden. Dieses »übers Meer« wird im allgemeinen als »über die Ostsee« interpretiert, woraus zu folgern wäre, daß man sich die warägischen Fürstenkandidaten und Begründer der »Rurikiden«-Herrschaft als aus Schweden herbeigerufen zu denken hätte. Nun macht der Münchner Slawist Professor Dr. Heinrich Kunstmann darauf aufmerksam, daß noch bis ins 17./18. Jahrhundert der Ilmensee »Russkoje Morje« genannt wurde (= »Russisches Meer«). Wie also, wenn die Nestor-Stelle so zu verstehen wäre, daß die streitenden Russen »über den Ilmensee« sandten, an dessen Südufer sie saßen, zu den wegen ihrer Organisationskunst bekannten warägischen Fernkaufleuten, die sich am Nordufer ihr Handelsemporion für ihre Handelsunternehmen in den Wolga-Raum, zum Schwarzen Meer und nach Byzanz eingerichtet hatten?

Das wichtigste Argument der Normannisten aber ist die Etymologie des Namens »Rus«. Er wird im allgemeinen von einem westfinnischen (?) »Ruotsi« abgeleitet, das ein ostschwedisches Wort für »Ruderer« wiedergeben soll und mit dem eben ostschwedische Waräger bezeichnet worden seien. Die kaum mehr überschaubare philologische Diskussion läßt sich hier nicht wiederholen, nur so viel: Bis heute ist keine wirklich zufriedenstellende Etymologie auf dieser Basis gelungen. Daher folgte man besser Professor Kunstmann, der überaus überzeugende neue Deutungen slawischer Volks-

Der Einfall der Slawen in die Geschichte

und Landschaftsnamen vorgelegt hat. Demnach sind die meisten dieser Namen einschließlich ungezählter Flußnamen »Mitbringsel«, also Zuwanderungsnamen. Namen, die die Slawen aus ihrer früheren Heimat bei ihrer Einwanderung in ihre Habitate nach dem Jahre 800 mitbrachten.

Sie wurden aus ihren »Ursitzen« um 375 durch den Hunnensturm mitgerissen und als noch namenlose Splittergruppen in die thrakischen, griechischen, »lateinischen«, illyrischen Räume des Balkan gespült, wo sie sich zu Kleingruppen konsolidierten, die sich nach ihren Wohnsitzen im Balkan nannten und diese Namen mitnahmen (oder nach ihrer Ankunft in den neuen Wohnsitzen aufnahmen), nachdem Byzanz sie nach 800 weitgehend aus den balkanischen Räumen vertrieben hatte.

Ein solcher Herkunftsname ist auch der der »Rus«. Er bildete sich aus »Ragusa« über »Rausa« zu »Russa«, bezeichnete also eine aus dem Raum bei Ragusa eingewanderte Gruppe und gab dem ältesten in »Rußland« nachweisbaren Siedlungsgebiet von Slawen seinen Namen: der »Staraja Russa« (= »Alt-Russa«) am Südufer des Ilmensees, in welchem Bereich sich überhaupt verblüffend viele Platz- und Wassernamen mit »Russa« gebildet finden. Diesem »Alt-Russa« gegenüber entwickelte sich am Nordufer des Ilmensees später der warägische Fernhandelspunkt »Neustadt« (Nowgorod).

Einst war es nicht unbekannt, daß Slawen einen nicht unbeträchtlichen Anteil am Entstehen der »deutschen« Geschichte und Kultur hatten. Karl der Große verbündete sich mit den Abodriten vom rechten Elbufer in seinem Kampf wider die widerspenstigen Sachsen und schenkte ihnen als Dank für geleistete

Der Einfall der Slawen in die Geschichte

Hilfen das linkselbische Wendland bei Hannover (Hitlers Rassenwahn nahm ihm das Bündnis mit den wendischen »Untermenschen« übel, übler noch als das Abschlachten der »arischen« Sachsen, wesmaßen Karl bei Adolf keine gute Presse haben durfte). Und daß das karolingische Reich (ab 407) als Vorform des späteren Heiligen Römischen Reichs Deutscher Nation ohne die Niederwerfung der Sachsen unmöglich gewesen wäre, weiß man ja.

Das älteste bekannte Slawenreich unter »Samo«, dem Kleinkönig aus fränkischem Fernhandelshaus, entstand um 630 am mittleren Main. Die älteste »deutsche« Geschichtssammlung, die Didrikschronik, vermeldet spätestens für diese Zeit die ersten Wilzenkriege: Kriege mit benachbarten Elbslawen; aber auch Freundschaft mit ihnen und gegenseitige Heiratsbündnisse. Viele der später bedeutenden Städte Mitteldeutschlands – von Berlin (dessen Name bis heute nicht recht deutbar ist) über Chemnitz bis Bautzen – sind slawische Gründungen. Von Leipzig ganz zu schweigen, das zudem seine Universität Vorgängen in Prag verdankt, Vorgängen um Jan Hus, den Erfinder des nationalsprachlichen Gemeindegesanges, aus dem das protestantische Kirchenlied wurde, der unerschöpfliche Humus für die Entwicklung der deutschen Literatur. Denn während die katholischen Pfarrherrn mit Sicherheit die reicheren Weinkeller kultivierten, kultivierten die protestantischen Pfarrhäuser und Pfarreien das reichere deutsche Sprachbewußtsein: durch den Gemeindegesang und das Kirchenlied nach Jan Hus. Doch ist das alles nach 1 000 Jahren fast immer friedlichen Miteinanders im allgemeinen Bewußtsein durch die endlosen Jahrzehnte großdeutschen, »arischen«, realsozialistischen Ideologiebetriebes verschüttet worden. Daher denn:

Der Einfall der Slawen in die Geschichte

Die Sorben in der heutigen Lausitz nennen sich auf sorbisch »Serben«, wie ihre balkanslawischen Namensvettern. Die Deutschen nennen die nördlichen Serben »Sorben«, weil sich im mittellateinischen Schrifttum seit Fredegar Namensformen wie »surbi« und »sorabi« durchgesetzt haben. Sorben wie Serben nennen sich nach Professor Kunstmann selbst »Serben«, weil ihre Altvorderen, nachdem sie unter Kaiser Herakleios 610–641 ihre endgültigen Siedelplätze innerhalb des byzantinischen Reiches in Dalmatien zugewiesen bekamen und also innerhalb des lateinischen Sprachbereiches, die Bezeichnung »servi« = die Untertanen erhielten. Bereits zuvor hatte es für sie einen vorübergehenden Siedelplatz in Thessalien gegeben. Von diesen beiden Siedelgebieten zogen kleinere Gruppen und stammesähnliche Verbände später nach Norden und in den Nordosten. Teils behielten sie ihren »servi«-Namen bei, wie die von Fredegar für ca. 630 im Thüringischen bezeugten »surbi« oder jene Gruppen, die ihre Anwesenheit im Böhmischen und im Polnischen durch Dutzende entsprechender Ortsnamen (Srbce, Srbec, Srbice, Srbin, Srbsko, Srby; bzw. in Polen Zarben, Sarbsko, Serbów, Sarbia, Sarbice, Sarbiewo usw.) belegen; teils kamen sie auch unter anderen Namen, wie die mitteldeutschen Thafnezi, die es wohl als kleine Gruppe aus der Gegend des alten römisch-byzantinischen Kastells Daphne an der Donau in den Norden verschlug, wobei aus Daphne eben »Thafnezi« wurde, oder die ebenfalls mitteldeutschen Prissani, die ihren Namen aus Thessalien mitbrachten, wo sie ihn den thrakischen Brisaci bzw. deren ehemaligem Siedelgebiet entlehnt hatten.

Und auch die mitteldeutschen Zeriuani stellen in ihrem Namen eine Abwandlung des »servi«-Namens dar. Die Prissani saßen im Bereich der Havel, und ihr Vorort war wohl

Der Einfall der Slawen in die Geschichte

Havelburg (und Ortsnamen der Nachbarschaft wie Brisenlank, Brieselang usw. dürften dazugehören). Den an Havel und Spree siedelnden Prissani folgten südlich zwischen Elbe und Fläming die Zeriuani im »pagus Cieruisti«, der sich als Zerbst verewigte. Und irgendwo bei ihnen saßen auch die Daphne-Thafnezi. Da nun um 850 der Geographus Bavarus feststellt, es seien die Serben Inhaber eines großen, bedeutenden Herrschaftsbereichs gewesen und die Urväter aller slawischen Völker, und da noch im 15. Jahrhundert der byzantinische Historiker Laonikos Chalkondyles in seiner Weltgeschichte für die Jahre 1298–1463 festhält, die Serben seien der älteste und größte Stamm des ganzen Erdenkreises gewesen, wird man davon ausgehen dürfen, daß sich eben alle slawischen Wanderungen aus dem Balkanbereich in den Norden durch »serbi«sches Gebiet bewegten, was somit zum »Herkunftsland« aller Slawen, zu ihrem wahren »Vaterland« wurde.

Zu diesen aus dem »servi«-Land zugewanderten sorbischen Kleinvölkern gehörten übrigens auch die Milzen, die als »milites« = (Fuß)Soldaten zunächst in byzantinischen Kriegsdiensten bei lateinischsprachigen Einheiten gestanden hatten, ehe sie sich im Milzener Land zu Sachsen endgültig niederließen. Da sich nun so die Zuwanderung der Slawen aus byzantinischen Balkanregionen zwischen 580 und 800 in mitteldeutsche Lande immer deutlicher abzeichnet, wird es nicht wundernehmen, wenn sich dort slawische Völker-, Orts- und Landschaftsnamen gehäuft finden.

Von den Westslawen, ihren Reichen und Kulturen zwischen Elbe und Oder (davon nur mehr als ein spärlicher Rest Sorben übrig ist) wissen wir viel, inzwischen also auch die Bedeutung ihrer Namen, die den zweiten Teil ihrer Wanderungen deutlich machen:

Die Abodriten nannten sich, oder wurden genannt, nach dem griechischen apator (vaterlos, verwaist).

Arkona kommt vom griechischen arkon, also etwa Sitz des Herrschers.

Die Daleminzen hießen so, weil sie aus Dalmatien kamen.

Die Doxani (am Fluß Dosse) heißen so nach dem illyrischen Wort daxi (Wasser).

Die Drevani (in Rußland Djerevljani, in Illyrien Dervani; erhalten in den Ortsnamen Drawehn, Drawein u. ä.) wanderten aus dem Gebiet um den süddalmatinischen Ort Derva (Eichenort) zu.

Fehmarn nannten seine slawischen Besiedler so nach der griechischen Insel Imbros, woher sie kamen.

Die Havel heißt so nach dem griechischen aulos (Röhre, Kanal).

Jerichow ist kein Name einer alttestamentlichen Stadt, sondern an der Mittelelbe der Name eines Patenkinds der neu-epirotischen Stadt Orikon.

Die sonderbaren Kaschuben heißen so, weil sie aus dem Gebiet der griechischen Kassopäer zuwanderten.

Küstrin heißt so nach dem griechischen Kastron, der Festung auf der Nordspitze der Insel Skiathos.

Die Lesane oder Liezizi sind die Leute aus Lissos.

Die Lipani hingegen sind nicht die Lindenleute (à la Leipzig), sondern die aus dem Gebiet um die balkanische Stadt Ulpiana Zugewanderten.

Mecklenburg ist die Eindeutschung des griechischen Akropolis: die große Burg, Mi(h)kil-Burg.

Serben/Sorben waren servi, Untertanen (Ost-)Roms.

Der Einfall der Slawen in die Geschichte

Die Serimunte kamen aus dem Gebiet um Sirmium.

Die Peene heißt so nach den aus dem Gebiet der Paiones Zugewanderten.

Die Redarier waren (griechisch) hoi rhetoroi, die Sprecher (ihres Volkes).

Stettin heißt so, weil die slawischen Gründer der Stadt von der griechischen Insel Skiathos kamen.

Die Zirzipanen schließlich heißen so, weil sie aus dem ostmakedonischen Gebiet der Ziriopaiones zuwanderten, der Paiones im Bereich der Stadt Siris (heute Serrä).

Und wenn es auch noch lange nicht in unseren Schulbüchern stehen wird (obwohl sogar das Museum in Gottorp den schleswig-holsteinischen Anteil dieser Geschichte ausführlich dokumentiert), so entstand das erste Westslawenreich unter Samo doch am Mittelmain, hielt lange gegen den Merowingerkönig Dagobert stand und hinterließ mehr als nur schwache literarische Spuren bei Fredegar. Längst läßt sich die Geschichte der Stammesstaaten und Staatenbünde der Westslawen zwischen Elbe und Oder einschließlich ausreichender Beschreibungen ihrer materiellen und geistigen Kultur umfangreich darstellen und belegen. Wie weit aber ihre Spuren in die nachfolgende deutsche Geschichte reichen, von Städtenamen wie Jüterbog (Ostseite) abgesehen, ist ein noch kaum angeschnittenes und weites Feld, auf dem aber, bewirtschaftete man es nüchtern, reiche Ernte zu holen wäre.

Diese Befunde gelten natürlich nicht nur für die »Slawische Besatzungs-Zone«, die zeitweilige DDR, die Länder des heutigen Ostdeutschland, in der sich bis heute u. a. die slawische Minderheit der Sorben befindet; nicht nur für jenes merkwürdige Land Schleswig-Holstein, dessen reiche slawische Hinterlassenschaft vor allem in Schloß Gottorp so vorzüglich dokumentiert ist; sondern ebenso auch für Mainfranken: wo sich das »Reich Samos« bisher zwar nur sprachwissenschaftlich eindeutig nachweisen läßt, wo aber jüngste Grabungen im historischen Kern Bambergs reiche materielle Auskünfte versprechen – wenn sie eines Tages abgeschlossen werden können. (Gerüchte, daß ihr Abbruch von oben angeordnet worden sei, als am Grabungshorizont deutliche Signale auftauchten, es habe sich möglicherweise der älteste Babenberger sein erstes Gebäude in den Ruinen der Herrschaftsburg älterer slawischer Vorgänger errichtet, müssen entschieden als verleumderisch zurückgewiesen werden: nur Geldmangel war, wie die zuständigen bayerischen Behörden bestätigen, Grund des Grabungsabbruchs).

Aus all dem läßt sich grob folgende Skizze entwerfen:

1. Ursprünglich saßen Slawen und Balten als anonyme Sippen und Gruppen am Ostrand der germanischen Räume nördlich des Schwarzen Meeres, nach Osten hin bis wohl an die Kaspische See heran: Ihr antiker Name »Anten« läßt sich am einfachsten auf das iranische Wort »antai« (Volk an der Grenze) zurückführen.

2. Um Christi Geburt gab es in den Gebieten, in denen heute Slawen und Balten leben, keine Slawen und Balten.

3. Diese »Idylle« wurde vermutlich durch die Hunnen gestört, deren Einbruch nach Europa um 375 nach Christus zunächst das Ostgotenreich Ermenriks zerstörte und gleichzeitig wohl auch die slawischen und baltischen Gruppen in Bewegung brachte: Damals dürften die ersten in Richtung Nordwesten abgewandert sein.

4. Endgültiges taten die Awaren ihnen an, als sie vor allem slawische Gruppen um 500 in den griechisch-thrakisch-illyrischen Balkan mitrissen und andere und wohl vor allem die

Balten nach Nordwesten abdrängten (erste slawische Herrschaftsbildungen sind am Südwesteck der Ostsee spätestens um 590 nachweisbar).

5. Auf dem Balkan konsolidierten sich vor allem die Slawen zu größeren Gruppen, die erst durch die große »Polizeiaktion« Byzanz' um 800 weitgehend vertrieben wurden und nach Norden (Böhmen, Mittel- und Norddeutschland) sowie Nordosten (Polen und Rußland) abwanderten: Aus dem vor allem griechischen, aber auch thrakischen und lateinisch-illyrischen Balkan nahmen sie entsprechende Herkunftsnamen mit.

6. Daneben aber auch Kenntnisse und Begriffe für Materielles: So läßt sich fast die gesamte Burgen-Terminologie ohne Schwierigkeiten als slawisierte oder lehnsübersetzte griechische Terminologie etymologisieren, die aus dem Slawischen nicht etymologisiert werden kann. Das »Griechische« im Slawischen stammt also nicht, wie bisher meist angenommen, aus der Missionszeit der Slawenapostel Kyrill und Method, sondern aus den früheren drei Jahrhunderten Konsolidierung auf dem Balkan. Um das Jahr 0 dürften die Slawen höchstens 50 000 Köpfe gezählt haben, die Balten vielleicht 5 000.

7. Dieses Bild der slawischen »Wanderungen« und Landnahmen läßt sich nun ebensowenig mit dem traditionellen Konzept dieser Vorgänge gleich welcher Schule vereinbaren, wie mit den traditionellen Vorstellungen von den germanischen »Wanderungen« und Landnahmen. Die nicht mehr zu umgehende Revision des Bildes von der slawischen Frühgeschichte trägt so zusätzliche Argumente für eine ebenfalls fällige Revision des Bildes von der germanischen Frühgeschichte bei.

Der Einfall der Slawen in die Geschichte

Hoffentlich können beide Revisionen endlich einmal ohne nationalistische und ideologische Vorbehalte, sine ira also, dafür aber mit kühlem Fleiß und sorgsamer Argumentation durchgeführt werden. Auch das möchte zu jenen Entspannungen beitragen, die heute nicht wenige ernsthaft anzustreben scheinen.

Weil Slawen ursprünglich die stärksten Kontingente auf den Sklavenmärkten stellten, nannte man die zu Verkaufenden nach ihnen eben »Sklaven«.

Die Polen heißen so, weil sich ihr Stamm erstmals auf dem Balkan bei Appolonia konsolidierte und, als er nach Norden abwanderte, den Herkunftsnamen mitnahm.

Die Bulgaren schütteln den Kopf, wenn sie Ja meinen.

Die Kaschuben heißen so, weil sich ihr Stamm erstmals auf dem Balkan im Bereich des Volkes der Kassopaioi konsolidierte und, als er nach Norden abwanderte, diesen Namen mitnahm.

Das Sorbische in der Lausitz (neben Friesisch und Bayrisch die dritte selbständige Minderheitensprache in Deutschland) gliedert sich hauptsächlich in das Obersorbische in der Oberlausitz, dem Tschechischen näher verwandt, und das Niedersorbische in der Niederlausitz, dem Polnischen näher verwandt.

Krakau heißt so, weil seine Begründer aus dem Balkan zuwanderten, wo sie zuletzt auf Korkyra gelebt hatten.

Die Krawatte heißt so nach den Kroaten.

Die Wolhynier wie die Insel Wollin heißen so, weil ihre slawischen Besiedler sich erstmals auf dem Balkan bei der südillyrischen Hafenstadt Aulona als Stamm konsolidierten und bei der Abwanderung nach Norden wie nach Nordosten den Namen mitnahmen: Aulona – Valona – (albanisch) Vlone – Wollin.

Die »Lubjanka« war erst ein Gasthofkomplex, dann ein Bordell, dann der Hauptsitz einer Versicherung, und wurde schließlich Hauptquartier und Verhörgefängnis der sowjetischen Geheimpolizei.

Der »schwarze Rabe« ist die russische »grüne Minna«.

1929 erließ Sowjetrußland ein Gesetz, daß die Woche künftig nurmehr fünf Tage habe, nahm es aber 1940 wieder zurück.

Stalin pflegte in der Öffentlichkeit Pfeifen, privat Zigaretten zu rauchen.

Das Prager Stalindenkmal, der »schöne Pepi«, wurde 1955 errichtet und 1962 wieder abgerissen; sein Schöpfer beging anschließend Selbstmord; es wog 17 000 t und zeigte hinter Stalin acht Nebenfiguren: die Werktätigen und ihre Soldaten; das unter der Skulptur aus rotem Granit angelegte Stalinmuseum dient heute als städtischer Kartoffelkeller.

Wladimir Alexejewitsch Giljarowski, ein Mann wie das Urbild eines Saporoger Kosaken, steckte voller jungenhafter Einfälle. Einmal schickte er einen Brief mit seinem Namen als Absender und seiner vollen Adresse an einen völlig erfundenen Namen in Australien mit einer völlig erfundenen Adresse, und nachdem der Brief nach vielen Monaten als unzustellbar zurückgekommen war, saß er tagelang vor dem Umschlag und träumte sich anhand all der vielen Weiterleitungsstempel durch den ganzen langen erstaunlichen märchenhaften Weg, den der Brief gereist war.

VI. Von den Ursprüngen der Zisterze Ossegg

»Personen, die in dieser Erzählung nach einem Motiv suchen, werden gerichtlich belangt; Personen, die darin nach einer Moral suchen, werden verbannt; Personen, die darin nach einer Fabel suchen, werden erschossen.« (Mark Twain)

»Die meisten Fragen werden erst durch die Antwort indiskret.« (Faye Dunaway)

»Meines Erachtens muß man den Historikern ihre Irrtümer nachsehen, da sie nun einmal Menschen sind und da die in den vergangenen Zeiten verborgene Wahrheit nur schwer zu finden ist.« (Diodor)

Wer von all jenen, die mit dem Auto von Dresden nach Prag reisen, nimmt sich unterwegs die Zeit, den bedeutenden Plätzen der Geschichte unterwegs seinen Respekt zu erweisen? Etwa den Gedenkstätten an den seit dem Beginn des 13. Jahrhunderts in Dippoldiswalde von den Wettinern ausgebauten Silberbergbau? Etwa bei der Durchfahrt durch Töplitz (Teplice) jenen Sprachwissenschaftlern, die versuchen herauszufinden, warum der Name dieser Stadt auf tepla zurückgeht, ein Wort, dem man die Bedeutung »warme Quellen« zuschreibt, wie der Hauptstadt Georgiens Tbilissi, die angeblich auf ein gleichlautendes Wort gleicher Bedeutung zurückgeführt wird? Etwa in Dux (Duchcov) im wieder höchst reizvoll renovierten Schloß der Grafen Waldstein dem großen Casanova, der hier offiziell als Bibliothekar des Grafen seine letzten Lebensjahre verbrachte und die wichtigsten seiner literarischen Arbeiten schuf? Etwa in Theresienstadt den Opfern der nazistischen Mordmaschinerie?

Geschweige denn, die nur wenige Kilometer messende Abfahrt von der Hauptstraße nach Leitmeritz (Litoměřice) hinein zu unternehmen, um dem herrlichen Marktplatz, dem zauberhaften Heimatmuseum, der wunderbaren Altstadt einen Besuch abzustatten?

Abbildung rechts: Replikat einer Schmuckkachel aus dem Museum zu Leitmeritz, die angeblich »Jonas mit dem Wal« darstellt, in Wirklichkeit wohl den Hauptgott der Semiten am mittleren Euphrat, der seit ca. 2500 vor Christus bezeugt ist, auch in Babylonien, Assyrien und Ugarit verehrt, wo er als Vater des Baal galt: dagon auf griechisch, dagan auf akkadisch, Dagon auf hebräisch. Die Israeliten sahen ihn als Fischgott an, wohl weil »dag« auf hebräisch Fisch heißt. Das Alte Testament nennt ihn als Gott der Philister und vor Aschdod zeigt man noch heute einen sonderbar geformten Felsen, der den Gott Dagon darstelle. Für die Balkanslawen wurde Dagon zum Fürsten der Dakier, die sie als Heiden ansahen, und noch bis ins 15. Jahrhundert bezeichneten die Serben einen Heidenfürsten als »Fürsten Dagon, den Fürsten der Dakier«. Andererseits bezeichnete eines der ältesten bekannten polnischen Dokumente, der im Vatikan aufbewahrte »Dagome-iudex-Regest«, den ältesten polnischen Dynasten,

Die Ursprünge der Zisterze Ossegg

der in Gnesen residierte, ebenso: Dagome iudex, wobei es in der damaligen Zeit üblich war, einen Kleinkönig als »iudex«, als Richter, zu bezeichnen. Also war der polnische Dynast damals der »Dagom iudex«, der Kleinkönig der Dakier, der Heidenfürst. Und in Leitmeritz stellt man dieses Replikat aus, das so tief in die westslawische und südslawische Geschichte hinabreicht.

Wer möchte gar in Dux oder Töplitz dem Straßenschild nach Ossegg (Osek) folgen und dort, nach kaum zehn Kilometern

Fahrt, zu dem einzigen Zisterzienserkloster Böhmens und Mährens finden, das alle Wechselfälle der Geschichte nicht unbeschadet, aber doch wieder im Aufblühen begriffen überstanden hat mit seiner prachtvollen Kirchenausstattung aus dem 18. Jahrhundert, der Bibliothek mit rund 25 000 der ursprünglich etwa 80 000 Bücher, den wundervoll angelegten Gärten und Parks?

Warum nur wagen die wenigen Besucher von Dux nicht, auch Ossegg zu besuchen? Warum die Besucher Osseggs nicht, auch Dux zu bewundern? Dabei nennt schon der erste Ortsnamenbeleg von 1207 beide zusammen: decimae *Grebessin* monii *Osek* bzw. 1240 in *Tockczaw*. Aus jenem *Tockczaw* wurde einerseits in Deutsch Dux, in Tschechisch Duchcov. Der Ortsname Tockczaw aber ging zurück auf ein Duchec zum Personennamen Duch(oslav) und bedeutet etwa »die Siedlung des Mannes Duch«. Grebessin aber war die lateinische Wiedergabe des Dynastennamens Hrabišic, einem der wichtigsten Namen beim Aufbau des Zisterzienserklosters Ossegg, das zu einem der wichtigsten und bedeutendsten Zentren der Wirtschaft, der Kultur und des geistlichen Lebens in Nordböhmen werden sollte.

Nach der ersten Phase des Aufbaus von Böhmen, der slawischen Landnahme ab dem 7. Jahrhundert, und der zweiten, der systematischen Besiedelung offener Landstriche etwa ab dem 9. Jh., begann etwa im 12. Jh. die dritte Phase: der systematische, wirtschaftsorientierte innere Landesbau, den die Landesherren, vorwiegend der slawische, also tschechische, Adel vor allem mit Hilfe von Landwirten und Stadtbürgern aus wirtschaftlich und rechtlich fortschrittlicheren westlichen und südlichen Altsiedelländern vornahmen, denen man überwiegend ärmere, kärglichere und nur schwach besiedelte

Landstriche sowie waldreiche Gebiete anwies. Es handelte sich dabei natürlicherweise vorwiegend um Angehörige deutschsprachiger Gebiete. Wenn zum Beispiel der Landesherr aus der Gegend von Brünn – sei es ein weltlicher oder geistlicher – Bauern aus der Gegend von Regensburg einlud und ansetzte, werden die sich zunächst als Regensburger, dann als Pfälzer, dann als Untertanen des Bischofs von Regensburg, dann als neue Untertanen des Bischofs von Brünn und erst ganz zuletzt (wenn überhaupt) als Angehörige einer deutschsprachigen Gemeinschaft in Mähren betrachtet haben. Erst 1407 taucht zum Beispiel erstmalig der Zusatz »Deutscher Nation« zum alten Begriff »Heiliges Römisches Reich« auf. Bergarbeiter aus dem Sächsischen legten in Nordböhmen, Nordmähren und der nördlichen Slowakei (Zips) die Grundlagen des späteren Bergbaus; Stadtbürger aus westlichen und südlichen Altsiedelländern trugen erheblich dazu bei, die städtische Landschaft Böhmens, Mährens und der Slowakei aufzubauen. Von »deutscher« Kolonisation in dem Sinne, den viele Jahrhunderte später der Begriff »deutsch« annahm, kann hier also auf keinen Fall die Rede sein.

Auch nicht im Bereich der Landwirtschaft, die vor allem durch die Zisterzienserklöster vorangebracht wurde. Als 1098 die beiden Benediktinermönche Robert von Molesme und der hl. Alberich gegen den seinerzeitigen Wohlstand und das Luxusleben der alten Orden in einem abgelegenen Winkel Burgunds in einem sumpfigen Waldgebiet im Schilfröhricht (»cistels au roseaux«) das Reformkloster Cistercium gründeten (woraus dann später Cîteaux wurde), dem sich bald viele reformbereite Klöster anschlossen und so den neuen Orden schufen, der unter Stephan Harding 1108 selbständig wurde und dessen liturgische und ordensrechtliche Verfassung 1119 von Papst Kalixt II. anerkannt wurde, griffen sie auf den uralten Lehrsatz des Benedikt von Nursia, des Begründers des Benediktinerordens zurück: »ora et labora« – bete und arbeite. Die Ordensverfassung sah u. a. vor: patriarchalische Überordnung des Mutterklosters über alle Tochtergründungen, Generalkapitel als oberste Instanz, jährliche Visitationen der dafür bestimmten Äbte, Neugründungen nur in einsamen, menschenabgelegenen Gebieten, in Tälern an einem Fluß usw. Der Orden verbreitete sich rasch, vor allem, nachdem Bernhard von Clairvaux die mystische und stark marianisch orientierte Frömmigkeit der Zeit nach den Vorstellungen der Zisterzienser ausprägte. Den Grundsatz des »ora« allerdings verwirklichten bald nur noch die Laienmönche, die »conversi«, während die eigentlichen Mönche sich der Verwaltung und Entwicklung der den Klöstern geschenkten Dörfer und Ländereien, von Landwirtschaft, Vieh- und Fischzucht, ländlichem Handwerk usw. widmeten. Da sie sehr bald auf all diesen Gebieten über die fortschrittlichsten Techniken und Kenntnisse verfügten, wurden sie insbesondere zum inneren Landesausbau Mittel- und Osteuropas herangezogen.

So auch von den böhmischen Landesherren. In Böhmen entstand das erste und älteste Zisterzienserkloster in Sedlec (1142/3); ihm folgten die Klöster in Nepomuk (das wohl als einziges in der von den Regeln vorgeschriebenen Wüstenei entstand, 1144/5), in Mnichovo Hradiště (Münchengrätz, vor 1150), in Plass (1154/5), in Svate Pole (Heiligfeld um 1150) und als letztes, das aber auch als einziges alle Wirrnisse der Zeitläufe bis heute überlebt hat und wieder aufzublühen beginnt: Ossegg/Osek (1192 Erstgründung in Maschau, 1196 Zweitgründung in Osek). Diese »Doppelgründung«, bei der ein ordnungsgemäß gegründetes und funktionierendes Kloster nach einiger Zeit an einen anderen Ort umzog, macht die Geschichte dieses Klosters ebenso einzigartig wie die Tatsache, daß es eben als einzige der alten Zisterzen heute noch (und wieder) existiert.

Als Begründer der adligen Familie des Milgost zu Maschau (Milhost z Mašťov) gilt Milgost der Ältere, der den zeitgenössischen Urkunden zufolge nach 1100 geboren wurde und vor 1175 gestorben ist. Er scheint das Ländchen Maschau vor 1140 von Fürst Soběslav I. (1125–1140) als Dankesgabe für große Verdienste im Dienst des Fürsten erhalten zu haben, die er sich möglicherweise als Kastellan der fürstlichen Burg Dřevíč erwarb. Er hatte drei Söhne: Peter, Milgost und Hageno, von denen es zum Jahre 1175 heißt, »Petrus praefectus de Dreuuic cum fratribus suis Milgost et Agna«, daß Peter zusammen mit seinen Brüdern Milgost und Hageno Dřevíč Präfekt (= Kastellan, Burgverwalter) zu Dřevíč gewesen sei; die drei Brüder hatten das Amt wohl von ihrem Vater geerbt, der zu dieser Zeit schon gestorben sein dürfte.

Peter scheint spätestens 1182 in den Johanniterorden eingetreten zu sein, nachdem seine Ehe kinderlos geblieben war; das aber bedeutet, daß er spätestens in den 60er Jahren des 12. Jh.s mündig geworden war. Gleichzeitig mit ihm oder höchstens kurze Zeit später traten seine Mutter, seine Frau, eine Tante und eine Nichte in den weiblichen Zweig des Ordens ein. In diesem Zusammenhang überschrieb Peter, der wohl als Ältester der Söhne anzusehen ist, mit der Zustimmung seiner Familie dem Johanniterorden fünfzehn Dörfer um Maschau. Peter, der an den Kreuzzügen teilnahm, dürfte beim Untergang Jerusalems am 30. Oktober 1187 gefallen sein.

Nach seinem Tod verließ als erste seine Witwe den Konvent der Johanniterinnen und wurde von ihrem Vater wieder verheiratet. Seine Mutter hingegen, die Witwe Milgosts d. Ä., blieb weitere sechs Jahre im Konvent, ehe sie unter der Vorgabe, eine Pilgerfahrt ins Heilige Land (zum Grabe ihres Sohnes?) unternehmen zu wollen, austrat und vom Orden als Reisekostenzuschuß 30 Pfund Silbers verlangte. Bereits in Ungarn brach sie aber ihre Reise ab, kehrte nach Böhmen zurück und entriß dem Johanniterorden gemeinsam mit ihrem Sohn Milgost die ihm von Peter übereigneten fünfzehn Dörfer, wodurch das Haus Milgost dem Orden Schaden in Höhe von geschätzten 250 Pfund Silbers zufügte. Es scheint aber, daß sie bereits zuvor zusammen mit Milgost d. J., der nach dem Tod seines Vaters und seines älteren Bruders nunmehr Familienoberhaupt war, diesen Schritt vorbereitet hatte. Sie wollte angeblich in das Kloster der Prämonstratenserinnen in Doksany eintreten, und Milgost d. J. schenkte die fünfzehn Dörfer zugleich den Kreuzherren in Zděraz. Andererseits hatte Milgost d. J. bereits im Jahre 1191 mit Abt Erkenbert vom Zisterzienserkloster Waldsassen über die Entsendung einer Zisterzienserkommunität zu verhandeln begonnen, die wohl spätestens im März 1192 unter Abt Ruthard eintraf und der er die genannten fünfzehn Dörfer ebenfalls als Gründungskapital schenkte.

Es erscheint sinnvoll, an dieser Stelle eine Bemerkung zur rechtlichen Entwicklungen während des 12. Jh.s einzuschalten. Während vor dem 12. Jh. die Schenkung von Grundstücken vom Dienstherrn an die das Land Regierenden das volle Grundeigentum bedeutete, wandelte sich das im 12. Jh. dahin, daß die Beschenkten sozusagen nurmehr den Nießnutz hatten, während das Recht zur Bestimmung über die Ländereien in gewissem Sinne beim Schenkenden verblieb.

Es scheint so, als habe der Königshof mit dieser Sitte angefangen, woraus sich später die Notwendigkeit ergab, daß z. B. Klöster jedesmal, wenn ein neuer Herrscher auf den Thron kam, um erneute Bestätigungsurkunden nachsuchten (die aber den ungeschmälerten Genuß des Besitzes keineswegs immer sicherstellten). Während nun die Institutionen der katholischen Kirche Schenkungen im alten Sinne (oder im Sinne von Almosen) als bedingungslose Schenkungen des vollen Besitzrechtes ansahen, kam es von seiten der böhmischen Landherren immer häufiger zur bedingten Schenkung. Daraus resultierten nicht wenige Rechtsstreitigkeiten (die manchmal dergestalt gelöst wurden, daß der schenkende Grundherr dem beschenkten Orden beitrat und sich dann zum Abt des neu gegründeten Klosters wählen ließ, wie z. B. Hroznata im Falle Teplá).

Nun ist es wohl so gewesen, daß Milgost d. Ä. das Ländchen Maschau zwar als Dienstlohn geschenkt bekam (möglicherweise mit der Auflage, es im Rahmen des inneren Landesausbaus zu kolonisieren), aber nicht zum vollen Besitz seines Geschlechtes. Als sein Sohn Peter in Jerusalem gefallen war, begann seine Mutter, als Mitglied des weiblichen Zweigs der Johanniter wohl, sich immer härter in die Verwaltung der fünfzehn Dörfer einzumischen und neben den juristischen Besitzrechten des Hauses Milgost auch die faktischen Rechte wieder zu beanspruchen. Es entstand so ein Rechtsstreit einerseits zwischen Johannitern, Prämonstratensern und Kreuzherren und andererseits dem Hause Milgost, der bald solche Ausmaße annahm, daß die päpstliche Kurie einzugreifen gezwungen war. Bereits 1191 richtete Papst Cölestin III. eine Urkunde an die Äbte des Zisterzienserklosters Plass und des Prämonstratenserklosters Strachov, in dem er sie aufforderte, den Rechtsstreit zwischen den Johannitern zu Manětín und den Kreuzherren zu Zděraz beizulegen. Doch schon aus dem nächsten Jahr 1192 liegt eine weitere Urkunde Cölestins III. vom 12. April vor, die diesmal an den Prager Fürsten und Bischof Heinrich Břetislav gerichtet war, die auf das strengste verbot, daß Prämonstratenser oder Zisterzienser mit der Witwe von Milgost d. Ä. oder mit Milgost d. J. vor Regelung des anhängigen Rechtsstreits Verhandlungen führten. Da aber zu dieser Zeit das Kloster zu Maschau bereits von Zisterziensern aus Waldsassen besetzt worden war, ist anzunehmen, daß sie vor dem Eintreffen des päpstlichen Interdikts im Ländchen Maschau angekommen waren. 1194 entschied Fürst und Bischof Heinrich Břetislav den Streit zwischen Milgost d. J. und den Johannitern dergestalt, daß beide je die Hälfte der Dörfer bekämen mit der Auflage, daß die Johanniter in ihrer Hälfte keinen Konvent errichten dürften.

So zeichnet sich das Bild eines Adelsgeschlechtes ab, das sich aus Leibeskräften bemühte, eine Schenkung (von Peter an die Johanniter) wieder zurückzugewinnen, und gleichzeitig durch immer neue Verschenkungen an unterschiedliche Orden, die Rechte des Gründers stetig zu erweitern, die es Milgost gestatteten, in rechtlich einwandfreier Weise weiter mit dem Grundvermögen zu disponieren. Es handelte sich bei dem Maschauer Ländchen sicher nur um einen Teil des Milgostschen Grundbesitzes, der aber in seiner Gesamtheit unbekannt ist. Man weiß zum Beispiel, daß das Haus Milgost auch noch in der Gegend von Zlutice an der Střela kolonisiert hat; wahrscheinlich sind wohl auch Ortsnamen wie Milhostov, Milhostice, Ahnikov usw. bei Teplá, Sedlec und Kadaň Überreste ehemaliger Milgostscher Herrschaft. So bleibt unbekannt, einen wie großen Anteil am Milgostschen Vermögen das Ländchen Maschau darstellt; daß aber der Streit um diese Dörfer solch kräftigen Niederschlag in den zeitgenössischen Urkunden gefunden hat, dürfte Anzeichen dafür sein, daß die fünfzehn Dörfer das Herzstück und Urland der Milgostschen Herrschaft waren. Das Geschlecht verschwand übrigens im 13. Jh. aus den Urkunden des Unteren Erzgebirges und aus der großen Politik. Es war dies zugleich die Zeit, in der im Tschechischen die Schreibweise auf »g« (MilGost) wohl bereits länger eingesetzter Veränderung der Aussprache als »h« (MilHost) nachfolgte. Aus dem Personennamen Milgost wurde so Milhost, aus dem Ort ihrer Geschlechterburg Milgostice (Nominativ Pluralis; etwa = Ort der Milgoste) wurde nach und nach der Geschlechtername z Milhostic (Genitiv Pluralis); noch um die Mitte des 15. Jh.s unterhielten die Herren z Milhostic die Veste Vojkov, weshalb sich dieser Zweig als Vojkovští z Milhostic nannte.

Das Maschauer Ländchen beschrieb genau Fürst und Bischof Heinrich Břetislav in seiner Urkunde von 1196, in der er unter anderem den Zisterziensern zu Maschau die ihnen gemachte Schenkung Milgosts d. J. bestätigte, womit er indirekt seinen Schiedsspruch zwischen Milgost d. J. und den Johannitern aufhob und diesen nichts mehr übrig ließ. Von den Ansprüchen der Prämonstratenser und der Kreuzherren ist überhaupt nicht mehr die Rede. Nach der Urkunde handelte es sich 1. um fünfzehn Dörfer, 2. um den Markt »Patcha«, 3. um zwei Höfe. Die fünfzehn Dörfer waren: 1. Mastova (Mašt'ov, Maschau), 2. Mladiu (Mladějov, untergegangen), 3. Gotibodic (Chotěbudic), 4. Hunschan (wohl Nemčany am Nemčanský potok = Bach), 5. Coniz (Konice am linken Zufluß des Leskovský potok), 6. Elscowe (fälschlich mit Oleška identifiziert; in Wirklichkeit ein untergegangener Ort, von dem nur noch der Leskovský potok zeugt, an dessen Quelle er wohl lag), 7. Turscha (Tureč, am Oberlauf des Dubá potok), 8. Minowe (untergegangen, zwischen Tureč und Trmová), 9. Tyrremowe (Trmová), 10. Vlsthene (Oleška?; oder als »v(e) Lštěně« zu lesen und untergegangen?), 11. Tulchowe (Tunkov oder Telcov, auf dem Kamm der Doppauer Berge, bereits hinter der Wasserscheide), 12. Bluwaschow (Blubacov, untergegangen), 13. Hluboki (Hluboká), 14. Szmilowa (Smilov, untergegangen), 15. Schebletici (Žebletín).

Die beiden Höfe werden »in Trebiče« und »in Grazt« benannt; der erste dürfte im heutigen Nove Trebiče gelegen haben, der zweite in Chrášťany, dessen Altkataster im westlichen Teil einen uralten Wirtschaftshof aufweist. Zum »Markt Patcha« ist zu sagen, daß er meist fälschlich mit Pátek an der Eger (Pátek nad Ohří) identifiziert worden ist; doch erscheint es als äußerst fraglich, ob der so wichtige Marktort des Gebietes tatsächlich so weit entfernt gelegen haben kann. Das »forum Patcha« hatte seinen Namen wie viele tschechische Marktorte nach dem Wochentag, an dem der Markt stattfand (Úterý = Dienstag, Pátek = Freitag). Nun scheint sich das Kerngebiet der Stadt Maschau aus zwei Altsiedlungen entwickelt zu haben. Auf den rund 10 Hektar sind archäologisch die Spuren zweier Siedlungszentren nachzuweisen: das eine um die Maria-Himmelfahrts-Kirche, das wohl als der älteste Siedlungskern anzusehen ist und wo sich dann auch der Stammsitz des Hauses Milgost erhoben hat, möglicherweise in der Form einer Motte, von der vielleicht noch der auffällige runde Teich nordwestlich von der Kirche zeugt, der die Motte einst umgeben haben dürfte; das andere Siedlungszentrum hat sich wohl dort befunden, wo sich heute die St.-

Barbara-Kirche erhebt, in deren Nähe in östlicher Richtung ein Teich noch heute lokal »Marktteich« genannt wird und wo man bei Ausgrabungen rund 80 Meter westlich der Kirche einen bedeutenden Keramikfund gemacht hat: Es wird dieser Marktort das als »forum Patcha« in der Urkunde von 1196 genannte Tausch- und Handelszentrum des Maschauer Ländchens gewesen sein, knapp einen halben Kilometer vom vermutlichen Stammsitz der Milgost bei der heutigen Maria-Himmelfahrt-Kirche entfernt. Die Keramik ist aber rund 50 bis 80 Jahre älter als die Erstnennung von »Patcha« in der Urkunde von 1196.

Es ist nun auffällig, daß das Maschauer Ländchen einen relativ schmalen, aber langen Streifen von Ost nach West bildet: etwa 5 km breit und etwa 20 km lang, der sich westlich des Altsiedellandes von rund 285 m über NN. (Normal-null, Seehöhe) auf rund 600 m über NN. auf die Wasserscheide der Doppauer Berge erstreckt, wo er nach Norden hin in einem 5 km langen Anhang endet, mit dem er an einen uralten, schon in der Vorzeit belegten Fernhandelsweg vom baierischen Donaugebiet durch Nordwestböhmen nach dem Obermaingebiet geriet. Dieser Fernhandelsweg verlief in drei Trassen, an denen entlang sich flußaufwärts das Maschauer Ländchen bis zur Wasserscheide der Doppauer Berge hinzog. Es läßt diese Form und die Lage eigentlich nur den Schluß zu, daß das Ländchen außerhalb des alten Siedlungsgebietes Ergebnis gezielter Kolonisationsarbeit im Rahmen des inneren Landesausbaus war. Zu denken wäre angesichts der Lage der beiden Maschauer Kirchen außerhalb des städtischen Siedlungsgebietes, daß sich die Kastellane der Burg Drěvič für ihre Verdienste im Fürstendienst von diesem das Ländchen als Geschenk ausbedungen haben und sodann den sicherlich schon lange vorhandenen Ort »Patcha«, die Stelle, an der freitäglich der Tausch und Handel der Bevölkerung stattfand, als den Ort ausgewählt haben, ihren Stammsitz zu errichten. Die Entfernung von knapp 35 Kilometer zwischen Dřevič und Maschau läßt das durchaus wahrscheinlich erscheinen, zumal die Keramik aus dem Gebiet um die St.-Barbara-Kirche eindeutig aus der Zeit vor dem hochmittelalterlichen Umbau der Siedlungsstrukturen von Maschau stammt.

Die Bestätigungsurkunde vom Fürsten und Bischof Heinrich Břetislav von 1196 nennt Milgost ausdrücklich als »comes« (= Grafen); doch ist zu bedenken, daß zu jener Zeit dieser Titel allen adligen Grundbesitzern zustand, die gleichzeitig königliche Ämter zu verwalten hatten, also keineswegs auf Geschlechter des Hochadels begrenzt war. Und Milgost war ja zuvor Kastellan zu Dřevič gewesen und blieb unter anderem Kammerjägermeister der königlichen Forsten bei Netolice. Nachdem es ihm gelungen war, die Schenkung seines Bruders Peter an die Johanniter rückgängig zu machen, wandte er sich zur Steigerung seiner Einnahmen an die Zisterzienser in Waldsassen, an deren Grundbesitz, der sich in breitem Bogen von Eger nach Kadaň und Žatec zog, seine Maschauer Ländereien anschlossen. Nachdem die Waldsassener Mönche seiner Einladung gefolgt waren, konnte er zunächst keineswegs die gesamten fünfzehn Dörfer herschenken, wie er es offensichtlich versprochen hatte, da um deren Besitz die Familie ja vor allem gegen die Johanniter prozessierte. Wahrscheinlich waren die Johanniter daran schuld, daß der Streit so eskalierte, daß sich die päpstliche Kurie darum zu kümmern hatte, stritten sie doch auf der Seite des Papstes für die völlige Lösung kirchlichen Besitzes von jeder irdischen Gerechtsame.

Es dürften sich aus dieser Situation einerseits ständige Forderungen der Maschauer Zisterzienser an Milgost d. J., andererseits aus dessen Vorstellungen über das Ausmaß seiner Herrschaftsrechte nach und nach immer heftigere Streitigkeiten zwischen der Mönchskommunität und dem Grundherrn entwickelt haben, in deren Verlauf sich Milgost keineswegs als christlich-mildtätiger Herr erwiesen hat. Vielmehr kam es zu einer dramatischen Auseinandersetzung, in der sich das nördlich benachbarte Hochadelshaus der Hrabišic geradezu als Helfer anbot: Es erreichte um diese Zeit den Gipfel seiner Macht und seines Ruhmes und bot Milgost an, ihn von der zur Last werdenden Maschauer Klostergemeinschaft zu befreien und sie an den Stammsitz der Hrabišic nach Osek zu holen. Das dürfte sich 1196 abgespielt haben, doch waren damit die Rechtsforderungen der Mönche an Milgost keineswegs erledigt: Noch im Jahre 1207 reklamierte Papst Innozenz III. die Milgostschen Schenkungen im Maschauer Ländchen als Besitz der inzwischen in Osek angesiedelten Zisterzienser. Und eine Notiz zum Jahre 1352 »Anticum claustrum ad instantiam abbatis Ossiencensis« (Das alte Kloster wurde in Gegenwart des Abtes von Osek aufgehoben) läßt sich so deuten, daß erst in diesem Jahr der Rechtsanspruch der Mönche von Osek feierlich aufgegeben wurde, wenn nicht gar so, daß bis zu diesem Zeitpunkt Mönche von Osek zur Wahrung der Rechte ihres Klosters noch in Maschau bzw. am Ort der ersten Klostergründung verweilten.

Die Geschichte des Maschauer Ländchens, das noch bis fast zum Ende des 14. Jh.s im Besitz des Hauses Milhost z Milhostic verblieb, stellt so ein besonders klares und insofern einmaliges Beispiel für Tätigkeiten des Landesherrn im Rahmen frühkolonisatorischer Maßnahmen zugunsten des inneren Landesausbaus während des 12. Jh.s dar. Zunächst entwickelte sich die Besiedlung während vier Jahrzehnten relativ normal; dann versuchte man, durch Herbeiziehung der Zisterzienser und ihrer modernen Wirtschaftsmethoden, die Rendite des Gebietes zu steigern, geriet dabei aber in rechtliche Widersprüche mit der Kirche. Bezeichnenderweise blieb das Ländchen etwa auf der Stufe des inneren Landesausbaus zur Zeit des Abzugs der Zisterzienser nach Osek stehen: Keiner der Orte hat sich wesentlich weiterentwickelt. Noch um 1850 wies der Durchschnitt der Bevölkerung in den nicht untergegangenen Dörfern um 100 bis 200 Personen auf. Das gilt auch für Tureč, das eine der beiden mittelalterlichen Pfarrdörfer des Ländchens (das andere, Mladejov, ging sogar unter). Nicht ganz in dieses Bild gehört Maschau selbst, das um 1850 aus rund 200 Häusern mit etwa 1250 Menschen bestand. Von seiner Geschichte nach 1196 ist in den Dokumenten nur selten die Rede: 1196 war es bereits im juristischen Sinn eine Stadt im Besitz der Milhost z Milhostic, wovon noch heute das Stadtwappen (wenn auch in veränderter Form) spricht; 1352 (und 1391) ist die Existenz der Pfarrkirche dokumentarisch nachgewiesen; von der Burg zu Maschau, dem Stammsitz der Milhostic, wird erst 1421 gesprochen, als sie im Rahmen der Hussitenkriege von den Kreuzherren erobert und niedergebrannt wird; und zum Jahre 1455 liegen Notizen vor, die Maschau als »castrum et oppidum« (Burg und Stadt) bezeichnen. Damals aber lebte nur noch der Familienzweig der Vojkovští z Milhostic.

Spuren der rechtlichen Auseinandersetzungen zwischen Milgost d. J. und den Zisterziensern lassen sich übrigens auch noch in den zeitgenössischen Dokumenten finden. So heißt es in der ersten betreffenden Urkunde vom 24. Juli 1203, daß

»die Stelle, auf der dann das Kloster errichtet wurde, nicht geeignet war«, denn sie habe nicht den Vorschriften der Ordensregeln (Bau des Klosters weit entfernt von menschlichen Ansiedlungen, in einem Tal am Fluß usw.) entsprochen. Soll man annehmen, daß die so erfahrenen Zisterzienser diese örtlichen Gegebenheiten erst Jahre nach der Klostergründung erkannt hätten? Zumal keines der Zisterzienserklöster Böhmens (vielleicht mit der Ausnahme des Klosters Nepomuk) diesen Vorschriften entsprach? Ebenso verdächtig mutet die Feststellung in der Urkunde vom 2. April 1207 an, nach der die Mönche wegen »fremder Landesschädlinge« gezwungen gewesen seien, ihr Kloster aufzugeben. Es hat vielmehr den Anschein, als sei es hier um unterschiedliche Tendenzen gegangen, die Wahrheit zu verschleiern, damit keine der beteiligten Parteien, insbesondere aber weder der Orden noch die päpstliche Kurie, durch die Aufgabe einer schon funktionierenden klösterlichen Neugründung ihr Gesicht verlöre.

Das gelang durch diese Formulierungen den Zeitgenossen gegenüber ebenso wie dadurch, daß das zu Osek sozusagen zum zweiten Mal gegründete Zisterzienserkloster durch die Neu- oder Zweit- oder »Mit«begründer, das Haus Hrabišic, aufs höchste geehrt und stärkstens gefördert wurde.

Die Urkunde übrigens, durch die 1196 Fürst und Bischof Heinrich Břetislav wohl auf Ersuchen der Zisterziensergemeinschaft zu Maschau die Schenkungen des »comes Milgost«, wie er sie dem Waldsassener Mutterkloster zugesagt hatte, bestätigte, genießt in der tschechischen Historiographie besondere Aufmerksamkeit. Denn sie gehört zu den Urkunden, die am eindeutigsten Einblicke in die damaligen Besitzverhältnisse erlaubt, insbesondere auch durch die Zeugen, die sie mitunterzeichneten und daher den in ihr beschriebenen Rechtszustand zur Kenntnis nahmen und bestätigten. Die zu Prag von Fürstkanzler Florian zusammengestellte und ausgefertigte Urkunde wurde unterzeichnet an erster Stelle durch Heinrich Břetislav selbst. Ihm folgten sein Kanzler Florian und Probst Syfrid von Vyšehrad. Auch Kammerherr Hrabiše und sein Bruder Slavko (der später das Kloster nach Osek holte) gehörten zu den Führern des Hoch- und Hofadels und tauchen in den hochfürstlichen Urkunden der Zeit als Zeugen regelmäßig auf; in diesem Fall dürfte jedoch noch ein weiterer Grund mitspielen: Die Hrabišic kolonisierten im Rahmen des inneren Landesausbaus weite Bereiche der Doppauer Berge südlich des von Milgost vergebenen Gebietes, weshalb die Hrabišic an der exakten Festlegung des Maschauer Ländchens besondere Interessen hatten. Daß der Kastellan Bohuslav von Žatec als Zeuge mitunterschrieb, ist ebenfalls normal, lag doch der fragliche Grundbesitz von Milgost innerhalb des (rechtlichen) Burgbezirkes von Žatec.

Ferner unterzeichneten Beneda und sein Bruder Ctibor aus dem Geschlecht der Svojšín, deren Grundbesitz in Westböhmen lag, die an der Kolonisation des Gebietes von Teplá teilnahmen und dort mit dem Milgostschen Grundbesitz in Berührung waren. Ojíř von Radonice hatte sein Grundvermögen nördlich der Milgostschen Ländereien. Die nächsten Zeugen tauchen nur auf diesem Dokument auf: Luter von Buitic (dem heutigen Vitčice) sowie die Brüder »Litolphus et Heinricus, filii Vintheri« – die Ländereien Milgosts grenzten nämlich im Norden an Vintířov, und westlich davon finden sich die Ortschaften Jindrichov und Litoltov nahe der Doppauer Berge. (In der Nähe liegt ferner der Ort Vlkaň, und da bekannt ist, daß sich der Personenname Vlk im Geschlecht der Herren von Vintířov sozusagen als Leitname verbreitete, ist die Möglichkeit nicht auszuschließen, daß sich hier der Kern einer weiteren kleinen Kolonisationsmark befunden hat).

Typisch sind schließlich auch die letzten Zeugen, die unmittelbar mit Milgost verbunden sind: sein Vetter Licholut, seine Söhne Ahne (Hageno) und Petr, und schließlich die beiden Gefolgsleute (milites) Konrad und Sigfrid. Es lassen also auch die Zeugen unter der Urkunde von 1196 das Maschauer Ländchen erkennen als eines, das auf allen Seiten von anderen Herrschaften und Kolonisationsgebieten umklammert war.

VII. Vom Stoff, aus dem gedichtet wird

»Bildung der Person liegt heute in der geistigen Überwindung der Wissenschaft.« (Helmut Schelsky)

»Ohne Übersetzer gäbe es keine Weltliteratur.«
(Hugo Schrath)

»Alle Kreter lügen«, sagt Epimenides, der Kreter.

»Meine Tochter fährt ein deutsches Auto, sehr zum Leidwesen meines Freundes, des Toyota-Chefs.«
(Noboru Takeshita, japanischer Premierminister)

»Schriftsteller sind Randfiguren der holzverarbeitenden Industrie.« (Willy Brandt)

»Wer nicht liest, kennt die Welt nicht.« (Arno Schmidt)

»Nach Hause, Johann. Ich möchte alte Briefe lesen.«
(Graf Yoster)

Vom Stoff, aus dem gedichtet wird

Karl May veröffentlichte seine Texte mehrheitlich unter seinem richtigen Namen, daneben verwendete er aber auch Pseudonyme: Ramon Diaz de la Escosura, M. Gisela, Hobble-Frank, Karl Hohenthal, D. Jam, Prinz Muhamêl Lautréamont, Ernst von Linden, P. van der Löwen, Kara Ben Nemsi Effendi, Emma Pollmer.

Hölderlin war wie viele andere deutsche Geistesgrößen, die das Land der Griechen mit der Seele suchten und an der Umwandlung der menschenrechtlichen Anfänge der Französischen Revolution über den antikisierenden Republikutopismus zur Schreckensherrschaft der Guillotine und zur Diktatur Napoleons verzweifelten, der Meinung, daß vor allen anderen Sprachen die deutsche und die griechische Sprache einander zutiefst ähnlich seien, ja einander entsprächen. Da braucht es nicht wunderzunehmen, wenn bereits der alte Aristophanes in seiner Komödie ›Die Ekklesiazusen‹ gegen die spätere deutsch-österreichische Donaudampfschiffahrtsgesellschaftskapitänanwärterausbildungsstättenvereinigungsvorstandsvorsitzendengattin (je nach Schreibweise 106 oder 107 Buchstaben) die letzte Szene mit dem nicht minder beeindruckenden Einwortrezept enden läßt: »Gleich wirds austernschneckenlachsmuränenessighonigrahmgekrösebutterdrosselnhasenbratenhahnenkammfasanenkälberhirnfeldtaubnsirupheringlerchentrüffelngefüllte Pasteten geben!«, wobei die deutsche 145 Buchstabenübersetzung das griechische Original noch fast verdoppelt, das Experten zufolge je nach Schreibung bzw. Lesung 75 bis 78 Buchstaben lang ist.

Vom Stoff, aus dem gedichtet wird

Er liebte hauptsächlich die Wörter, die nicht in Wörterbüchern vorzukommen pflegen.[1]

Lateinisch »cupa« heißt die Kufe, lateinisch »caupo« heißt der Weinschenk, der Kneipier. War also der erste »Kauf«mann ein Weinhändler?

Schriftsteller sind von allem unordentlichen Gelichter am ehesten dem postumen Heuchelmord ausgesetzt.

Der ist des Teufels, sprach Bobtz, der so lang betten möchte. Wann ich Morgens auffstehe, sprach Grschwbtt, so spreche ich ein gantz A. B. C., darinnen sind alle Gebett auff der Welt begriffen, vnser Herr Gott mag sich darnach die Buchstaben selbst zusammen lesen und Gebette drauß machen, wie er will, ich könts so wol nicht, er kan es noch besser. Vnd wann ich mein A B C gesagt hab, so bin ich gewichst und getrenckt, vnd denselben Tag so fest wie ein Maur.

Hilperts Glaube an das Alphabet verhalf ihm zu der Entdeckung, daß auf die Erbsünde die Erbswurst folgt. Hilperts geniale Eingebung war es, daß es zwischen Erbsünde und Erbteil noch etwas geben müsse. Damit hatte er auf jeden Fall recht, machte er doch später noch eine weitere Entdeckung in diesem Zwischen-

---

[1] Wie keusch zu Lichtenbergs Zeiten die Wörterbüchermacher doch noch gewesen sein müssen!

raum, der so grundlegend für uns alle ist, für die Gläubigen wie für die Schuldner, das bis dahin übersehene Zwischenwort Erbtante.

1902 übertrug ein Goethe-Verehrer dessen berühmtes Nachtgedicht
> Über allen Gipfeln ist Ruh,
> In allen Wipfeln spürest du
> Kaum einen Hauch.
> Die Vöglein schweigen im Walde.
> Warte nur, balde
> Ruhest du auch.

ins Japanische. 1911 übertrug ein französischer Verehrer japanischer Lyrik die Verse in der irrigen Meinung, es handele sich um eine japanische Originaldichtung, ins Französische. Woraus sie schließlich ein deutscher Bewunderer fernöstlicher Lyrik ins Deutsche brachte:
> Stille ist im
> Pavillon aus Jade.
> Krähen fliegen
> Stumm zu beschneiten Kirschbäumen im Mondlicht.
> Und sitze
> Und weine.

Die Meinung des Menschen, der zwar die Erde für rund hielt, aber glaubte, wir gingen auf der konkaven Seite wie Ochsen im Tret-Rade, verdient angemerkt zu werden.[1]

---

[1] Ob Lichtenberg das wohl notierte, nachdem er des großen Casanova bedeutende Science-fiction-Utopie ›Eduard und Elisabeth‹ gelesen hatte?

Vom Stoff, aus dem gedichtet wird

Der Verlag Feil & Söhne hat endlich den lang erwarteten ersten Band der Wäschelisten Metterlings (›Die gesammelten Wäschelisten Hans Metterlings‹, Band I, 437 Seiten, XXXII Seiten Einleitung, Register, DM 39,50) mit dem fundierten Kommentar des bekannten Metterling-Schülers Günther Eisenbud[1] veröffentlicht. Die Entscheidung, dieses Werk getrennt und vor Abschluß des gewaltigen vierbändigen ›Œuvres‹ herauszubringen, ist so erfreulich wie vernünftig, wird doch dieses eigensinnige und schillernde Buch im Nu die ekelhaften Gerüchte aus der Welt schaffen, Feil & Söhne wollten, nachdem sie mit den Romanen, dem Theaterstück und den Notizen, Tagebüchern und Briefen Metterlings guten Gewinn gemacht hätten, bloß versuchen, weiter Gold aus derselben Ader zu schlagen. Wie unrecht diese Intriganten hatten!

Tritt man zaghaft an den Rand der wahren Begebenheiten, um sie ästhetisch aufzubereiten, stinkt es nach Heimatdichtung. Der Acker ist durchsetzt mit völkischen Substraten.

Als *Akrostikon* bezeichnet man ein Gedicht, bei dem die Anfangsbuchstaben jeder Zeile, hintereinander gelesen, ein eigenes Wort ergeben: z. B. den Namen des Menschen, den das Gedicht besingt.

Cicero stellt in seinem Buch ›De Divinatione‹ (= Über die Kunst der Vorher-

---

[1] Hier ist es geziemend, an das berühmte Schlußwort des Citizen Kane zu erinnern: ›Rosebud‹!

sage) fest: »Die Verse der Sybillen zeichneten sich dadurch aus, daß sie nach jener Art gebildet waren, die die Griechen *Akrostikon* nennen. ... Ähnlich ist das der Fall bei einigen Versen des Ennius, deren Anfangsbuchstaben sich lesen ›Wie Ennius schrieb‹.«

Als ›alliterierende Akrostika‹ gelten so hochkomplizierte Gebilde, die zugleich Akrostikon und Lipogramm sind, also deren Zeilenanfänge z. B. den Namen des Besungenen bilden, während jede Zeile nur Wörter aufweist, die mit eben jenem Anfangsbuchstaben der Zeile beginnen.

Als *Anagramme* bezeichnet man Wörter, die aus allen Buchstaben eines anderen Wortes oder Begriffes oder Satzes geformt werden und dabei zugleich den geheimen inneren Sinn des Namens oder Begriffes enthüllen. Anagramme stellen etwa $^1/_3$ der Kunst der Kabbalisten dar, und dieses Drittel heißt »themuru« (= Veränderung).

Eustachius berichtet, daß frivole Griechen aus arete (= Tugend) erate (= lieblich) anagrammierten.

Der Schotte Sylvester feierte seinen König »James Stuart« als »a just master« (= ein gerechter Herr).

Der Name der Geliebten von König Charles IX. von Frankreich, Marie Touchet, enthüllt im Anagramm »je charme tout« (= ich bezaubere alles) ihr wahres Wesen.

Ebenso der Name des Mörders von König Henri III. von Frankreich, Frère Jacques Clement (Frère = Bruder im religiösen Sinn), nämlich »c'est l'enfer qui m'a créé« (= es ist die Hölle, die mich schuf).

Pierre, der Vater des Heiligen Ludwig von Frankreich (Louis IX.), hieß eigentlich Ludovicus Bartelomi und wurde Mönch, als er in seinem Namen das Anagramm »Carmelo se devovet« entdeckte (= dem Karmel hat er sich geweiht), und also ward er Karmeliter.

Als im 17. Jahrhundert der Franzose André Pujom in seinem Namen das Anagramm »pendu à Riom« entdeckte, vollendete er sein Geschick, indem er in der Auvergne ein Gewaltverbrechen beging, für das er in Riom gehängt wurde: »Pendu à Riom.«

Lipogramme sind Texte, vorwiegend poetischer Art, deren Verfasser auf die Verwendung bestimmter Buchstaben bewußt verzichten.

Tryphiodoros komponierte ein episches Gedicht über die Abenteuer des Odysseus in 24 Büchern; das erste Buch nannte er ›Alpha‹, da in ihm dieser Buchstabe nicht vorkam, das zweite aus dem gleichen Grund ›Beta‹, das dritte ›Gamma‹, und so durchs ganze Alphabet, wobei ihm sehr hilfreich war, daß die antiken Griechen vielerlei unterschiedliche Dialekte sprachen, auf deren Bestände er auswich, wenn ihm im »Hochgriechischen« das treffende Wort durch den falschen Buchstaben unzugänglich wurde.

Pindar schrieb eine Ode, ohne den Buchstaben »Sigma« zu verwenden.

Peter de Riga, weiland Kanonikus zu Reims, verfaßte eine Kurzfassung der Bibel in 23 Kapiteln, deren jedes sich durch das völlige Fehlen eines anderen Buchstaben auszeichnete.

Gordianus Fulgentius bezeichnete sein Buch ›De Aetatibus Mundi et Hominis‹ (= Über die Zeitalter von Welt und Mensch) als ein wunderbares Werk, weil er das Kapitel über Adam ohne jedes »A«, das über Abel ohne jedes »B«, das über Cain ohne jedes »C«, schrieb, usw. durch alle 23 Kapitel.

Lope de Vega schrieb fünf Prosaerzählungen, die erste ohne jedes »A«, die zweite ohne jedes »E«, die dritte ohne jedes »I«, die vierte ohne jedes »O«, die fünfte ohne jedes »U«.

Die ›Nugae Venales‹ (= Possen der Käuflichkeit) enthalten ein Gedicht von Petrus Placentius des Titels ›Pugna Porcorum‹ (= Boxkampf der Schweine), in dem jedes Wort – wie im Titel – mit einem »P« beginnt. Und ein anderes ›Canum cum cattis certamen‹, in dem jedes Wort mit einem »C« beginnt.

Lord North, einer der edelsten Edelmänner am Hofe James I., schrieb einst eine Reihe Sonette, die jeweils mit dem nächsten Buchstaben des Alphabets beginnen.

Vom Stoff, aus dem gedichtet wird

Lord Holland schrieb, nachdem er die fünf Novellen von Lope de Vega gelesen hatte, im Jahre 1824 ›Eve's Legend‹ aus 555 Wörtern, die alle als einzigen Vokal das »E« haben.

P*alindrome* sind Wörter oder Wortfolgen, die sich von vorne nach hinten ebenso lesen wie von hinten nach vorne: Otto oder Anna oder Reliefpfeiler.
»Bei Leid lieh stets Heil die Lieb.«
»Ein Neger mit Gazelle zagt im Regen nie.«

Sprechpalindrome entstehen, wenn man statt der nur dem Augenschmaus dienenden Buchstabenfolge die Silben- und Wortfolge zugrunde legt. Dabei können tiefgründige Philosopheme entstehen: »erwidere: rede wie er«, oder Spielereien von fragwürdiger Apartheit: »ananasjoghurt gurrt jonas anna« oder »pyramus an thisbe: bettys anus am pier«, auf die dann des gleichen Autors, Oskar Pastiors, herrliches Verdikt paßt: »schema masche«.

Der *Qualitativ* ist eine finite Verbalform, die den Zustand bezeichnet, der durch den vom Infinitiv desselben Verbs bezeichneten Vorgang herbeigeführt worden ist bzw. bei transitiven Verben den Zustand, in dem sich das reale Patiens nach Erleidung der durch den Infinitiv bezeichneten Handlung befindet.

$Ü$ber die Rentner im Kreis der Schüttelreimer reimte einer:
»Nicht selten sich Talente recken,
wenn sie das Blut der Rente lecken.«

Vom Stoff, aus dem gedichtet wird

Und zu Schwerin meuterte einst einer wider das Luther-Festjahr:
»Was nützen uns die Luther-Büsten,
wenn wir so sehr nach Butter lüsten?«

Seit Stunden wanderte er auf dem Meeresgrund umher, als ihn angesichts der unendlichen Wassermasse ein natürliches Rühren immer stärker bedrängte. Kein Baum weit und breit. Seine gute Erziehung verbot ihm, sich der Fischheit monumental vorzustellen. Er tauchte auf und ging ans Land.

Als Wilhelm Busch in Niedersachsen ›Max und Moritz‹ dichtete und malte, schrieb Karl Marx in London Band I seines ›Kapitals‹.

1490 erschien von dem katalanischen Dichter Joanot Martorell einer der bedeutendsten und eigenwilligsten Ritterromane der Literaturgeschichte, ›Tirant lo Blanch‹, der zu Recht von der Bücherverbrennung im 1. Teil des Don Quixote ausgenommen wird, da er »ein Schatz des Vergnügens und eine Fundgrube des Zeitvertreibs« ist, wie schon der verschonende Pfarrer feststellte. In der lausigen Geschichte der Zensur sicherlich das vertretbarste Kriterium überhaupt.

Auch ich habe seine Oden schnaubende Muse mit Unwillen gehört.

Liskow sagt, die greuliche Menge elender Schriftsteller ist ebenso geschickt eine Barbarei einzuführen, als ein Schwarm von Ost- und Westgoten.

Es sind zuverlässig in Deutschland mehr Schriftsteller, als alle vier Weltteile überhaupt zu ihrer Wohlfahrt nötig haben.[1]

Die finno-ugrischen Sprachen gliedern sich in Lappisch (oder Samisch), Ostseefinnisch (Finnisch, Karelisch, Wepsisch, Wotisch, Estnisch, Livisch), Wolgafinnisch (Mordwinisch, Tscheremissisch), Permisch und Madyarisch (Ungarisch).

Im marmatischen Zipserisch bezeichnet »Wandervogl« einen Mann, der hinter den Frauen her ist: einen Schürzenjäger.

In John Jakes ergreifendem Südstaatenepos ›Die Erben Kains‹ trinkt der Held in seiner Verzweiflung in einer Nacht »a bottle of malt«, wonach er sturzbesoffen auf seiner Plantage herumrandaliert; da die Übersetzung offenbar aus Kreisen der militanten Abstinenz erarbeitet wurde, wird aus »malt« (= unverschnittener reiner Whisky) das sanfte »Malzbier« – womit der Roman in seiner deutschen Fassung die in der Literatur einmalige Belegstelle dafür bietet, daß der Genuß einer Flasche Malzbieres während einer langen Nacht einen Mann sternhagelvoll macht.

---

[1] Vom fünften ganz zu schweigen.

Vom Stoff, aus dem gedichtet wird

Wenn eine Übersetzerin aus dem Russischen nicht zwischen »schachmatist« = Schachspieler und »schachtjor« = Bergarbeiter unterscheiden kann, dann wird aus dem Gründer und Vorsitzenden der US-Bergarbeitergewerkschaft William D. »Big Bill« Haywood ohne Beachtung durch das Lektorat der Vorsitzende des US-Schachverbandes.

Officer« bedeutet in US-amerikanischen Texten fast immer, in englischen oft »Beamter« und nur im Zusammenhang mit den Streitkräften und der Marine »Offizier«. Ein »police officer« ist – im Gegensatz zu den meisten Übersetzungen – kein Polizei-Offizier, sondern ein Polizeibeamter. Falls er wirklich ein »Offizier« ist, wird er mit seinem Dienstrang genannt: Captain, Lieutenant usw.

Atomic plant« heißt keineswegs »atomare Pflanze«, wie ein Übersetzer an- und ein Redakteur hinnahm, sondern meint im allgemeinen ein Kernkraftwerk.

Wer »football« bei Thornton Wilder als »Fußball« übersetzt, erweist so nicht nur seine Inkompetenz, sondern beschwört zugleich für den Leser verstörende Situationen herauf: Wenn es nämlich bei Wilder weiter heißt, daß jemand fußballgemäß mit gesenktem Kopfe die Reihen der Gegner durchbreche; im »football« durchaus üblich, im »soccer« = Fußball jedoch absolut unüblich bis verboten. Der Gegenspieler durchbricht gesenkten Kopfes die Reihe der Strafstoßabwehr?

Vom Stoff, aus dem gedichtet wird

Mario Praz behauptet in ›Liebe, Tod und Teufel‹ über ›Die Schwarze Romantik‹, die Ursprünge der Gothic Novel seien in Schauernovellen zu finden, die schlesische Pfarrersfrauen in Almanachen der Zeit und Gegend veröffentlichten.

Mit Chronogramm bezeichnet man eine Gedichtform, die sich die Eigenart alter Alphabete zunutze macht, in denen bestimmte Buchstaben zugleich bestimmte Zahlwerte haben, also als Ziffern dienen. Dadurch kann das Chronogramm bei geschicktem Einsatz solcher Buchstaben als gleichzeitige Ziffernzeichen die für den Text wichtigen Daten (etwa eines Lebenslaufs) unterbringen.

Der Kinderkreisel, den man mit der Peitsche antreibt, heißt am Niederrhein Dopp, Verkleinerungsform Döppke, im Englischen top, im Französischen toupie.

Die Wand heißt so, weil die alten Germanen als erste ortsfeste Wohnstellen Flechtwerksbauten errichteten, wobei sie Gerten um die Pfähle wanden. Später errichteten sie Holzhäuser mit Luken, die sie »augatora« = Augentor und nördlicher »vindauga« = Windauge nannten: daher das englische »wind-ow« für Fenster.

Das Wort »Dolmetsch« nimmt seinen Ursprung bei »talami« der Mitanni-Sprachen, wo es den Mittelsmann zur Herbeiführung einer Verständigung zwischen zwei Parteien bedeutet. In den Turksprachen wurde es zu »tilmatsch«, im Mongolischen zu »talmatsch« mit der Nebenbedeutung: es

Vom Stoff, aus dem gedichtet wird

spreche der Sprecher als Mund seines Herrn. In diesem Sinne verwandte es der Geheimdienstpriester Robert, der Engländer in den Diensten Tschinggis Chans und seiner Nachfolger, als er am Hofe des Ungarnkönigs Béla IV. den nahenden Mongolensturm androhte. Bei dieser Gelegenheit wurde es als »tolmatsch« ins Ungarische übernommen (tolmács), von wo es ins Mittelhochdeutsche als »tolmetze, tolmetsche« Eingang fand.

Karl der Große war ein fränkischer König und Kaiser des römischen Reiches, dessen Auftrag an Alkuin, eine Grammatik der deutschen Sprache zu verfassen, bis heute nicht erfüllt wurde.

James Joyce schrieb jenen großen »inneren Monolog« der Molly im ›Ulysses‹, der ihn so berühmt machte, aus Liebesbriefen seiner Lebensgefährtin Nora Barnacle an ihn ab.

Aschenbrödel trug in der Originalfassung Pantoffeln aus Fell. Aufgrund eines Übersetzungsfehlers wurden daraus in den englischen Cinderella-Geschichten Glasschuhe.

Eine bezaubernde junge Dame (une très jolie jeune femme) fand jeden Morgen in ihrer Post (dans son courrier) glühende Liebesbriefe des großen Talleyrand[1]. Eines Tages antwortete sie ihm: »Mein Herr! Ich habe

---

[1] Diese Angaben über schnellen und häufigen Postverkehr lassen eindeutig erkennen, daß es sich um einen Bericht aus Zeiten vor den Postreformen handelt.

Vom Stoff, aus dem gedichtet wird

mich Ihrer Eingesandte bedienet, um mir damit mein rosiges Ärschgen auszuputzen.«[1] Daraufhin erhielt sie postwendend den folgenden Vierzeiler zur Antwort:
»O kleines Blatt, beneidet schier,
auf denn, fahrt Eure[2] Schicksalsbahn.
Doch im Vorüberziehn, hört Ihr,
sagt mich bei der Nachbarin an.«[3]

$\quad$ Damaskus ist seit 2 000 vor Christus ununterbrochen bewohnt.

$\quad$ 1965 erschien in Eriwan/Armenien erstmals eine vollständige Dante-Übersetzung ins Armenische.

In der ausgezählten Literatur hat Victor Hugo in ›Les Misérables‹ den längsten Satz mit 823 Wörtern verfaßt.

$\quad$ Auch Chestertons Father Brown erreichte das deutsche Publikum nur in reichlich derangiertem, um nicht zu sagen verstümmeltem Zustand. Ein Beispiel: das englische »Father« meint den Weltgeistli-

---

[1] Natürlich schrieb sie nicht in diesem arnoholzigen Dafniston, sondern in klassischem Französisch: »Monsieur, de vos lettres je me suis servie pour me torcher le cul.«

[2] Auch die Höflichkeitsform selbst einem gesellschaftlich so geringen Lebewesen wie diesem Liebesboten gegenüber läßt auf eine Geschehenszeit in der Vorvergangenheit schließen, ehe die Kumpanei der 68er höfliches Verhalten zu repressivem Chauvinismus erklärte.

[3] In Talleyrands eigenen Worten: »Petit papier, je vous envie, allez, suivez votre destin. Mais, en passant, je vous en prie, annoncez-moi chez la voisine.«

chen, das deutsche »Pater« den Ordensgeistlichen. Und doch wurden in Büchern wie im Filmtitel die Chestertonschen »Father Brown« alle rücksichts- wie kenntnislos in »Pater Brown« verfälscht.

1994 ergab eine Umfrage beim norwegischen Lesepublikum folgende Rangfolge: 1. Knut Hamsun, 2. Sigrid Undset, 3. Anne-Karin Elstad, 4. Margit Sandermo, 5. Henrik Ibsen und Ingvar Ambjørnsen.

Noch sprechen nicht alle Eisenacher japanisch. Aber es werden immer mehr. Zwar können sie sich nur selten flüssig unterhalten, und mit dem Schreiben, das wegen der Vielzahl der Schriftzeichen im Japanischen besonders schwierig zu lernen ist, hapert es auch noch. Großes Engagement beim Lernen der fremden Sprache ist gleichwohl unverkennbar. Das hat man davon, wenn man sich mit Opel einläßt!

Indianer glauben, die Milchstraße bestehe aus den dahintreibenden Rauchsäulen weit entfernter Lagerfeuer, an denen ihre verblichenen Urahnen und Freunde hocken und auf ihr Eintreffen warten. Der Wissenschaft ist natürlich bekannt, daß die Milchstraße aus Sternen, subatomaren Partikeln, Asteroiden, Edelgasen und galaktischem Staub gebildet wird. Gerade darin liegt unser heutiges Problem: zu viele Wissenschaftler, zu wenig Indianer.

Die Werbung betrachtet die Hälfte des ausgegebenen Geldes für rausgeschmissen, doch weiß niemand, welche.

Vom Stoff, aus dem gedichtet wird

Wie so viele Geschichtsverfälschungen wird auch die Mär von den gehörnten Helmen der Wikinger auf Richard Wagner zurückgeführt: Die ersten solcher Helme sollen auf sein Drängen die Krieger bei der Premiere des ›Rings der Nibelungen‹ in New York getragen haben.

Als großen deutschen Schüttelreimer bezeichnen Experten Franz Mittler (1893-1970), als dessen bedeutendste Werke mir ein wohledler Freund die folgenden übersandte:

>Du meinst, daß ich das essen solle?
>Ja bist du denn besessen, Olle?

>Ich kitzle ihre Sinne wo,
>und das versetzt in Wonne sie.
>So hell strahlt nicht die Sonne wie
>das Weib, das ich gewinne so!

>Oft wird des Flirtens nette Phase
>gestört durch eine fette Nase.

>Mein Lieber, ohne Dritten sama
>zuwenig für ein Sittendrama.

>Daß loses Fleisch nicht von den Steißen hange,
>mußt Du sie spießen auf der heißen Stange.

Die Interpretation dieser höchst realistischen, wenngleich nicht eben menschenfreundlichen Reime muß aus moralischen Gründen und solchen der political correctness dem weisen Publikum vorbehalten bleiben.

Vom Stoff, aus dem gedichtet wird

Da sein Vater ein englischer Journalist halb niederländischer Abkunft, seine Mutter eine Schauspielerin mit schottischen und spanischen Vorfahren war, heißt Dirk Bogarde eigentlich Derek Jules Gaspard Ulric Niven Van den Bogaerde.

Die Seßhaften sind die Hüter der Erinnerung.

1957 erzählte man sich in Warschau und mir in Stalins Kulturpalast: Optimisten lernten Russisch, Pessimisten Chinesisch, und Opportunisten Kaviar mit Stäbchen essen.

1994 erzählte man sich in Kaliningrad und mir an der Staatsuniversität: Optimisten lernten Deutsch, Pessimisten Polnisch und Realisten mit der Kalaschnikow schießen.

Ich ziehe Kaviar mit Stäbchen vor.

Ein Mensch, der Logik hat, fragt doch, warum im Russischen »voksal« Bahnhof bedeutet. Nun war es so, daß vor Zeiten, als die Franken auszogen, sich vom Land der Gallier eine kräftige Scheibe einzuverleiben, mit ihnen einer zog namens Briddo, vielleicht ein Franke, sicherlich ein Germane. Der kam eines unbekannten Tages aus unbekannten Gründen auf die Idee, einem uns unbekannten Gott einen Altar zu errichten. »Beim Altar des Briddo« entstand nun nach und nach eine gleichnamige Siedlung: 1152 hieß sie Brealtare, zum Ende des XII. Jh.s Breiatel, 1218 Brealtel, das heutige F-76110

Bréauté im Département Seine-Maritime nicht fern von Rouen.

Natürlich geriet die Siedlung bald unter die Herrschaft eines mehr oder minder edlen Adligen und seiner Familie, die sich nach der Üblichkeit der Zeit de Bréauté nannte, »von B.«, und nachdem sich die Normannen ihr normannisches Herzogtum zusammenerobert hatten, schlüpfte eben ein normannischer Adliger ins Hemd derer von B., und einer seiner Nachkommen ging mit Wilhelm dem Eroberer, als der mit höchst fragwürdigen Rechtsgründen versehen loszog, um den Angelsachsen gegen die Dänen das Land der Briten abzunehmen, denen es bereits zuvor genannte Angelsachsen gestohlen hatten.

Es trat aber in der Familie derer von B. häufiger der Vorname Falke auf, romanisiert zu Falco, französiert zu Faukes. Es kann aber auch sein, daß im einen oder anderen Fall sich hinter Faukes kein Falke, sondern ein Falha, ein (Ost- oder West)Fale verbirgt (vielleicht letztes Echo der wahren Herkunft jenes Ahnherrn Briddo, den man vielleicht mit Zunamen »der Fale« nannte, woraus dann unter seinen Nachfahren der Vorname F. entstand?). Kurz: ein normannischer Herr F. de B. heiratete um 1220 die Erbin eines Stück Landes im heutigen Bezirk Lambeth der Stadt Groß-London, errichtete auf ihm einen Herrensitz, der um 1250, 1279 und 1308 als Faukeshale belegt ist, »Halle des F.«, und dann nach und nach zu Vauxhall wurde.

Nachdem aber die Familie de B. ausgestorben war, wurde aus der Parkanlage des Herrenhauses im 17. Jh. eine berühmte, um nicht zu sagen berüchtigte Parkanlage der Volksbelustigungen, weshalb von ihr ausgehend der Name Vauxhall in ganz Europa zu einer Art Gattungsname für ähnliche Anlagen wurde. So auch in Pawlowsk nahe St. Petersburg, wo sich der Park billiger Freuden neben dem Bahnhof eben »Vauxhall« nannte, wovon nun wiederum der Bahnhof seinerseits den Stationsnamen Vauxhall (voksal) bekam, der bald zum Synonym für Bahnhof wurde.

Und wäre also jener Briddo nicht einst nach Gallien marschiert und hätte er dort nicht einen Altar bei Rouen errichtet, hieße heute der Bahnhof auf russisch ganz anders.

Aus Manfred Riegers ›Eiflischen Einsichten‹:

Jeder unterscheidet sich vom anderen ebenso, wie man sich von sich zu anderer Zeit.

Manchmal geschieht es, daß der andere Ähnlichkeit mit sich selbst hat.

Zum Vergessen gehört höhere Intelligenz: Tiere vergessen nicht.

Nur von der Erde aus kann man den Himmel beobachten.

Hinter die Gegenwart kann die Vergangenheit nicht zurückweichen.

Beim Aufwachen nicht wissen, wann man ist.

Die Katastrophen stecken mit den Glückssachen unter einer Decke.

Auch die schnellsten Tiere bleiben in ihrer Langsamkeit stecken.

Je schneller die Transportmittel werden, desto mehr Zeit muß man auf den Wegen totschlagen.

Je mehr Information, desto weniger Wissen.

Alles halb so wild, dafür aber doppelt so giftig. Man bedenke aber: nicht nur jegliche Wahrheit hängt von ihrer Definition ab.

Vom Stoff, aus dem gedichtet wird

Ecos Roman ›Der Name der Rose‹ trug zunächst den Arbeitstitel ›Die Abtei des Verbrechens‹.

Letzten Endes ist die Grundfrage aller Philosophie und jeder Psychoanalyse die gleiche wie die Grundfrage des Kriminalromans: Wer ist der Schuldige?

Auch nach dem fünften Lesen begeistert mich als eine der herausragendsten Eröffnungen eines großen Romans der Weltliteratur: »Es lag ein Bischof tot in einer Mur am Zederngebirge fünf Stunden schon unter strömenden Wolkenbrüchen. Die Mur war hinabgemalmt mit ihm und seinem Karren und seinen Maultieren und seiner Geliebten, unter ihm fort, über ihn hin, als schmettere das Erdreich ihn in den Schlund der Hölle, kurz vor Anbruch der Nacht.«

Einen bedeutenden Beitrag zu der Grundfrage, ob es sich bei den Publikationen der Amtskirche(n) um Theologie oder Paulologie handle, lieferte Thomas G. Schüssler nach dem Grundsatz: Nur das Heiligste ist des Spottes würdig!, mit folgenden literarisch fragwürdigen Versen:

Paulus schrieb an die Apatschen:
   Ihr sollt nicht nach der Predigt klatschen.
Paulus schrieb an die Komantschen:
   Erst kommt die Taufe, dann das Plantschen.
Paulus schrieb den Irokesen:
   Euch schreib ich nicht, lernt erst mal lesen.

Vom Stoff, aus dem gedichtet wird

Am 18. Oktober 1896 erlebte die alte preußische Festungsstadt Minden einen großen Festtag: Kaiser Wilhelm II. traf in Begleitung seiner Kaiserin ein, um ein Denkmal einzuweihen, das die Provinz Westfalen zur Ehrung seines Großvaters Kaiser Wilhelm I., des »Reichsgründers«, hatte errichten lassen, auf dem nahe gelegenen Wittekindsberg, dem westlichen Eckpfeiler der Porta Westfalica. Geschaffen hatte es der damals berühmteste Denkmalbauer Deutschlands, Bruno Schmitz aus Berlin, der auch schon die Denkmäler auf dem Kyffhäuser und am Deutschen Eck sowie das Völkerschlachtdenkmal bei Leipzig geschaffen hatte. Der Kaiser hebt stehend die Rechte zum Caesarengruß, den man unter den Zeitgenossen als »segnende Gebärde« verstand. Die Widmungsinschrift lautet: »Wilhelm dem Großen die Provinz Westfalen.« Ihm gegenüber wurde später ein Bismarckdenkmal erbaut, an dessen Stelle aber heute ein Fernsehturm steht.

Die Porta Westfalica ist ein von Sagen umwobener Ort. Am wichtigsten sind die um den Sachsenherzog Widukind, die dem Berg den Namen gaben. Bereits 1829 wurde am 18. Oktober, dem Jahrestag der Völkerschlacht bei Leipzig, der »Wedigenstein« errichtet, der zugleich an den Freiheitskampf Widukinds wie an den Sieg Hermanns des Cheruskers erinnern sollte, zweier Helden, die man so in Zusammenhang stellte und durch das Datum der Errichtung mit den Freiheitskriegen gegen Napoleon in Beziehung setzte. So bediente man sich im 19. Jahrhundert der Sagenorte und historischer Reminiszenzen, um sie auswählend und deutend zu zeittypischen Geschichsbildern und neuen Geschichtsmythen zu verbinden.

In diesem Sinne auch ergänzten Levin Schücking und

Ferdinand Freiligrath ihr klassisches Werk ›Das malerische und romantische Westphalen‹, das zuerst 1841 in Barmen und Leipzig herauskam, 1890 im Hinblick auf das geplante Denkmal um die folgende Passage:

> »Hier am Weserstrande haben unsere Vorfahren in den langwierigen Kämpfen gegen die Römer hartnäckig und standhaft die deutsche Freiheit und Sitte, deutsches Recht und Gesetz verteidigt. Hier haben sie sich um den kühnen Wittekind geschart gegen die fremden Franken, sie haben wohl ihren Nacken gebeugt, um den Segen des Christentums zu empfangen, aber ihre Eigenart haben sie den Franken nicht hingegeben. Dieselben Sachsen haben dann unverdrossen und unermüdlich das deutsche Wesen festgehalten und weitergetragen in die östlichen Länder jenseits der Weser über die Elbe, wohin nach den großen Völkerfluten des sechsten Jahrhunderts ein fremder Slavenstamm, die Wenden, eingedrungen war. Und aus der sächsischen Nordmark, gegründet von den Sachsenkaisern Heinrich und Otto, ist unter unablässigem Ringen zwischen Germanentum und Slaventum die brandenburgische Markgrafschaft und Kur-Brandenburg emporgewachsen. Und wieder war es vornehmlich die sächsisch-westfälische Ritterschaft, welche dem deutschen Orden seine tapfersten Söhne zusandte, als dieser im fünfzigjährigen Kampfe die schönen preußischen Lande von der Weichsel bis zur Memel und weiter hinauf an den baltischen Gestaden für christliche und deutsche Art und Sitte gewonnen hat. Kaiser Wilhelm der Siegreiche hat in glänzenden Krieges- und Friedensjahren die deutschen Stämme zum neuen mächtigen deutschen Reiche vereinigt.«

Den Einweihungstag hatte man in Abstimmung mit dem Hof auf den 18. Oktober gelegt, um an den 65. Geburtstag des 1888 gestorbenen Kaisers Friedrich III. gleichzeitig mit der Völkerschlacht von Leipzig zu erinnern. Das Kaiserpaar fuhr durch ein Ehrenspalier, das aus den unterschiedlichsten

Gruppen zusammengestellt war: Vereine und Schulen, das Militär, Studentenverbindungen, Bauern in Tracht und Fabrikarbeiter, um so den einziehenden Herrscher an die ständische Ordnung des Reiches zu gemahnen.

Am Denkmal hielt der Vorsitzende des Westfälischen Provinziallandtags Alexander von Oheimb dem Kaiser eine programmatische Rede, geordnet nach den Motiven der Denkmalerrichtung: Dank an Wilhelm I., Zersplitterung Deutschlands, französische Fremdherrschaft, Befreiungskriege einerseits und Sieg über Frankreich 1870/71 und Einigung der Deutschen in einem Reich andererseits; schließlich noch die Deutung des Denkmals als Mahnung zur Eintracht über alle Interessen- und Parteigegensätze, wobei der Vorrang der Integration vor allen Interessengegensätzen, wie sie die politische Partizipation artikulierte, besonders betont wurde.

Als besonders bemerkenswert galten den Zuhörern die Ausführungen zur Sozialpolitik Wilhelms I.:

> »Dabei lag ihm insbesondere die Heilung der unsere Zeit so tief bewegenden sozialen Schäden am Herzen; das bezeugt die ewig denkwürdige Allerhöchste Botschaft vom 17. November 1881, welche seine Fürsorge und sein Wohlwollen für die Besserung der Lage der Arbeiter und den Frieden der Berufsklassen untereinander so erhebend zum Ausdrucke brachte und für die seitdem erlassenen Versicherungsgesetze bahnbrechend war, durch welche die Arbeiter im Alter, bei Krankheiten, Unfällen und verminderter Arbeitsfähigkeit im deutschen Reiche günstiger gestellt sind, als in irgendeinem anderen Lande.«

Hyppytyynytyydytys« ist Finnisch und bedeutet soviel wie Hüpfkissenbefriedigung.

Vom Stoff, aus dem gedichtet wird

Von »Deutschen« ist wie von »deutsch« oft die Rede. Als ob es sich um »Franzosen« oder »französisch« handele. Doch sind »Franzosen« wie »Mongolen«, »Engländer« wie »Navajo« und »Spanier« Völkerbezeichnungen der einen Art, nämlich ursprüngliche Stammes- und geographische Herkunftsnamen, während der »Deutsche« jener Mensch ist, der »deutsch« spricht, nicht aber das Latein der katholischen Kirche oder der romanischen Bürokratie, sondern »die Sprache des Volkes«. Zurück führt das Wort zu seiner Wurzel, die erstmals um 780 greifbar wird, als im Scriptorium Karls des Großen das lateinische »gens« durch das romanisierte fränkische »theoda« ersetzt und der Kunstbegriff »lingua theodisca« geschaffen wurde, also »Sprache des Volkes« oder »volkstümliche Sprache« oder »die dem Volk zugehörige Sprache«. 786 verwendete der Bischof von Amiens, Georgius von Ostia, in einem Bericht an seinen Papst, Hadrian I., über zwei englische Synoden in der Formel »tam latine quam theodisce« erstmals faßbar das lateinische Adverb, womit offensichtlich gemeint ist, daß man sowohl auf lateinisch wie in der Volkssprache verhandelt habe, die männiglich verstand (»quo omnes intellegere possunt«). 788 ließ Karl der Große, damit er den Ungehorsam seines Vetters Tassilo von Bayern einigermaßen korrekt verfolgen und bestrafen könne, dessen Verbrechen, den »herisliz« oder Heerschlitz, »in lingua thiutisca« im Rahmen des herrschenden Römischen Rechtes kodifizieren, wodurch erstmals ein »deutscher« Rechtsbegriff ins amtliche Latein eingeführt wurde. In seinem Bericht über die Straßburger Eide von 842 erwähnt Nithard das Vorbereitungsprotokoll, in dem festgelegt wurde, wer zu Straßburg in der »lingua francisca« und wer in der »lingua thiutisca« zu schwören habe (und also indirekt, welches der Heere zum

»französischen« und welches Gebiet zum »deutschen« Herrschaftsbereich, bestimmt durch die jeweilige Sprache, gehöre). Etwa zur gleichen Zeit schrieb Erkanbert von Freising in seinem Donat-Kommentar viermal die althochdeutsche (also nicht mehr germanische oder romanisiert fränkische Adjektiv-Formel »thiutisce« nieder. Ebenfalls zur gleichen Zeit schrieb ein Mönch in einer der Missionsniederlassungen in Fulda, Fritzlar, Hersfeld, Würzburg oder Mainz bei der Lektüre oder Bearbeitung des 6. Buches der ›institutiones grammaticae‹ des Priscianus zu dem ihm offenbar unverständlichen lateinischen Wort »galeola« (etwa = helmartig vertieftes Geschirr) die Interlinearglosse »thiutisce gellit« nieder: »gellit« war das althochdeutsche Wort für Napf oder Schale, die Glosse bedeutet also auf neuhochdeutsch dasselbe wie in Althochdeutsch: »in der Volkssprache Schale«. Bis um 1100 nahm das Wort die Bedeutung »deutsche Sprache« an, erhielt aber erst im Investiturstreit zwischen Kaiser Heinrich IV. und den Päpsten seiner Zeit eine nationalistische Bedeutung.

Im tiefen Mittelmeer gibt es tiefe Salzseen.

Die islamische Überlieferung beginnt ebenfalls mit einer negativen Einstellung zum Hund, aber hier ist die Lage komplexer, da sich auch viele positive Momente finden.

Von allen Primaten stehen die Männer den Frauen am nächsten.

Das älteste bisher bekannte gedruckte Buch der Welt entstand 868 pCn in der Druckerei der Mogao-Höhlen bei Dunhuang in Gansu, die Diamantensutra. Sie steht seit 1961 unter dem offiziellen Schutz der Volksregierung Chinas.

$\qquad$Der Name des Londoner Stadtteils Elephant Castle entstand wie so viele andere englische Ortsnamen aus der Verballhornung eines nicht begriffenen fremdsprachigen Namens: hier des alten Namens einer alten Poststation Infant of Castilia. In diesem Stadtteil wurde am 16. April 1889 ein gewisser Charles Spencer Chaplin geboren.

Japanische Mütter begegnen ihren Babies sprachlich anders als englische Mütter.

$\qquad$Mit Gutachten ist es wie mit der Liebe: Wenn man dafür bezahlt wird, verändert sich die Sicht.

$\qquad$Tatsächlich dürfte im wirklichen Leben die Länge einer Minute davon abhängen, auf welcher Seite der geschlossenen Toilettentür man sich befindet.

Ein gelehrter Freund hat mich erfreulicher- wie dankenswerterweise darauf aufmerksam gemacht, wie eigenartige ebenso wie köstliche Bücher unsere Altvorderen bereits verfaßt und veröffentlicht haben. So etwa
– 1843 in Brüssel bereits die 4. Auflage des Werkes:
›Les mauvais livres, les mauvais journaux et les romans avec un catalogue de mauvaises publications périodiques et des mauvaiss livres‹, (Die schlimmen Bücher, die schlimmen Zei-

tungen und Romane mit einem Katalog der schlimmen periodischen Publikationen und der schlimmen Bücher).

– 1864-67 der Autor E. Weller in Leipzig in 2 Bänden mit einem Supplement ›Die falschen und fingierten Druckorte‹ (die als Mittel dienten, der Verfolgung durch die mancherlei Zensurorgane der damaligen Zeit zu entgehen). Reprint 1970.

– 1895 ein P. H. Ditchfield in London ›Books fatal to their Authors‹ (Bücher, die ihren Verfassern verderblich wurden).

– 1954-58 ein gewisser M. O. Krieg in Bad Bocklet ›Mehr nicht erschienen. Ein Verzeichnis unvollendet gebliebener Druckwerke‹ in 2 Teilen; 1991 brachte O. Seemann in Wien einen Nachtrag auf den Markt, eine höchst dankenswerte Arbeit.

– 1962 schließlich ein Autor unter dem Namen Ashbee in New York ›Pisanus Fraxi. Bibliography of prohibited books‹ (Bibliographie verbotener Bücher) in drei höchst nützlichen Bänden.

Wie schade nur, daß so wichtige Werke der Aufmerksamkeit berufsmäßiger Rezensenten meist zu entgehen pflegen.

Vom ältesten bekannten Erdbeben im Rheintal berichten die Reichsannalen zum Jahre 801: »Eodem anno loca quaedam circa Renum fluvium et in Gallia et in Germania tremuerunt« = Im gleichen Jahr erzitterten einige Orte am Rhein, in Gallien und Germanien. Und dennoch hält sich in der Literatur der alte Aberglaube, das erste Erdbeben im Rheintal sei erst zum Jahre 1223 verzeichnet!

Andreas Thalmayr schuf eine höchst reizvolle ›Kleine Kulturgeschichte in Schüttelreimen‹, in der es u. a. heißt:

Ach, Beatrice kannte Damen,
die oft und gern zu Dante kamen.

Wenn edle Helden Killer scheuchen,
hört man im Sperrsitz Schiller keuchen.

Es schwärmten kaum für Schweinehirten
die Damen, die um Heine schwirrten.

Sich ohne Unterlaß zu grämen,
das droht selbst Günter Grass zu lähmen.

Vor Jahren führte Ulla Hahn
den Lyrik-Hula-Hula an.

Für Derrick hat sich längst ergeben,
wie hirnlos deutsche Gangster leben.

Natürlich heißt Andreas Thalmayr ganz anders. Vielleicht Hans Magnus Enzensberger?

Wer für alles offen ist, kann gar nicht dicht sein.

Vom Brutalvandalismus ideologisch verseuchter Gehirne zeugten nicht als erste, leider aber auch nicht als letzte jene Revolutionsfranzosen, die zum Beispiel 1794 ohne alles Recht die Eifel besetzten, die Bevölkerung aufs übelste, aber ideologisch begründeten mißhandelten, und in ihrer, allen Revolutionären typischen Kulturfeindlichkeit dafür sorgten, daß Klöster, Schlösser und Burgen a tempo zu Billigstpreisen verhökert wurden.

Für den Grundsatz Auge um Auge, Zahn um Zahn spricht immerhin, daß er der einzige nicht völlig willkürliche Maßstab für die Strafzumessung ist und sich jeder ideologischen Verzerrung entzieht.

Thulsern liegt zwischen Seldwyla und Kuhschnappel, zwischen Abdera und Maghrebinien.

Im Westen ist der Himmel ganz blaßblau und rein. Zum Osten hin erscheinen Wattebäuschchen, rosig überhaucht. Sie werden zahlreicher und bilden am Horizont eine dunkelgraue Filzschicht, durch deren Mottenlöcher der Himmel teerosengelb schimmert. Aber zwischen Wolkenrand und Horizont ist er eosfarben und jungfräulich. Die Sonne geht auf. Es wirkt, als werde sie durch Zähes am glatten Aufstieg gehindert. Dann, mit einem Sprung, hängt sie eine knappe Handbreite über dem Hügelzug. Noch ist alles farblos, scheint dunkler vor dem Sonnenball und läßt doch schon die Farbe erahnen. Der duftige Dunstschleier des Morgens mildert die Konturen zu chinesischen Pastelltönen. Näher heran wird das Grün wieder grün. Kein Windhauch zerweht das Konzert der Vögel in ihren Zweigverstecken. Ein Hahn kräht. Kranichrufe. In einen solchen Morgen heimkehren zur sehr Geliebten. Im See, den noch die festgehaltenen Schatten der Nacht dunkeln, mit ihr schwimmen. Sich mit ihr auf dem tauigen Smaragdrasen des Ufers lieben.

Vom Stoff, aus dem gedichtet wird

Am 30. Dezember 533 wurde in Konstantinopel eine gewaltige, aus den Schriften angesehener Rechtsgelehrter zusammengesetzte und systematisch angelegte Sammlung von Rechtssätzen publiziert und in Kraft gesetzt: die in 50 Bände gegliederten Digesten oder Pandekten zunebst einem Einführungslehrbuch, die ›Institutionen‹. Sie bildeten das Hauptstück des sogenannten Corpus Iuris Civilis und begründeten im Byzantinischen Reich eine eigene griechische Lehrtradition und Rechtspraxis, die erst mit dem Fall Konstantinopels 1453 endet. Im weströmischen Restreich ging die Sammlung in den Wirren der Völkerwanderung unter und erlangte erst wieder Bedeutung, als eine Handschrift aus dem 6. Jahrhundert aufgefunden wurde und in Bologna Anstoß dazu gab, etwa ab 1040 eine in alle europäischen und viele außereuropäische Länder ausstrahlende Rechtswissenschaft zu erarbeiten. Erst als die Juristen aufhörten, miteinander auf Latein zu verkehren, als Latein als Wissenschaftssprache aus der Mode kam, entstand ein Bedürfnis nach nationalsprachlichen Übersetzungen des römischen Rechtes. Und es erschienen diese Übersetzungen: in Frankreich 1803, in Deutschland 1830–32, in Italien 1830, 1843 und 1859, in Spanien 1889–97 sowie 1968–75, in England 1904 und 1909, in den USA 1932 und 1985, in Rußland 1984, in den Niederlanden 1994, in Japan seit 1928 fortlaufend. 1996 begann eine Gruppe von Gelehrten des römischen Rechts aus Deutschland, Österreich, der Schweiz mit der Arbeit und Herausgabe einer neuen Übersetzung.

VIII. Von Personen und Persönlichkeiten

»Wählte Ungnade, wo Gehorsam Ehre nicht brachte.«
(von der Marwitz)

»Mitgefühl ist die grundlegende Leidenschaft des Menschen, der Spiegel, in dem wir im Gesicht des anderen unser eigenes erkennen.« (Horatio Larkins)

»Der Rheinländer an sich weiß nichts, kann aber alles erklären.«
(Hanns Dieter Hüsch)

»Mein bisheriges Leben war ein einziger Abstieg – vom Musiker zum Juristen und schließlich zum Politiker. Jetzt habe ich wenigstens wieder den Aufstieg zum Juristen geschafft.«
(Lothar de Maizière)

»Man muß es nur nötiger haben als andere, dann macht man sich bei der Menschheit einen Namen.« (Thomas Mann)

»Wer die Einsamkeit fürchtet, sollte nicht heiraten.«
(Arthur Miller)

Personen und Persönlichkeiten

Lieber ein Knick in der Biographie als im Rückgrat.«
(Armin Mueller-Stahl)

»Bertha von Suttner, eine der bedeutendsten Österreicherinnen der vorvorigen Generation, feiert heuer ihren 75. Todestag.«
(›Die ganze Woche‹, Wien)

Disraeli stellte die Füße seines Bettes in Schalen mit Salzwasser, um bösen Geistern den Zugang zu verwehren.

Napoleon litt an Hämorrhoiden.

Nelsons Leichnam wurde in einem Faß Rum konserviert.

Horatio Nelson, Jack the Ripper und Judy Garland waren Linkshänder.

Es wird gewiß in England des Jahres noch einmal so viel Portwein getrunken, als in Portugal wächst.

In den zwanzig Kriegsjahren von 1793 bis 1813 starben in der englischen Kriegsmarine etwa 80 000 Mann durch Krankheiten, etwa 13 000 durch Schiffbruch, Feuer und Explosion und nur weniger als 7 000 durch Feindeinwirkung.

Die ersten Raucher auf deutschem Boden waren, im Jahre 1620, englische Soldaten auf dem Marsch nach Prag.

Personen und Persönlichkeiten

Florence Nightingale war schwere Hypochonderin; als sie 1856 von der Krim zurückkam, erzählte sie jedem, daß sie ein tödliches Herzleiden habe, zog sich ins Bett zurück und verbrachte dort die restlichen 54 Jahre ihres Lebens.

König Richard Löwenherz verbrachte nur 5% seiner Regierungszeit in England, brachte aber das Land durch seine aberwitzigen Unternehmungen an den Rand des wirtschaftlichen Bankrotts.

Zu den bedeutendsten Erfindungen Benjamin Franklins gehört der Schaukelstuhl.

Als George Washington Oberbefehlshaber der US-amerikanischen Streitkräfte war, lehnte er ein Gehalt ab und arbeitete gegen Erstattung der Unkosten; das brachte ihm 400 000 Dollar mehr ein, als sein Gehalt betragen hätte. Als er Präsident der USA wurde, bot er wiederum Verzicht auf Gehalt gegen Erstattung der Unkosten an; diesmal verweigerte der Kongreß seine Zustimmung und bestand auf einem regulären Gehalt.

1849 wurde David Atchison für einen Tag Präsident der USA: Er verbrachte den Tag überwiegend schlafend.

1292 wählte man nach dem Tod des Königs Rudolf von Habsburg und vor der Wahl König Adolfs von Nassau am 30. April den Herzog Konrad von Teck zum deutschen König, der in der Nacht vom 1. zum 2. Mai 1292, nach nur einem Tag Königtums, wohl ermordet worden ist. Und den seither die amtliche Geschichtsschreibung Deutschlands geflissentlich übersehen, um nicht zu sagen: vergessen hat.

Sören Kierkegaard erkannte, daß die Leute es nicht ertrügen, wenn einer ihre Regeln nicht gelten lasse. Dem blühe dann der schmählichste aller Untergänge, denn: »Sich von Gänsen tottrampeln zu lassen, ist ein langwieriger Tod.«

Selbst Caesar war manchmal mit seinem Latein am Ende.

Unter den heiligsten Zeilen des Shakespeare wünschte ich, daß diejenigen einmal mit Rot erscheinen mögen, die wir einem zur glücklichen Stunde getrunkenen Glas Wein zu danken haben.

Der englische »Beefeater« ist ursprünglich kein Rindfleisch- und Roastbeefverzehrer, sondern ein Mitglied des Corps der königlichen »buffetiers«.

Der ursprüngliche Reitweg »Rotten Row« in London hat nichts mit verrottenden Pfahlreihen o. ä. zu tun, sondern war ursprünglich die »rue du roi«, also etwa Königsstraße oder Königsallee (oder in Berlin der Kurfürstendamm).

Die Scilly-Inseln, die aus Cromwells Zeiten mit den Niederlanden bis 1986 im Kriegszustand befindlich waren und erst dann einen Friedensvertrag unterzeichneten, verkaufen jedes Jahr in London 60 Millionen Blumen.

Im Jahre 1768 gründete eine »Society of Gentlemen« die Encyclopaedia Britannica, deren erste Auflage 3 Bände umfaßte (die 15. bringt es immerhin schon auf 32). In der ersten Auflage wird das Stichwort »Sex« so definiert: »Something in the body which distinguishes male from female« (Ein Etwas im Körper, das männlich von weiblich unterscheidet). In der dritten Auflage (1788/97) wird der Begriff »Love« auf fünf Seiten ausgebreitet (in der 15. taucht er nur noch als Begriff der griechischen Philosophie und der christlichen Ethik auf). In der gleichen Auflage behandelten die Herausgeber mit unüberbietbarem Mut das Thema »Nymphomanie«: der furor uterinus sei als eine besondere Form der Geisteskrankheiten zu definieren; zur Besänftigung des weiblichen Geschlechtstriebes gebe es eine Reihe von Mitteln: Aderlässe, Klistiere, Opium. »Wenn irgend möglich, ist jedoch die Ehe vorzuziehen.« Sparsamkeit der Schotten?

Carlo Emanuele Madruzzo (1599–1658) war der letzte Sproß einer Kardinalsfamilie, die 120 Jahre lang die Geschicke von Trient und Südtirol prägte. Die Geliebte des Fürsterzbischofs hieß Claudia Particelli.

1909 wurde der Sozialist Benito Mussolini wegen seiner Agitation für die Sache Italiens zunächst aus der Schweiz und anschließend aus dem damals österreichischen Trient ausgewiesen.

Mussolini, damals Redakteur des Blattes der Trienter Sozialisten ›Il Popolo‹ und der Arbeiterzeitung ›L'Avvenire del lavoratore‹ (= Das Volk bzw. Die Zukunft des Arbeiters), ein verbissener Österreich- und Katholikenhasser (da er wie alle Sozialisten unfähig war, seinen Widerwillen gegen die etablierte Religion als Antiklerikalismus zu begreifen), rächte sich in ›Il Popolo‹ mit dem Fortsetzungsroman ›Claudia Particelli, l'amante del Cardinale‹ (= die Geliebte des Kardinals).

Mussolini, von geringen literarischen Fähigkeiten und ohne tiefere Bindung, schuf damit »einen schrecklichen Schinken«, eine »Familiensaga von Alpen-Borgias« – so Thomas Bremer –, mit Mordanschlägen auf Claudia, Intrigen machtgieriger Priester, Verfolgungsjagden und Friedhofsszenen, mit Giftmord und Vergebung aus dem Arsenal des Schauerromans, mit edlen Frauen und verliebten Kirchenfürsten, mit dunklen Verliesen und Kahnpartien im Mondschein: kurz allem, was zu einem kitschigen Fortsetzungsroman gehört.

Der Roman brachte ›Il Popolo‹ reißenden Absatz und reichlich neue Abonnenten, womit dem antiklerikalen Kampfblatt gegen Österreich erheblich gedient war.

Mussolini wurde 1922 Ministerpräsident Italiens und verbot alsbald eine Neuauflage des Romans, da ihn der bei seinen Bemühungen um Unterstützung durch den Vatikan stören mußte. Um diese Bemühungen zu stören, wurde der Roman 1928 in den USA neu aufgelegt, ohne Zustimmung des Autors.

1929 kam es zum Konkordat mit dem Vatikan, einer der wichtigsten innen- wie außenpolitischen Erfolge des Duce. Verständlich, daß er den Roman 1932 als »schrecklichen Schinken, voll politischer Propaganda und politischer Absichten« verurteilte.

Personen und Persönlichkeiten

Angelo Borrini nannte sich Lino Ventura.

Hermann Dannenberger erfand sich als Pressechef bei Krupp, als der er keinerlei Nebentätigkeit nachgehen durfte, das Pseudonym Erik Reger.

Amalie Janke wurde als Lya di Putti der Prototyp des Bubikopfvamps.

Franz Eigen Helmuth Manfred Nidl-Petz heißt heute Freddy Quinn.

Mata Hari hieß eigentlich Margaretha Geertruida Mac Leod, geborene Zelle.

Michelagniolo di Ludovico di Lionardo di Buonarroti-Simoni nannte sich kürzer Michelangelo.

Lucila Godoy de Alcayaga nannte sich Gabriela Mistral.

Friedrich Wilhelm Plumpe traf in Murnau am See mit Max Reinhardt zusammen, den er in der Folge so verehrte, daß er sich nach dem Treffpunkt Murnau nannte.
Gefragt, ob sein Pseudonym sich auf seinen Geburtsort beziehe, antwortete er: »Dann müßte ich Friedrich Wilhelm Bielefeld heißen!«

Personen und Persönlichkeiten

Barbara Apolonia Chalupiec wurde als Schauspielerin von Lubitsch entdeckt, der ihr ihren Künstlernamen wie folgt verpaßte: »'ne Polin isse, schwarzhaarig isse, also heeßtse Pola Negri.«

Pablo Neruda hieß eigentlich Neftali Ricardo do Reyes-Basoalto.

Die Tochter eines österreichischen Admirals, Valérie Pajer Edle von Maiersperg, nannte sich als Schauspielerin Valerie von Martens.

Hyazinth Maglanowitsch, der als illyrischer Volkssänger eine seinerzeit berühmte Sammlung ›Die Gusla, oder Auswahl illyrischer Dichtungen, gesammelt in Dalmatien, Bosnien, Kroatien und der Herzegowina‹ herausgab, war in Wirklichkeit Prosper Mérimée.

Laszlo Löwenstein wurde als Peter Lorre berühmt.

Domenico di Tommasi Bigardi nannte sich in Erinnerung an die Schmuckgirlanden, die sein Vater, der Goldschmied, köstlich zu fügen wußte, Ghirlandaio.

William Sydney Porter nannte sich nach einem Mithäftling, dem französischen Apotheker Estienne-Ossian Henry, als Schriftsteller O. Henry.

Ursula Herking hieß eigentlich Ursula Natalia Klein.

Personen und Persönlichkeiten

Rudolf Leder wurde als Stephan Hermlin bekannt.

Hellmut Flieg wurde als Stefan Heym bekannt.

Patricia Highsmith heißt eigentlich Patricia Plangman.

Wilhelm Arpad Peter Hofkirchner wurde als Adrian Hoven bekannt.

Cees Nooteboom ist der Überzeugung: »Wer überzeugt ist, die Welt besser zu kennen, als sie sich selber kennt, der ist Niederländer.«[1]

Claus Gunther Nakszynski zog die Kurzform Klaus Kinski vor.

Ferenc Hoffmann nennt sich Ephraim Kishon.

Der Kölner Opernkomponist Jakob Ebst nannte sich wie sein Vater nach dessen Geburtsstadt Offenbach.

Heinrich von Meißen, Minnesänger, erhielt wegen seiner Preislieder auf die Jungfrau Maria den Beinamen »Frauenlob«.

---

[1] Der Verf. kann nach 3 Jahrzehnten Reisen auf drei Kontinenten Nooteboom dahingehend ergänzen: dann sind die meisten, die ihm auf drei Kontinenten begegneten, Niederländer.

Personen und Persönlichkeiten

Alfred Henschke bildete aus *Kla*bautermann und Vaga*bund* sein literarisches Pseudonym.

Der deutsche Kartograph Martin Waldseemüller, der als erster »America« so nannte, übersetzte sich – der Marotte der Zeit folgend – in ein griechisch-lateinisches Gemenge aus »hyla« = Wald, »lacus« = See, »mylos« = Müller zu Hylacomylus.

Alfred Arnold Cocozza ist als Mario Lanza bekannter.

963 erwarb Graf Siegfried durch Tausch ein Stück Land auf dem Bockfelsen hoch über dem Zusammenfluß von Alzette und Petrusse und baute dort seine Lützelburg (= Ludwigsburg, woraus Luxemburg wurde). Er heiratete die Nymphe Melusine, die ihn so liebte, daß sie ihre wahre Natur vor ihm verbarg, weshalb sie Grafen und Burg verlassen mußte, als man sie als Nymphe erkannte. Seither harrt sie verborgen in den Felsen auf ihre Erlösung und näht sich zum Zeitvertreib ein Hemd: alle sieben Jahre ein Stich. Sollte sie mit der Arbeit fertig werden, ehe sie erlöst ist, wird die Gründung Siegfrieds untergehen.

Stanislaw Jerzy Lec erklärte: »Sein Gewissen war rein – er benutzte es nie.« Und fragte: »Freiheit, Gleichheit, Brüderlichkeit – aber wie kommen wir zu den Tätigkeitswörtern?«

Cicero starb, als er auf der Flucht vor Marc Anton den Kopf aus der Sänfte streckte, den

Personen und Persönlichkeiten

ihm im Auftrag Marc Antons bei dieser Gelegenheit ein gewisser Herennius abschlug.

Martha Dreyer hielt den Vollzug des Liebesaktes am Nachmittag für eine dekadente Perversion.

Katharina von Medici (1519–1589, ab 1533 Gemahlin des späteren französischen Königs Henri II.), besaß einerseits einen Sohn, der später als François II. König von Frankreich wurde, aber schon als Jüngling ständig unter Kopfschmerzen litt, und andererseits einen Gesandten in Portugal namens Jean Nicot, der sich seiner Königin besonders angenehm zu machen suchte, da er nach einem behaglichen Alterssitz an der Loire strebte. Nicot kam in Lissabon mit dem aus der Neuen Welt importierten Tabak in Berührung und erfuhr, daß diese exotische Pflanze bei vielerlei Beschwerden und Erkrankungen Linderung verschaffe. So empfahl er das Kraut seiner Königin, die ihren kranken Sohn die zerriebenen Blätter schnupfen ließ, worauf der jeweils seine Kopfschmerzen verlor. So brachte Katharina von Medici den Schnupftabak über die Menschheit.

Der ungarische Jude Abrahám Pál wurde in Deutschland als Paul Abraham bekannt. Von seinen 11½ Operetten wurde die ›Blume von Hawaii‹ die berühmteste. Ihr Libretto schufen Alfred Grünwald, Fritz Löhner-Beda und Emmerich Földes. Die Uraufführung erfolgte am 24. Juli 1931 in Leipzigs Neuem Theater, die Premiere im Berliner Metropol-Theater am 29. August 1931 leitete den Siegeszug der Blume um die Welt ein. Die Geschichte spiegelt in freier Entfremdung die des »fröhlichen Monarchen« von Hawaii, des Königs Kalakaua, wider, der unter diesem Namen sogar in Europa bekannt war, vor allem durch seine Weltreise von 1881. Er hatte als 14jähriger zwei Jahre unter der Fuchtel des preußischen Zuchtmeisters Francis Funk eine Ausbildung erlebt, die ihn so begeisterte, daß er sich nur in preußischem Drillich Disziplin und Ordnung vorstellen konnte und nicht nur seine Armee, sondern vor allem auch die Royal Hawaiian Band mit ihm bekleiden ließ, die noch heute in ihm, dem Kostüm des alten Preußen, bei feierlichen Anlässen aufspielt. Virgo Paynter, die als Virgo Seeberg in Riga geboren wurde und nach einer langen Odyssee um die Welt heute in Honolulu lebt und arbeitet, vermochte eine ganze Reihe hawaiischer Künstler dazu zu begeistern, die ›Blume von Hawaii‹ auf hawaiisch heimzuholen und aufzuführen. Sie selbst übersetzt die »Blume« als »Ka Pua Mai Hawaii«. Ihr Freund und Tenor Robert Uluwehionapuaikawekiuokalani Cazimero adaptiert Abrahams Musik, von der er geradezu ungläubig feststellt, sie »klingt so, wie wir Hawaiianer sie komponieren würden«. Doch ist es leider bisher nicht gelungen, trotz aller Mühen und Plagen »Ka Pua Mai Hawaii« auf Hawaii in Hawaiisch aufzuführen.

Als Benito Mussolini noch die Kraft zu scharfsichtigen Analysen und den Mut zu ihrer scharfzüngigen Beschreibung hatte, faßte er die Unterschiede so zusammen: er sei der erstklassige Kopf einer zweitklassigen Nation, während Adolf Hitler der zweitklassige Anführer eines erstklassigen Volkes sei.

Personen und Persönlichkeiten

Als Maximilian Oppenheimer dem Vater gegenüber den Wunsch äußerte, Schauspieler zu werden, untersagte der Vater ihm für diesen Fall die Führung des Namens Oppenheimer. Weshalb Maximilian sich ab seinem ersten Auftritt als Schauspieler-Volontär am Württembergischen Staatstheater Stuttgart während der Spielzeit 1920/21 Max Ophüls nannte. Allerdings ließ er es immer offen, ob er Ophüls oder Ofüls genannt werden wolle. Was die Franzosen angeht, so können sie zwar Ophüls sagen, haben aber in ihrer Schrift keinen Ü-Umlaut. Da die USAner den Namen weder sprechen noch schreiben können, machten sie daraus einen Offals oder Awfuls, und Howard Hughes erfand den wenig schmeichelhaften Spitznamen The Oaf. Also verzichtete Max auf einen weiteren Buchstaben seines Namens und nannte sich in Hollywoood Opuls, was ihn aber nicht vor weiteren Falschschreibungen seines Namens schützte. So schrieb zum Beispiel Joseph Losey in einem Brief an John Houseman, daß ihm der Film von Opals gefallen habe.

Generalfeldmarschall Gebhard Leberecht Blücher, Fürst von Wahlstatt, der preußische Held der Befreiungskriege, litt an einer Zyklothymie, dem manisch-depressiven Kranksein. In manischen Phasen verfolgte »Marschall Vorwärts« Napoleon bei Kaub über den Rhein, wobei es ihm auf ein paar Hundert Gefallene mehr oder weniger nicht ankam. Nach der Eroberung von Paris verspielte er die 500 000 Goldtaler seiner Kriegskontribution in einer Nacht in einem Pariser Kasino. Auf der Rückkehr aber nach Preußen überkam ihn die Depression, und also legte er den größten Teil des Weges zu Fuß hinter der Kutsche zurück, »damit das arme Pferd nicht so viel zu ziehen hat«.

Warum hat Conan Doyle seinen Sherlock Holmes niemals die Möglichkeiten des Telephons ausnutzen lassen?

Herr Schlömer ist in Kerpen Rennententrainer.

Richard Engländer nannte sich Peter Altenberg, weil er seine erste – platonische – Liebe im Ort Altenberg erlebte.

Generalmajor Friedrich Freiherr Kreß von Kressenstein kommandierte in seines Kaisers (Wilhelm II.) Namen 1917 das 5 000köpfige Expeditionskorps des Deutschen Heeres in Georgien, um das Land auf eigenen Wunsch nach der Loslösung vom revolutionären Rußland vor der Eroberung durch die Türken zu schützen.

Kaiser Franz Joseph I. zerstörte durch sein schwankendes Verhalten im Krim-Krieg die guten Beziehungen zu Rußland, verlor durch die Niederlage gegen Napoleon III. Italien, wurde durch die Niederlage gegen Preußen aus Deutschland herausgedrängt, was den Zwang zum Ausgleich mit Ungarn und damit die Schaffung der Doppelmonarchie hervorrief, ließ nach dem Versagen des deutschen Liberalismus seine Ministerpräsidenten mit den Slawen gegen die Deutschen in seinem Reich regieren, verlor seinen Sohn und Kronprinzen durch Selbstmord in Mayerling, seinen Bruder Maximilian durch ein Exekutionspeloton in Mexiko, seine Frau Elisabeth (»Sissi«) durch ein Attentat des italienischen Anarchisten Luccheni in der Schweiz und seinen neuen

Personen und Persönlichkeiten

Thronfolger durch das Attentat in Sarajewo; er wurde 86 Jahre alt.

Sokrates sprach auf lateinisch nicht »scio, ut nesciam«, das zu übersetzen wäre nicht etwa »ich weiß, daß ich nichts weiß«, sondern »ich weiß, daß ich nicht weiß«, oder positiv: »Ich weiß nicht, ob und was ich weiß«; vielmehr sprach er Griechisch.

Dem deutschen Mathematiker Emil Julius Gumbel wurde 1932 die venia legendi wegen der Feststellung entzogen, ihm stellten sich Schrecken und Leiden des Krieges nicht als Jungfrau mit der Siegespalme, sondern als Kohlrübe dar.

Am 12. Februar 1868 beschloß Johann Fürst von Liechtenstein, »Bei den dermaligen geänderten Verhältnissen im staatlichen Organismus Deutschlands« sei es »im Interesse meines Fürstentums gelegen, von der Unterhaltung eines Militärkontingentes abzusehen«, und löste die liechtensteinischen Streitkräfte für alle Zeiten auf.

Matthias Buchinger, geboren 1674 in Nürnberg ohne Füße, Hüften und Arme, spielte 6 Musikinstrumente ausgezeichnet, verblüffte sein Publikum als vollendeter Zauberkünstler, galt als erwiesener Meisterschütze, war ein hervorragender Zeichner und Kalligraph und zeugte mit fünf Ehefrauen nacheinander mindestens vierzehn Kinder.

Personen und Persönlichkeiten

Am 1. April 1954 wurde der Mutter von fünf Kindern, P. Ride, das Weltpatent für geschnittenes Brot zuerkannt.

Arne Lindroth: »Alle Fische fressen. Alle Fische laichen. Nur wenige Fische laichen da, wo sie fressen.«

Prof. Ingrid D. Rowland von der University of Chicago hat die ›Historia Senensium‹ von Sigismondo Tizio in den Archiven des Vatikan wieder aufgefunden.

Von William Turner, dem berühmten Vorläufer der Impressionisten, wurde noch 1972 in dem Katalog zur großen Turner-Ausstellung während der Berliner Festwochen behauptet, er habe 1826 eine Reise an Maas, Mosel und Loire unternommen. Trotz vielfältiger Wiederholung stimmt diese Behauptung nicht. Er unternahm die Reise vielmehr im August 1824.

Oliver Herford: »Der Kuß ist ein schlau erfundenes Verfahren, welches das Reden stoppt, wenn Worte überflüssig sind.«

Magdalena Brzeska: »Einen Kuß bekomme ich zur Zeit nur von meiner Trainerin – und auch nur nach einem guten Wettkampf. Eigentlich küsse ich lieber Männer und genieße das Kribbeln am und im ganzen Körper.«

Ilona Grübel: »Der Kuß ist die Fortsetzung eines Dialogs mit anderen Mitteln.«

Personen und Persönlichkeiten

Legationsrat Emil Krebs sprach 70 Sprachen und kannte 30 weitere.

Theodor Freiherr von Neuhof, ein Abenteurer aus Lüdenscheid im Sauerland, herrschte mit türkischer Hilfe 1736 bis 1738 als einziger König Korsikas, von dem die Geschichte weiß.

Die schöne Gräfin Katharina, illegitim durch den Herrn Pfarrer im Schoße einer Bauersmagd gezeugt, wurde die dritte Frau des Grafen von der Marck und ruht heute zu Mayschoß in einem der schönsten Sarkophage aus schwarzem Marmor, von der Bevölkerung immer noch familiär-respektvoll als »die schwarze Möhn« verehrt.

Cervantes hatte nur einen Arm.

Aesop ist mit großer Wahrscheinlichkeit nicht der Verfasser seiner berühmten ›Fabeln‹.

Das Gefängnis auf der Insel Sark hat Platz für nur zwei Personen.

1240 warnte Kaiser Friedrich II. u. a. den englischen König in einem Brief, daß die Spione der Mongolen überall seien.

Hegel gewann seinen Ruf als Philosoph u. a. durch Erkenntnisse wie die, daß China als Land ohne historische Entwicklung außerhalb der Geschichte liege und daher eines Tages von Europa unterworfen werden würde.

Caesar war Epileptiker.

1567 stolperte der Mann mit dem längsten Bart Europas über ihn, stürzte die Treppe hinab und brach sich das Genick.

Marco Polo sprach nicht Chinesisch.

Judy Garland hieß eigentlich Frances Gumm.

Friedrich Wilhelm von Preußen, der sogenannte Soldatenkönig, ließ in ganz Europa Männer (auch mit Gewalt) rekrutieren, die groß genug waren, um in seiner Garde der Langen Kerls zu dienen: die niemals Kriegsdienst tat.

Péter Nádas nahm 1989 den Zusammenbruch des ungarischen Sozialismus als ein theatralisches Ereignis im Stile Livius voraus: »Wahrhaftig, das Volk hat die Regierenden auf Gedeih und Verderb ihrem Schicksal überlassen und ist ausgezogen.« Welch weises Volk!

Hans-Herbert Räkel stellte 1995 fest: »Der deutsche Prosa-Lancelot ist im herkömmlichen Sinne kein Originalwerk, auch keine Bearbeitung mit eigenem konzeptionellen Anspruch wie die Artusromane Hartmanns von Aue und Wolframs von Eschenbach, sondern eine im Prinzip wörtliche, von den Spuren einer komplexen Entstehungsgeschichte gezeichnete Übersetzung. Daß wir deren Autor nicht namentlich kennen, ist also zwar bedauerlich, aber doch nach althergebrachter Vorstellung gar nicht so schlimm – wäre etwa Tieck ein deutscher Autor geworden, wenn er nur Shakespeare übersetzt und nichts selbst geschrieben hätte? Das Originalgenie, jedenfalls das deutsche, ist eben unsterblich, auch wenn es nie gelebt hat, und der Epigone ist, vom Übersetzer ganz zu schweigen, schon tot, ehe er geboren wird.«

Bundesbauminister Klaus Töpfer hat festgestellt: »Die Nationalstaaten sind für die großen Dinge einfach zu klein geworden und für die kleinen zu groß.«

Hera Lind hieß einstmals Herlind Wartenberg.

Der niederländische Kolonialbeamte Eduard Douwes Dekker übte aus seinen Erfahrungen an den Kolonialpraktiken seiner Regierung unter dem Pseudonym Multatuli scharfe Kritik – das ist das lateinische multa tuli = ich habe viel ertragen (doch liest man oft auch die Angabe, das Pseudonym heiße Mutatuli, und dann: ›mutat uli‹ ist batavisch und bedeutet ›Ich habe viel erlitten‹). Die Richtigkeit der Lesart Multatuli geht unter anderem aus dem Namen des Gasthauses an der Straße zwischen Ingelheim und Mainz hervor, »Zum Multatuli«, das Dekker einst bewohnt, wenn nicht gar besessen hat. Eigene Recherchen etwa in Kindlers Literaturlexikon (dtv 1974), wie in Antiquariaten (wo es mir gelang, das tatsächlich wichtige Werk ›Multatuli: Max Havelaar‹, deutsch von Wilhelm Spohr, Minden 1901, aufzutreiben) belegen die Lesart »Multatuli«, Spohrs Vorwort ausdrücklich deren Latinität. Lexika bekunden ferner, daß M. alias D. 1887 in Nieder-Ingelheim gestorben ist.

Als Heiner Müller sich als Orpheus an verkommenen Ufern zu begreifen begann, bekannte er: »Ich glaube an Whisky.«

Wolfgang Herbst erkannte: »Aufklärung nennt man den Vorgang, bei dem ein Erwachsener mit Hilfe aller seiner Kenntnisse den Kindern ein Viertel von dem erzählt, was sie schon wissen.«

Bereits Plinius der Ältere fragte: »Was für ein Ende soll die Ausbeutung der Erde in all den künftigen Jahrhunderten noch finden? Bis wohin soll unsere Habgier noch vordringen?«

Vor rund 5000 Jahren legte ein Schreiber im sumerischen Ebla in Keilschriftzeichen nieder: »Schulden machen ist so einfach wie der Beischlaf. Aber sie zurückzuzahlen, ist so schwierig wie das Austragen eines Kindes.«

Der bedeutende Historiker und noch bedeutendere Staatsmann und Reformer Bayerns zum Neuzeitenstaat Maximilian Joseph von Montgelas (1759-1838) faßte seine Lebenseinsichten 1791 so zusammen: »Weder die Spekulationen der Politik noch das Spiel des Ehrgeizes und der Intrige noch die Neuigkeiten der Zeitung noch selbst das Vergnügen, gravitätisch den Mond anzubellen, wiegen eine einzige Viertelstunde auf, die man angenehm in einem liebenswürdigen Kreis verbracht hat.« Was wunder, daß ihn niemand mehr kennt.

Siegfried Diehl berichtete vor einer sinnlichen, assoziativen Schau zur österreichischen Literatur im 20. Jahrhundert, er habe da in einer winzigen Koje am Bühnenrand einen Mann im Loden gesehen, der geübt habe: »I steh. Mir stengan. I bin gstanden. I stund. Mir stündaten. Stehad. Des steht. S steht net dafur. Der Huat steht mr net. Der steht mr net zu Gsicht. Um des steh i net. Steh ummi.« Da habe sich Zapke vom Kulturkanal 30 erkundigt: »Was sind das für Laute?« Der Mann habe beleidigt erwidert: »Das hört man doch. Wienerisch. Ich übe.« Zapke: »Ach ja? Sie sind kein Österreicher?« Der Mann: »Noch nicht. Ich komme aus Osnabrück.« Zapke: »Kleinverleger. Ich sehe hier kein einziges Buch.« Der Mann: »Ich kämpfe um die Anerkennung als österreichischer Autor.« Zapke: »Ja und?« Der Mann: »Ein österreichischer Autor hat es einfach leichter. Wird er in Österreich niedergemacht, loben ihn die Deutschen extra. Und umgekehrt. Als deutscher Autor aber – sehen Sie sich nur den armen Grass an. Die einzige, die ihn in diesem literarischen Querbeet halbwegs in Schutz genommen hat, war eine Österreicherin. Aber möchten Sie von der gelobt werden? Als Deutscher? Ein Todesurteil.« Zapke: »Deutsche Dichtung bläht sich leicht. Tu felix Austria, pupe! – Guten Abend.« Der Mann schreit wütend los: »Da steht man hier und bietet diesem Kellnervolk sein Künstlertum an – und sie ignorieren einen wie früher die Pest. Es ist kaum zu sagen, wie sehr mir alles Österreichische zuwider ist. Das Fette, an dem ich würge: Österreich! Alles verlottert und vermodert und verkommen!« Stimme aus dem Pavillon: »I glaub, da draußt is a neucha Dichta aufkumma.« Andere: »Ja, modschgern kann er scho. Laß n eini!«

Alles Geschriebene ist nur ein Gleichnis.

Johann Ulrich Megerle wurde unter seinem Klosternamen als Barfüßer-Augustiner berühmt: Abraham a Sancta Clara.

Der Graf von Bollstädt ist besser bekannt als Albertus Magnus.

Michelangelo wurde 88 Jahre alt.

König Ptolemäus IV. von Ägypten liebte Ruderboote: um sein größtes zu bewegen, waren 10 000 Ruderer nötig.

Auch Gina Lollobrigida hat häßliche Zehen.

Gaius trug den Familiennamen Julius, weil er aus dem Geschlecht der Julier stammte, und übernahm später von seinem Großvater den Beinamen Caesar (wohl im Sinne »der Siegreiche«, zu cadere = niederschlagen, niederhauen), den sich alle folgenden Kaiser Roms bis zu Hadrian 138 und sodann auch alle Thronanwärter als Titel zulegten.

Ins Deutsche wurde der Name als ältestes lateinisches Fremdwort übernommen in der Form »Kaiser«, im Bulgarischen, Russischen und Serbischen tritt er als »Zar« auf.

Ehe aus dem Kommunisten Ludwig Renn ein beachtenswerter Schriftsteller wurde, diente er als Arnold Friedrich Vieth von Golssenau und Gardeleutnant im vornehmsten Regiment des Königreichs Sachsen.

Seitdem der ungarische Fürst Janos Hunyadi 1456 die Türken von Muhammad II., dem Eroberer von Konstantinopel, vor Belgrad zurückschlug und so dem Abendland 70 Jahre Aufschub verschaffte, läuten aus Dankbarkeit für die Errettung des Abendlandes jeden Mittag um 12 Uhr die Glocken der katholischen Kirchen – »High Noon«.

Preußens König Friedrich II. der Große, auch »Alter Fritz«, der Komponist der spanischen Nationalhymne, hatte einen in den Rang eines Obersten erhoben, der ihm durch die Herausgabe eines Buches über antike Kriegsgeschichte aufgefallen und ihm nachmals als Theologe, Militärexperte, Kommandeur, Beförderer der deutschsprachigen Literatur, Begründer des preußischen Bankenwesens, Sprachgenie, Wirtschaftsexperte und Herausgeber königlicher Poesie zu Diensten war, wofür der König seinen querköpfigen Charles Guichard aus hugenottischem Stamm zugestand, daß der Hering der Emdenschen Heringsfanggesellschaft in der ganzen Kurmark, Magdeburg und Halberstadt monopolisch vertrieben werden konnte, denn »kein anderer Hering als Emdenscher wird zur einländischen Konsumtion zugelassen«, und ihm nach jenem Centurio, der in der antiken Schlacht bei Pharsalos, in der bekanntlich Caesar und Pompeius aufeinandertrafen, den entscheidenden Angriffsbefehl gegeben hatte, nach einem Streitgespräch, ob jener, wie der König meinte, »Quintus Icilius« oder aber, wie Guichard vertragt, »Aetilius« geheißen habe, den Beinamen »Quintus Icilius« beilegte, wobei er, ebenso übrigens wie Guichard, irrig war, was nunmehr ein Emdener herausgefunden hat, Johann Philipp Janssen: Der Centurio hieß in Wirklichkeit »Crastinus«. So vermag unbeirrbarer Forschergeist neugieriger Laien nach und nach einen der durch die Jahrhunderte von der Wissenschaft tradierten Irrtümer nach dem anderen auszuräumen.

Kaiser Menelik II. von Äthiopien pflegte, wenn er sich krank fühlte, einige Seiten aus der Bibel zu verspeisen. Zuletzt aß er das ganze Buch der Könige. Danach starb er.

Gabriele Rapagnetta (= Rübchen) nannte sich lieber d'Annunzio (= Gabriel von der Verkündigung); 1924 wurde er Fürst von Montenevoso.

Helmut Kohl, Vorsitzender der CDU, über den Bundeskanzler Helmut Kohl: »Ich weiß, daß ich 1945 fünfzehn war und 1953 achtzehn.« »Ich behaupte nicht, daß ich ein guter Bundeskanzler bin. Ich will vor der Geschichte einer werden.« »Mein Problem ist immer dann gering im Entscheiden, wenn ich allein die Kompetenz und die Zuständigkeit habe. Dann bin ich sehr rasch und sehr entschieden, in jeder Weise sofort entschieden.« Und zusammenfassend: »Ich habe damals ja nicht gewußt, daß ich einmal Bundeskanzler werde. Jetzt bin ich es. Und in 11 Jahren ist das Jahrhundert, das soviel Elend gebracht hat, zu Ende.«

K<small>laus</small> Steng nannte sich nach seiner Mutter Maria Brandauer.

E<small>in</small> Nigerianer erklärte sich bereit, den Zaubertrank eines Zauberers auszuprobieren, der kugelfest machen sollte. Er trank. Der Zauberer schoß. Der Mann fiel tot um.

E<small>ine</small> alte Frau in Zürich, bei deren Eltern einst Lenin wohnte, erinnert sich an ihre Kinderzeit: »Ja freilich, freilich, der Herr Lenin hat bei uns gewohnt, ich weiß es noch genau, so viele Bücher hat er gehabt, überall sind Zeitungen und Papiere herumgelegen, in der ganzen Wohnung war eine große Wirtschaft. Und immer sind so viele Herren auf Besuch gekommen, mit großen Bärten, und haben die halbe Nacht geredet und haben Lärm gemacht und haben geraucht und haben schrecklich viel Tee getrunken. Ja, und dann – dann ist der Herr Lenin weggezogen, und niemand hat jemals wieder von ihm gehört.«

E<small>in</small> Berliner auf die Frage, warum er klassisches Theater modernem Kino- oder TV-Film vorziehe: »Wenn ick ne miese Famillje sehn will, bleib ick ssu Hause!«

D<small>ie</small> letzeburgischen Ardennengrafen stellten von 1308 bis 1437 dem Heiligen Römischen Reich Deutscher Nation vier

Personen und Persönlichkeiten

Kaiser, die Prag zur bedeutendsten Stadt des Reiches ausbauten.

Als Columbus sich auf seine Reise gen Westen machte, kannte er das Buch von Sir John Mandeville, in dem dieser u. a. erzählt, daß ein Schiff aus China angesichts der Kugelgestalt der Erde in direkter Fahrt Norwegen erreicht habe.

Der bedeutende satirische Dichter Deutobold Symbolizetti Allegoriowitsch Mystifizinsky war im zivilen Leben der nicht minder bedeutende Professor der Ästhetik Friedrich Theodor Vischer, dessen Hauptwerk ›Aesthetik oder Wissenschaft des Schönen‹, auf Hegels Philosophie aufbauend, 1846 bis 1857 in 6 Bänden erschien.

Der Graphiker Waldraff schuf die Zeichnung der »Germania« für die Germania-Briefmarken des Deutschen Reiches nach der Hausangestellten Anna Führing, die er auf einem Kostümfest kennengelernt hatte.

Paul Ancel (gesprochen Antschel) nannte sich als Lyriker Paul Celan.

Anton Kippenberg nannte sich auch Benno Papentrigk, wenn er seine (guten) Schüttelreime veröffentlichte.

Als der Gotenkönig Alarich 408 Rom belagerte, gehörte zu seinen Tributforderungen auch die nach 1400 kg Pfeffer.

Personen und Persönlichkeiten

Als der ägyptische Pharao Meneptah 1300 vor Christus die Libyer besiegte, führte er als Siegeszeichen 1300 abgeschnittene Penisse der Besiegten mit sich.

Adolphe Sax aus Dinant/Belgien entwickelte aus der Klarinette das Saxophon. 1857 wurde der erste Lehrstuhl für Saxophon eingerichtet.

Merowech ließ sich um 440 im heutigen Tournai nieder und begründete die Dynastie der Merowinger, eine Despotie durch Mord gemildert, aus der die heutige Weltordnung entstand.

Als der Arzt Manichaeus den Sohn des persischen Königs nicht heilen konnte, wurde er lebend gehäutet und an die Hunde verfüttert.

Loretta Young hieß eigentlich Gretchen Belzer.

Roald Dahl ist Walliser.

1505 verpflichtete sich Franz von Taxis dem König Philipp I. von Spanien gegenüber, Briefe von Brüssel nach Innsbruck im Sommer in 5 $^1/_2$ Tagen, im Winter in 6 $^1/_2$ Tagen zu befördern; das Abkommen, das Taxis das Postmonopol einbrachte, verpflichtete ihn ferner bei schweren Sanktionen, die Post von Brüssel nach Paris in 44 Stunden, nach Lyon in 4 Tagen, nach Toledo in 12 Tagen, nach Granada in 15 Tagen zu befördern. Warum spornt man heute Postminister eigentlich nicht mehr durch entsprechende Verpflichtungen zu einigermaßen adäquaten Leistungen an?

Ulug Beg, Mohammed (1394–1449); ein Enkel Timurs (= Tamerlan), zentralasiatischer Fürst und Astronom, regierte ab 1409 Transoxanien (= Usbekistan), verfaßte unter Mitarbeit bedeutender Astronomen die genauesten Sternkarten des Mittelalters auf Grund der Beobachtungen der von ihm geschaffenen Sternwarte in Samarkand (Newton z. B. kannte durch Teilübersetzungen seinen Fixsternkatalog). Er wurde auf Betreiben seines Sohnes hingerichtet.

Netty Radvanyi, geborene Reiling, wurde als Anna Seghers berühmt.

Dr. jur. Walter Seligmann, Vertreter des Dadaismus, schrieb Kriminalgeschichten unter Titeln wie ›Der Pfiff um die Ecke‹ oder ›Hirngeschwüre‹, und erotische Kriminalgeschichten unter dem Titel ›Der elfte Finger‹, und veröffentlichte diese unordentlichen Musengewächse als Walter Serner – vom III. Reich am 12. August 1942 vom KZ Theresienstadt in die Mordanstalt Auschwitz deportiert, wo er umgebracht wurde.

Johann Kaspar Schmidt, der als Philosoph einen extremen Individualismus predigte, nannte sich, um den Zusammenhang seines Lebens mit seinem Denken deutlich zu machen, Max Stirner.

Der deutsche Theologe, Mitstreiter Luthers, Verfasser der Kirchenordnung von Brandenburg und Autor eines Buches über den Weltuntergang, Andreas Hosemann, nannte sich lieber Andreas Ossiander.

Lillie Marie Peiser nannte sich Lilli Palmer.

Sandra Paretti hieß eigentlich Irmgard Schneeberger.

Grethe Kornstadt, bedeutende deutsche Schauspielerin zu Beginn der Tonfilmzeit, nannte sich passenderweise Dita Parlo: Beide Namen sind Formen aus den französischen Verben »dire« und »parler« = sprechen.

Andreas Thalmayr nennt sich auch Hans Magnus Enzensberger.

Carlos Thompson heißt eigentlich Juan Carlos Mundanschaffter.

Antonio de Curtis Gagliardi Ducas Comnuno di Bisanzio, aus erkennbar uraltem Adelsgeschlecht, nannte sich als Zirkusclown Toto.

Als der Berufsoffizier Gustav Theodor Clemens Robert Freiherr von Rummel nach 1918 ein neues Leben als Journalist und Schauspieler begann, nannte er sich Gustav Waldau.

Mathias Walden hieß eigentlich Eugen Wilhelm Otto Baron von Sas.

Personen und Persönlichkeiten

Heron von Alexandrien (um 100 v. Chr.) verfaßte Schriften über Mechanik, Pneumatik und Vermessungskunde, beschrieb Automatentheater, eine Art Theodoliten, einen Wegmesser, und entwickelte u. a. Automaten und das Horizontalpendel.

Pythagoras glaubte, manche Seelen würden nach dem Tode zu Bohnen.

Al Choresmi, richtiger: Mohammed Ibn Musa al-Chwarizm (= »aus Chorasan«, einer mittelpersischen Landschaft; gest. um 840). Persischer Mathematiker, Astronom und Geograph, brachte indische Einflüsse in der islamischen Mathematik zur Geltung, die Begriffe »Algebra« und »Algorithmus« gehen auf seine Arbeit zurück.

Lew ben Bezalel (richtig: Judah Loew Ben Bezalel, auch »Der Hohe Rabbi Loew« oder in rabbinischem Akronym »MaHaRaL mi-Prag«), bedeutendster Rabbi, Talmudist, Kabbalist, Moralist und Mathematiker seiner Zeit, stammte aus einer vornehmen Familie Wormser Herkunft und lebte von 1525 bis 1609. Er war 1553/73 mährischer Landesrabbi in Mikulov/Nikolsburg, danach bis 1584 Lehrer und Wissenschaftler in Prag, bis 1588 erneut Landesrabbi in Mähren, dann bis 1592 wieder Lehrer und Wissenschaftler in Prag, bis 1598 Oberrabbi in Posen, dann Oberrabbi in Prag: Er bezog sich als Wissenschaftler und Erzieher vor allem auf talmudische Quellen statt etwa auf den Aristotelianismus des Maimonides, lehnte aber den »pilpul« ab (von hebräisch »pilpel« = Pfeffer, talmudisches intellektuelles Verfahren, durch immer spitzfindigere Begriffsdifferenzierungen Probleme zu

»klären«), er war als strikter Kabbalist verwurzelt im Mittelalter trotz guter Kenntnisse der Renaissance-Wissenschaften und z. B. Freundschaft mit Tycho Brahe.

Die Golem-Legende wurde zuerst im Zusammenhang mit Rabbi Elija von Chelm (gest. 1583) erzählt und erst in der 2. Hälfte des 18. Jahrhunderts auf Rabbi Loew übertragen, den »Hohen Rabbi« als das Urbild des frommen kabbalistischen Wissenschaftlers und daher für jene Zeit das Urbild des weisen Zauberers.

David Lodge beschreibt den Unterschied zwischen Literatur und Leben so: »In der Literatur geht es größtenteils um den Sex und nicht ums Kinderkriegen und Kinderhaben; im wirklichen Leben ist es genau umgekehrt.«

John Innes Mackintosh Stewart schrieb seine Kriminalromae als Michael Innes.

George Orwell hieß eigentlich Eric Arthur Blair; er nannte sich G. O. nach dem schottischen Dichter Walter Chalmers Smith, der sich ebenfalls George Orwell genannt hatte.

Der Engländer William Henry Davies, der sich lange als Viehtreiber und Vagabund in den USA und England umhergetrieben hatte, schrieb später seine Erinnerungen nieder, die sich u. a. dadurch auszeichnen, daß sie in reinem angelsächsischen Englisch verfaßt sind, weshalb ihnen sein Förderer, der große Spötter George Bernard Shaw, den rein normanno-englischen Titel ›The Autobiography of a Supertramp‹ verpaßte.

Personen und Persönlichkeiten

Der schottische Farmer John Keddie fand heraus, daß der Sand auf seinem Grundstück durch seine einheitlich runde Körnung ideal wäre für den Einsatz in Filtriersystemen. Nun liefert er damit ausgestattete Meereswasserentsalzungsanlagen nach Saudi-Arabien.

David John Moore Cornwell hatte als Diplomat Anweisung, sich für sein literarisches Tun ein Pseudonym zu wählen: Bei einer Busfahrt durch London fand er an einer Ladenfront den Namen John Le Carré.

Der bedeutende und berühmte englische Dichter des 15. Jahrhunderts, Sir Thomas Malory, dessen Artus-Dichtungen sich vor allem mit den Idealen ritterlichen Lebens befaßten, »saß« achtmal, u. a. wegen Vergewaltigung und wegen bewaffneten Raubüberfalls.

Rudyard Kipling schrieb ausschließlich mit schwarzer Tinte. Kipling erhielt den Rufnamen Rudyard, weil seine Eltern sich am Rudyard-See in Staffordshire verlobt hatten. Kiplings Mutter Alice galt als geistvollste und witzigste Frau Anglo-Indiens; sein Vater Lockwood als einer der besten Kenner des Landes. Kipling setzte seinem Vater ein Denkmal in der Gestalt des Kurators in ›Kim‹ und schöpfte reichlich aus seinem heute noch lesenswerten Buch ›Beast and Man in India‹. Kipling wurde einer der größten Meister der englischen Sprache, der mit sparsamsten aber in vollem Sprachbewußtsein eingesetzten Mitteln größtmögliche Präzision und Plastizität anstrebte. Kipling als Prosaist und Erzähler wurde bereits früh in

Deutschland entdeckt und bekannt gemacht, erste Übersetzungen erschienen bereits 1894; einer seiner ersten Übersetzer und Verleger war der nachmals als Karl-May-Verleger berühmt gewordene Ernst Friedrich Fehsenfeld in Freiburg/Breisgau. Kipling ist keineswegs der Verfasser der Walt-Disney-Filme über Mowgli, auch wenn die auf seinem ›Dschungelbuch‹ basieren. Den wirklichen Kipling können deutsche Leser erst seit 1987 zu entdecken beginnen. Den wirklichen Kipling zu entdecken könnten deutsche Anglisten ihre Studentenschaft anleiten, indem sie als Seminaraufgaben Vergleiche zwischen dem bisherigen deutschen und dem wirklichen englischen Kipling vergäben.

Leider sind alle Texte von Kipling, die vor 1987 in Deutschland auf deutsch erschienen, schlicht unbrauchbar: Sie strotzen von Fehlern, die ein Blick der Übersetzer und Lektoren ins Wörterbuch hätte vermeiden können; sie sind barbarisch verstümmelt (fast zu allen Erzählungen gehören Gedichte, oftmals geradezu als Schlüssel, die meist nicht übertragen wurden, und wenn dann lausig); sie sind im Sprachduktus wie im Tonfall ebenso falsch und Kipling-fern wie die meisten Titel.

Emma Magdalena Rosalia Maria Josepha Barbara Baroneß Orczy, aus reicher ungarischer Diplomatenfamilie, schrieb unter dem Namen Baroneß Emmuska Orczy in London, Mitglied der feinsten Gesellschaft, Kriminalgeschichten, die ab 1900 erschienen, weil sie nur im Schreiben die Möglichkeit sah, »etwas Großes« zu leisten. Ihr bedeutendster Detektiv ist »der alte Mann in der Ecke«, 1910 erfand sie die weibliche Detektivin Lady Molly Robertson-Kirk von der Frauenabteilung Scotland Yards, und 1905 erschien ihr größter Erfolg, die funkelnde Abenteuergeschichte aus den Blutorgien der Französischen Revolution und den Absurditäten der britischen Hocharistokratie, ›The Scarlet Pimpernell‹.

Maurice Joseph Micklewhite wurde während seiner Jugend Mike genannt; daraus und aus dem Filmtitel ›Die Meuterei auf der Caine‹ entstand der Schauspieler Michael Caine.

Die Schlacht von Hastings wurde nicht zu Hastings, sondern am Senlac Hill geschlagen.

Zwischen England und Portugal hat es nie Krieg gegeben, wohl aber verbündeten sie sich bereits 1353 gegen Kastilien, verlängerten den Vertrag siebenmal, ergänzten ihn 1943, eröffneten ihn den USA, die deshalb auf den Azoren Stützpunkte einrichten konnten, und haben so vor 636 Jahren den ältesten NATO-Vertrag geschaffen.

1896 waren Großbritannien und Sansibar für 38 Minuten im Krieg.

1172 gewährte König Heinrich II. von England den (normannischen) Bürgern Dublins erstmals das Recht, die Stadtangelegenheiten in Eigenverwaltung zu regeln; das Dubliner Stadtarchiv enthält die vollständigen Stadtverwaltungsprotokolle ab dieser Gründungscharta, einschließlich weiterer 101 Chartas, die die britische Krone in den 752 Jahren ihrer Besatzungsmacht über Irland der Stadt erteilte.

Heinrich VII. wurde als einziger englischer König unmittelbar auf dem Schlachtfeld gekrönt.

Anna Boleyn hatte an jeder Hand sechs Finger und außerdem drei Brüste.

Es ist gesetzlich verboten, einen Pferdewagen ohne Sondererlaubnis durch die City of London zu fahren.

Kuckucks eiern in fremde Nester.

Charles I. wurde als einziger König Englands geköpft.

Nachdem die presbyterianischen Schotten König Karl I., den Enkel Maria Stuarts, einen Mann von großem Kunstverständnis und Befürworter einer Aussöhnung der anglikanischen mit der römisch-katholischen Kirche, an das englische Parlament ausgeliefert hatten und er auf Betreiben des nachmaligen Diktators Oliver Cromwell am 30. Januar 1649 auf dem Schafott enthauptet worden war, erschien ein Buch ›Eikon basilike‹ (griechisch = das Bild des Königs), von dem man zunächst annahm, es sei von ihm selbst geschrieben, doch war der wirkliche Verfasser Dr. John Gauden, gegen das dann der bedeutende Dichter John Milton, leidenschaftlicher puritanischer Rechter, die Gegenschrift ›Eikonoklastes‹ (= der Bildzertrümmerer) veröffentlichte, wofür ihn das Regime Cromwells im gleichen Jahr 1649 zum diplomatischen Korrespondenten beförderte.

Charles I. war als Kind und Prinz so kränklich, daß er die Reise von Schottland nach London zur Krönung seines Vaters nicht mitmachen konnte, und als er 1649 auf dem Schafott Cromwells hingerichtet wurde, war er nicht größer als 1 Meter 40. Seinen düsteren Schatten ehrt noch heute ein Gesetz, das es verbietet, im Umkreis von 3 Meilen um seine Statue in Whitehall in bunten Gewändern aufzutreten, um Geschäfte zu machen.

Als 1694 in England Königin Maria II. starb, legten die Rechtsanwälte schwarze Trauerroben an – und tragen sie bis heute.

Königin Victoria, deren Muttersprache Deutsch war, lernte nie perfekt Englisch zu sprechen.

Die Einfuhr von Dudelsäcken in die USA ist zollfrei.

Dem deutschen Freibeuter (= Seeräuber) entspricht der niederländische »vrijbuiter« (ähnlich ausgesprochen). Da sich ab dem 17. Jahrhundert die »vrijbuiter« besonders mausig zu machen begannen, geriet das Wort als »flibutor« ins ältere Englisch, als »flibustier« ins Französische, als »filibustero« ins Spanische. Als sich nach 1650 im Bereich der westindischen Inseln Seeräubergemeinschaften und -gesellschaften bildeten, nannten sich ihre Mitglieder »Filibuster«. Da sie insbesondere die spanischen Kolonien zum Opfer erkoren, was den angelsächsischen Interessen sehr entgegenkam, geriet diese neue Form wiederum ins Englische vor allem auch Nordamerikas. Ab 1889 schließlich nahm der Begriff in den USA eine neue Bedeutung an: Ein »Filibuster« bedeutet jetzt dort, daß jemand im US-Senat, der keine Redezeitbeschränkung kennt, beliebig lange spricht (etwa die Bibel verliest, deren Text die Protokollanten dann textgetreu ins Protokoll aufzunehmen haben), um die Verabschiedung eines Gesetzestextes so lange wie nur möglich hinauszuzögern oder gar zu verhindern. Seither heißt so schließlich nicht nur der »Redezeiträuber«, sondern in einem generelleren Sinne jeder »Obstruktionspolitiker«. So weit ist der ehrsame deutsche Freibeuter im Laufe der Zivilisationsgeschichte des Abendlandes herabgekommen!

Am 10. September 1897 wurde der Taxifahrer George Smith als erster Mensch wegen Trunkenheit am Steuer eines Autos verurteilt.

Nach US-Recht galt es bis zur Ermordung Kennedys nicht als Kapitalverbrechen, den Präsidenten zu ermorden.

Deutschlands Westen aß nach dem Zweiten Weltkrieg so viel Mais, weil deutsche Übersetzer auf die Frage, was man dringendst brauche, »Korn« sagten (Getreide oder speziell Roggen), die US-Amerikaner es aber als corn (Mais) verstanden.

Den Vorschriften der US-Lebensmittelbehörde zufolge dürfen 100 Gramm Tomatenmark nicht mehr als 30 Fliegeneier enthalten.

Was ein Yankee ist, glaubt man zu wissen: der kaltherzige,

profitgierige, hemmungslos betrügende, typische USAner; ein Schimpfwort schon während des US-Bürgerkriegs seitens der Südstaaten für die Nordstaatensoldaten. Woher das Wort kommt, weiß man nicht.

Da »Yankee« ab 1683 mit zunächst niederländischem Bezug belegt ist, könnte es sich vielleicht um die Anglisierung eines niederländischen Janke handeln, die Diminutivform zu Jan, also etwa Hänschen, und wurde vielleicht zuerst halb bewundernd, halb abschätzig für die damals markt- und seebeherrschenden, schlitzohrigen niederländischen Kaufleute gebraucht.

Die 84jährige Karmeliterin Miriam Meade aus Iowa/USA, die nie an Wettbewerben teilnahm, geschweige denn an diesem, gewann in ihm dennoch ein Wochenende für sich, ihren Mann, ihre Kinder und ihren Babysitter.

George Washington verwendete Ersatzzähne aus Holz.

1991 lebten von allen zugelassenen Rechtsanwälten auf Erden 70 % in den USA.

1991 entstanden von allem Zivilmüll auf Erden 70 % in den USA.

Das Kriegslied der 7. Kavallerie von General George Armstrong Custer stammte aus Irland: »Garryowen«. Wieweit das zum Zorn der Indianer beigetragen hat, ist noch nicht untersucht worden.

Personen und Persönlichkeiten

Da Maria, die Königin von Schottland, Mitglied des ersten, 1552 gegründeten Golfclubs war, dürfte sie auch die erste Golferin der Geschichte gewesen sein.

Als Shakespeare sein Stück ›Der Kaufmann von Venedig‹ um die Figur des Juden Shylock schrieb, waren die Juden aus England verbannt.

Tories waren ursprünglich eine Bande irischer Gesetzloser.

Die britische Königin braucht keine Einkommensteuer zu bezahlen und keine Briefmarken auf ihre Briefe zu kleben.

Eheringe des britischen Königshauses werden ausschließlich aus dem Gold geschmiedet, das in der Mine Golgau in Wales gefördert wird.

Auch die Bayern gehören zu den Völkern, denen ihre Sprache Riesenwörter erlaubt: Den längsten bayerischen Fluch fand ein geneigter Leser 1974 in Bulgarien als Streifenband im Heckfenster eines – natürlich! – BMW und stellte ihn freundlicherweise zur Verfügung. Er lautet: »Himmihergozaggramentzefixlujamilekzamarschscheissglumpfareggst!«

Personen und Persönlichkeiten

Karl der Kahle war der Großvater von Karl dem Einfältigen, und beide waren Könige Frankreichs.

In der Nacht zum 24. August 1572 (Tag des hl. Bartholomäus), auch »Pariser Bluthochzeit«, ließ die französische Königinmutter Katharina von Medici alle in Paris befindlichen Hugenotten ermorden (ca. 8000), um die Aussöhnung zwischen Katholiken und Protestanten zu verhindern, der die Hochzeit Heinrichs von Navarra (Henri IV.) mit Margarethe, der Schwester König Charles IX., eigentlich dienen sollte (Bartholomäusnacht und Begleiterscheinungen in den Provinzen führten zu der bekannten Auswanderung der Hugenotten, denen insbesondere Preußen so viel zu verdanken hatte).

Als der Sonnenkönig Ludwig XIV. sich eines Tages seine Socken auszog, fiel ihm ein Zeh ab.

Im Schloß von Versailles gab es keine Toiletten, man entleerte sich in die Gänge.

König Ludwig XIV., der Sonnenkönig, hat dreimal im Leben gebadet.

Ludwig XIV. bestand darauf, daß keiner seiner Höflinge in einem Stuhl mit Armlehnen sitze.

In Großbritannien stammen mehr Mörder aus Yorkshire als aus jeder anderen Grafschaft.

Personen und Persönlichkeiten

Die niedersächsische Justizministerin Heidi Alm-Merk gab einen überzeugenden Beweis für die Lernfähigkeit der niedersächsischen Justizorgane ab, als man sie fragte, warum im Gefängnis von Vechta nur noch Frauen einsäßen: »Wir haben die Erfahrung gemacht, daß Männer und Frauen schon vom Geschlecht unterschiedlich sind.«

Der hessische Regierungspräsident in Darmstadt stellte in dem dreiseitigen Genehmigungsbescheid für die Stadt Idstein nach Vorlage zahlreicher Pläne und Unterlagen für eine Anpflanzung fest: »Die Pflanzflächen sind vor der Bepflanzung zu mähen. Insbesondere ist auf ausreichende Größe der Pflanzlöcher, Pflanztiefe und erstmaliges intensives Wässern zu achten.« Die Kosten von DM 400,– übernahm der Regierungspräsident. Die Stadt Idstein wurde verpflichtet, die Verwendung des Geldes zu belegen und über den Pflanzvorgang eine Kurzbeschreibung vorzulegen.

Der notorische Nichttänzer Johann Strauß schuf zwischen seinen schwarzen Depressionen die Walzer, nach denen erst Wien tanzte und dann die Welt.

Daß die Wikinger unter Leif Eriksson zwischen 986 und 991 in Amerika landeten und dort 1001 eine Siedlung anlegten, ist inzwischen gewiß.

Der berühmte Alchimist Johann Friedrich Böttger, der August dem Starken das Goldmachen versprach, erzeugte anno 1709 wenigstens das Porzellan.

Personen und Persönlichkeiten

Den ersten Spielfilm der Welt schuf 1896 mit dem hübschen Titel ›La Fée aux choux‹ die erste Filmregisseurin der Welt, Alice Guy, die 1885 Sekretärin im Photobetrieb von Léon Gaumont in Paris geworden war, weil sie sich darüber ärgerte, daß Gaumont ebenso wie die Gebrüder Auguste und Louis Lumière sich vor allem von den technischen Problemen der neu erfundenen Filmapparate begeistert zeigten, deren Möglichkeiten aber bei weitem unterschätzten. Nach rund 500 Filmen starb sie 1968.

Es ist unstreitig eine Leistung, Bundeskanzler zu werden; sie steht, wie wir alle wissen, in keinem notwendigen Zusammenhang mit dem Talent, Bundeskanzler zu sein.

Von Marilyn Monroe existieren mehr Photos als von jedem anderen Menschen.

Der Dichter Gérard de Nerval führte in Paris einen Hummer an der Leine spazieren.

Der Schriftsteller Truman Capote hieß eigentlich Truman Streckfus Persons.

Der wahre Name von Kirk Douglas: Isidore Demskij.

Bob Dylan heißt in Wirklichkeit Robert Zimmermann.

Personen und Persönlichkeiten

Die einflußreichsten Menschen der Weltgeschichte, errechnet von dem US-Mathematiker Michael H. Hart: 1. Mohammed, 2. Newton, 3. Jesus, 4. Buddha, 5. Konfuzius, 6. Paulus, 7. Tsai kun (der chines. Erfinder des Papiers), 8. Gutenberg, 9. Kolumbus, 10. Einstein, 11. Marx, 12. Pasteur, 13. Galilei, 14. Aristoteles, 15. Lenin.

Der ›Mann mit dem Goldhelm‹ wurde, wie 1988 bewiesen werden konnte, nicht von Rembrandt gemalt. Der Marktwert des Gemäldes sank dadurch auf ein Zwanzigstel.

Hermann Melville zog sich, je älter er wurde, desto öfter in finsteres Schweigen zurück, hörte auf, sich zu waschen und schlug seine Frau.

Bereits im Herbst 1928 mußte Fräulein Mucke die seit 1555 dokumentarisch belegte seidene Unterhose des Kurfürsten August von Sachsen, eine »streifige Oberschenkelhose mit Schnüreffekt« – eine gestrickte Oberhose, ein taftenes Zwischenfutter, eine lederne Futterhose und Nesteln –, im mürbe gewordenen Strickbereich ausbessern.

Zu Recht fragt Andreas Platthaus, was denn jene fünf von vierzehn pommerschen Herzögen namens Boleslav verbrochen haben, daß sie uns in der DBE vorenthalten werden? Ergänzend muß hier aber auch gefragt werden: Durch was haben sich die übrigen neun pommerschen Herzöge gleichen Namens verdient, daß die DBE sie uns in die Erinnerung bringt?

Das Lebens- und Liebeswerk von Fridtjof Nansen faßte Detlef Brennecke in die schöne Formel: ›Don Juan oder die Liebe zur Geographie‹.

Als die hohenzollerischen Lande 1850 Bestandteil der preußischen Rheinprovinz wurden, begann ein hohenzollerischer Pfarrer seine Sonntagspredigt so: »Im Auftrag Seiner Majestät, des Königs von Preußen, muß ich heute darüber zu Euch sprechen, wie sehr wir uns freuen sollen, daß wir preußisch geworden sind. Zweitens will ich darüber sprechen, daß wir dies um unserer Sünden willen auch nicht besser verdient haben.«

Da Nichtstun – nach Hartmut Graßl – die ökologisch verträglichste Art des Daseins ist, wird man der Frage »Ist Kur-Urmiisch ein Nanaischer Dialekt?« zusätzlich zu ihrer generellen Bedeutung und ihrer intellektuellen Redlichkeit ebenso wie Überlegungen »über die Herkunft des kammassischen Pluralsuffixes -sang« den hohen Rang einer ebenfalls ökologisch verträglichen Art, sein Dasein tuend zu verbringen, einzuräumen haben.

Die Professoren Neil Shafer und Richard Zare von der kalifornischen Stanford University für experimentelle Chemie konnten in rücksichtslosen Selbstversuchen endlich ein Geheimnis der Bläschen im Bier lösen: »Die Blasen aus Kohlendioxyd sind zunächst rund und nehmen dann die Form einer Ellipse an.«

Wie Umberto Eco in seinem hervorragenden Buch über die Kunst der Cocktails überliefert, heißt der Martini so, weil Hemingways bevorzugter Barkeeper so hieß und ihn ihm immer wieder zubereiten mußte: aus Neuilly Prat und Gin.

Wilhelm Ribbrockers amüsante Tragik war, daß man seinen Spott ernst nahm. Der Republik der Ernsthaften in uns allen ginge es besser, gäbe es mehr. Aber die Wirklichkeit zog den Schlußstrich mit ihrem dröhnenden Urteil: Wenn schon, dann lieber nicht.

Jürgen Stöhr veröffentlichte 1994 in ›Ein Unverständnis in Bochum 1982? Das Kunstschaffen von Yves Klein und Gerhard Richter als Hinweis auf neuere Perspektiven einer Theorie ästhetischer Erfahrung‹ den ebenso grundstürzenden Satz:

»Zur eindeutigen Verständigung: Es geht nicht um eine neue Kontextualisierung, Situativität oder die Veränderung oder Ergänzung der Umstände der Rezeption. Sondern die fotorealistische Tafelmalerei verhält sich substantiell subsidär zur quasi-informellen, wie diese wiederum sich in einer synkritischen ästhetischen Erfahrung als Akzeptor erweist und beide voneinander partizipieren, ohne daß eine historische Paradoxie zu formulieren wäre, weil zwar die fotorealistischen ohne Hinzutreten der abstrakten verstanden werden können, die abstrakten Tafelbilder jedoch nicht ohne das Partizipium der fotorealistischen.«,

den ich ebenfalls nicht verstanden habe.

Nur wer über eine so bewundernswert kühle Vernunft verfügt wie Johannes Groß, vermag so präzise zu analysieren:

Personen und Persönlichkeiten

»Nach dem Zweiten Weltkrieg hatten die Deutschen ihre Kollektivschuld erfunden, um nicht viele einzelne Schuldige feststellen, bestrafen zu müssen. Nun wollen wie damals wohlmeinende Obere die Ex-DDR mit einem ähnlichen Mechanismus ruhigstellen. Es wird wohl nicht funktionieren. Zum Ende der Nazidiktatur hatten die Deutschen nicht das geringste beigetragen, noch dem 20. Juli 1944 ungerührt zugeschaut (der auch nachträglich nur bewirtschaftet, nicht ernstlich bewundert wurde); zum Ende der kommunistischen Diktatur hatten die Ostdeutschen sehr wohl beigetragen und haben nun alles Recht, sich den Vorwurf kollektiven Versagens zu verbitten und auf der Feststellung von Übeltätern zu bestehen.«

Während der wilden Bürgerkriegszeit in den USA vor rund 125 Jahren faßte Armeegeneral Joseph Hooker die flotten Damen, deren Liebesdienste die Kampfmoral seiner Truppen in patriotischster Gesinnung aufzumöbeln auf sich nahmen, in einem eigenen Viertel zusammen, das unter dem Namen »Hooker' Division« bekannt wurde. Daher man im US-Englischen bis heute Damen von der flotten Zunft als »Hookers« bezeichnet.

Bei Bauarbeiten in der Nähe des Weißen Hauses zu Washington, dem Sitz der Herrschaft des Volkes über das Volk durch das Volk, entdeckte man die archäologischen Überreste des Rotlichtviertels Alt-Washingtons: Parfumflaschen, Modeschmuck, Strumpfhalter, einen alten Keller mit Whisky- und Bierflaschen aus der Zeit des sogenannten Bürgerkriegs, als hier Hookers in mehr als 100 einschlägigen Etablissements und rund 50 Salons ihren Geschäften erlagen.

Der Stellvertretende Generalkonsul Frankreichs in Bonn, Philippe Abelin, gab aus gegebenem Anlaß bekannt: »Der Eurotunnel führt von Frankreich nach England.« Anschließend sprach der britische Generalkonsul Paul Ceurvorst: »Der Eurotunnel führt von England nach Frankreich.«

Zur Frage der Überlebenschancen von Großkonzernen stellte Jürgen Köster vom niedersächsischen Privatsender »ffn« fest: »Wir sind ein Dinosaurier, und wir müssen uns zum Mammut wandeln, um als Elefant zu überleben.«

Iris Gleicke hat die von Kohl den Menschen in den Neufünfländern versprochenen blühenden Landschaften allerorten entdeckt: »Auf stillgelegten Gleisanlagen und Firmenhöfen leuchtet der Klatschmohn, und Efeu rankt sich um einstmals rauchende Schornsteine.«

Groucho Marx sammelte die dünnsten Bücher der Welt und rühmte sich, bereits drei zu besitzen: ›Die Mysterien der englischen Küche‹, ›Italienische Heldensagen‹, ›1000 Jahre deutscher Humor‹.

Daß Prognosen besonders schwierig sind, wenn sie die Zukunft betreffen, hat bereits Niels Bohr erkannt. Deshalb ist es empfehlenswert, sich als Prognostiker an die alte Bauernregel zu halten: »Wird Silvester kalt und klar, kommt tags darauf bestimmt Neujahr.«

Richard III. starb als einziger englischer König auf dem Feld der damaligen Ehre im Krieg.

Max Goldt hat erkannt, daß der Menschheit Erfahrungsschatz lehrt: Es haben lediglich vier Körperstellen einen Hang zu beschleunigtem Stinken. Hat man längere Zeit enge Schuhe getragen, erhöht sich die Anzahl auf sechs. Achsel links, Achsel rechts, und dann noch zwei. Bezüglich dieser vermerkt Goldt anschließend, ein Freund habe versucht, ihn vom Vorteil des Putenfleisches zu überzeugen: »Eine Pute hat sieben Sorten Fleisch: helles, dunkles, saftiges, trockenes und noch drei.«

Zur Zeit der Besetzung Prags durch deutsche Truppen kam seinerzeit der pflichteifrige Kommandant auf die Idee, die Statue des jüdischen Komponisten Mendelssohn vom Dach des Rudolfinums, der Heimstätte der tschechischen Philharmonie, entfernen zu lassen. Der mit der Demontage beauftragte deutsche Stoßtrupp war freilich angesichts der zwei Dutzend Figuren, die den Dachsims des wunderschönen Gebäudes an der Moldau zierten und keine Namensschilder aufwiesen, rettungslos überfordert. Auf die Rückfrage, wer denn von all diesen Heroen der Musiker Mendelssohn sei, erhielten die Soldaten von ihrem gebildeten Offizier die Auskunft: »Natürlich der mit der großen Nase.« Und so kam es, daß seit dieser Zeit – gerechterweise – auf dem Rudolfinum die Statue Richard Wagners fehlt.

William Somerset Maugham sagte einmal, es gebe drei Regeln, wie man eine gute Erzählung zu schreiben habe, doch kenne die niemand.

Fürst Ligne, von einer seiner zahlreichen Kampagnen zurückkehrend, antwortete auf

Personen und Persönlichkeiten

die Frage seiner Eheliebsten: »Sind Sie mir denn auch treu gewesen, mein Freund?« ehrlich: »Oft.«

1748 begann am 27. September offiziell der Kampf von Paris gegen das jedem Zentralstaat unheimliche Existieren anderer Sprachen als der eigenen im für Eigenbesitz gehaltenen Staat mit der Verordnung des von Versailles gesteuerten Kanzlers Galaizière im Herzogtum Lothringen des »bon roi Stanislas«, daß Gerichte und Notare ab sofort nur noch das Französische verwenden dürften.

1981 setzte sich Staatspräsident Mitterrand am 14. März im bretonischen Lorient für größere kulturelle Eigenrechte der unterschiedlichen muttersprachlichen Gesellschaften in Frankreich ein.

Der bedeutende Staatsmann Mirabeau sagte vom bedeutenden Staatsmann Robespierre: »Der wird es weit bringen: Der glaubt an das, was er sagt.« Mirabeau starb 1791 auf natürliche Weise an seinem ausschweifenden Lebenswandel im Bett; Robespierre starb 1794 auf natürliche Weise an seiner ausschweifenden revolutionären Tugend unter der Guillotine.

Konrad Adenauer sagte von Ludwig Erhard: »Der wird es zu nichts bringen: Der glaubt ja, was er sagt.«

Marat, 1743 in der Enklave Neuchâtel geboren, war demgemäß preußischer Untertan, als ihn am 13. Juli 1793 Charlotte de Corday in der Badewanne erstach.

Personen und Persönlichkeiten

Wir verdanken Napoleon vor allem gute Straßen. Die gesamte Literatur, die das Leben bis zum Ende des 18. Jahrhunderts in England, Frankreich und Deutschland beschreibt, enthält Schilderungen von Kutschen und Wagen, die sich, bis zur Radnabe in Schlamm und Matsch, durch diese Länder wälzten; aber wenn Napoleon sich mühsam durch ein erobertes Königreich durchgearbeitet hatte, richtete er es gewöhnlich so ein, daß die übrige Welt mit trockenen Schuhen folgen konnte.

Die Tranchot-Karten entstanden, indem die französischen Pioniere Napoleons alle Kirchtürme so weit abtrugen, bis sie als Meßpunkte geeignet waren, weshalb ihnen die eiflische Landbevölkerung tiefen Haß entgegenbrachte und, nachdem der König von Preußen ihnen aus seiner Privatschatulle den Wiederaufbau ermöglichte, Preußen liebte.

Während der Französischen Revolution wurden die Häute guillotinierter Aristokraten zu Leder verarbeitet; das erste Exemplar der neuen Verfassung wurde – liberté, égalité, fraternité – in eine solche Haut gebunden.

Am 20. September 1792 fand jene Kanonade bei Valmy statt, bei der die Soldaten der Revolution dem Söldnerheer des Herzogs von Braunschweig standhielten. Am 21. September 1792 wurde die Französische Republik ausgerufen. Herr Goethe hatte der Kanonade von Valmy als Schlachtenbummler beigewohnt und schrieb darüber am 27. September 1792 in einem Brief: »Es ist mir sehr lieb, daß ich das alles mit Augen gesehen habe und daß ich,

Personen und Persönlichkeiten

wenn von dieser wichtigen Epoche die Rede ist, sagen kann: Et quorum pars minima fui« (deren ganz kleiner Teil ich gewesen bin). 30 Jahre danach schrieb Herr von Goethe in seiner ›Kampagne in Frankreich‹ hochstilisiert das gleiche ganz anders: Er habe den Teilnehmern an der Kanonade zugerufen: hier und heute beginne eine neue Epoche der Menschheitsgeschichte »und ihr könnt sagen, ihr seid dabeigewesen«.

Seit seinem Auftritt im Moulin Rouge 1892 galt Joseph Pujol als der einzige geruchlose Kunstfurzer von solcher Vollendung, daß man ihn sogar in feiner Gesellschaft auftreten lassen konnte.

Die Mutter der Frau von Fernand Joseph Désiré Constandin pflegte von ihrem Schwiegersohn nur als von »Fernand d'elle« (= ihr Fernand) zu sprechen: Fernandel.

Camille Javal wurde als Brigitte Bardot berühmt.

Jean Villain-Marais nannte sich nicht Villain (= Schurke), sondern Marais (= Sumpf, Morast).

Jean Gabin hieß eigentlich Jean Alexis Moncorgé.

Die Mutter rief ihren Sprößling Ivo von der Straße mit dem Ruf: »Ivo, monta!« (= komm rauf), woraus Ivo Livi später Yves Montand machte.

Personen und Persönlichkeiten

Edith Giovanna Gassion wurde als »Piaf« = Spatz berühmt.

Simone Signoret hieß eigentlich Simone Henriette Charlotte Kaminker.

Flirten« kommt vom französischen »flirter«, das vom englischen »to flirt« kommt, das vom französischen »fleureter« = beblümen, mit Blümchen besticken o. ä. abstammt.

François Rabelais veröffentlichte das erste seiner sechs Bücher über den Riesen Gargantua und dessen Sohn Pantagruel unter seinem Anagramm Alcofribas Nasier.

Der Liedermacher François aus Montcorbier nannte sich nach seinem Wohltäter und Förderer, der ihn erzog und an der Sorbonne studieren ließ, dem Kaplan Guillaume Villon.

Gabriel Ferry hieß mit vollem Namen Eugène Louis Ferry Gabriel de Bellemare und übte den nachhaltigsten Einfluß auf Karl May aus.

Wilhelm Apollinaris de Kostrowitsky-Flugi starb als Waffenhändler des Negus von Abessinien in seiner letzten Wohnung, einem Bordell in Djibouti, unter dem Namen Guillaume Apollinaire, den er als Lyriker berühmt gemacht hat.

Amandine Lucile Aurore Dupin, verheiratete Baronin Dudevant, schrieb mit Jules Sandeau gemeinsam Romane und wählte aus Dankbarkeit ihm gegenüber später sein Pseudonym »Sand« auch für sich: George Sand.

Wenn Saint-Pol-Roux (1861-1940) schlafen ging, pflegte er ein Schild an seine Zimmertür zu hängen: »Der Dichter arbeitet.«

Emile Salomon Wilhelm Herzog nannte sich André Maurois.

Françoise Quoirez nannte sich nach der Herzogin in Marcel Prousts großem Roman Sagan.

Maurice Ravel komponierte in 42 Jahren insgesamt 19 Stunden Musik.

Als sich die Herren Levi Strauss und Jacob W. Davis am 20. Mai 1873 einigten, hatte der eine den Stoff beigetragen, der andere die Idee mit den Nieten. Der Stoff hieß nach seinem Herkunftsort Serge de Nîmes. Da aber jeder, der bei den Goldsuchern in Kalifornien ausländisch zu reden wagte, zusammengeschlagen wurde, hieß der Stoff alsbald Denim.

Das Wort »Serge« kommt aus dem Spätlateinischen: »serica« = seidene Stoffe, so nach dem ostasiatischen Volksstamm der Serer benannt, die in Wirklichkeit die Chinesen sind, und Serer bedeutet etwa »die Seidenleute«. Im Textilwesen bedeutet Serge aber längst nurmehr ein Gewebe in Köperbindung und keinesfalls mehr »in Seide«.

Das Köpergewebe Denim stammt eigentlich aus Genua, das auf französisch Gênes heißt, nach der Mundartform »Zena« oder der Mundartbezeichnung seiner Einwohner »Zeneis«. Den von ihnen produzierten Stoff benutzte spätestens 1495 die britische Admiralität, um z. B. ihre Matrosen zu bekleiden, in Stoff »of Jeane makyng«.

Deshalb nennt man die Uniform lässig-antiuniformer Individualität Jeans: gewaschen und ungewaschen, gebügelt wie zerrissen. Woran zu erkennen ist, wie winzig der Spielraum für den Geschmack des einzelnen wird, sobald er sich der ach für so mächtig gehaltenen Zeitstimmung unterwirft. Als ob die ein Naturgesetz wäre!

Demgemäß empfiehlt denn auch ein englischer Stoffhersteller, um die »ganze Frische eines Sommergartens« in klassischem Früchtedruck auf burgunderrotem Grund ins Eßzimmer zu bringen, indem »einem traditionellen Rahmen eine zeitgenössische Atmosphäre« verliehen wird, daß jeder sich seinen »individuellen Stil kreiere«, etwa so: »Dreifach gefaltete Vorhänge in Lewes taupe werden mit Suffolk Stripe russet, rocket Check burgundy sand und Ironwork taupe Polsterstoffen kombiniert.«

Auf navajo heißen Computer übrigens »béésh nitséskee«, etwa = denkendes Metall.

Friedrich von Bodenstedt nannte sich als Dichter und Nachdichter orientalischer Poesien Mirza-Schaffy.

Der Neffe der schlesischen Nachtigall Friederike Kempner bat seine Tante, als er selbst zu schreiben begann, um die Erlaubnis, den Familiennamen zu ändern. Sie gestattete es, und er schrieb sich fortan als Alfred Kerr in die Literatur- und Theatergeschichte.

Doris Kappelhof wollte eigentlich Tänzerin werden, doch nach einem einjährigen Krankenhausaufenthalt infolge eines Autounfalls ließ sie sich zur Sängerin ausbilden und nannte sich nach dem Rundfunk-Hit ›Day after day‹ künftig Doris Day. Ihr erster Erfolgstitel war 1945 ›Sentimental Journey‹.

Der Alte Fritz lehnte das Gesuch eines Pfarrers um Bewilligung eines Zuschusses zum Unterhalt seines Pferdes per Randnotiz ab: »Es heißt nicht ›Reitet in alle Welt‹, sondern ›Gehet in alle Welt und prediget allen Völkern.‹«

Einen berühmten Germanisten riß es in einer Vorlesung über die von ihm so heiß geliebte Romantik in der Euphorie seines sich stetig steigernden Vortrags zu der emphatischen Einsicht hin: »Raum wird Zeit. Und Zeit wird Raum. Aber auch das Gegenteil ist richtig.«

Karl der Große sorgte durch seine auf 794 datierten Kapitularien nicht nur für die Förderung des Weinanbaus und damit die Füllung der Weinfässer, sondern gleichzeitig durch Richtlinien über den Weinausschank in Straußwirtschaften auch für ihre nützliche Leerung: Auf jedem seiner Weingüter seien Straußwirtschaften zu unterhalten und durch Sträuße oder Kränze vor dem Hoftor anzuzeigen.

Die relative Mathematik entdeckte jener Betrunkene, der gegenüber einem öffentlichen Pissoir an einer Bank lehnte und vor sich hin brummelte: »Erß sin drai rainjegang, denn sin fünnef rausjekomm: wenn getz noch ßwai rainjehn, iß kaina mehr drinn.«

Den höchst fragwürdigen Begriff des Intellektuellen scheint als erster Clemenceau verwendet zu haben: in ›L'Aurore‹ vom 23. Januar 1898.

Adolf Neuwert Nowaczynski hält die Zeiten für so altruistisch, daß man von denen, die schwache Nerven haben, sagt, sie hätten ein goldenes Herz; von denen, die einen schlechten Stil haben, sie hätten brave Absichten; und von denen, die dumme Absichten haben, sie hätten schwache Nerven – und so im Kreis herum bis zum Erfolg, das heißt: bis zur absoluten Hegemonie der schwachen Nerven, des schlechten Stils, der braven Absichten. Auch ist er der Meinung, daß in der Diplomatie und der Kunst die Mittelmäßigkeit gleich Null sei – in jedem Stadtrat und bei allen Wahlen aber eine Tugend.

Joseph Amiot aus Toulon war Jesuit und lebte bis zu seinem Tode 1794 als Missionar in Peking. Er übersetzte als erster Europäer den berühmten Traktat über die Kriegskunst aus dem 4. vorchristlichen Jahrhundert in eine europäische Sprache, jenen Traktat, der unter dem Autorennamen Sun Tse (oder Sun Tsu oder Sun-tze) in China noch Mao Zedong tief beeinflußte, in Japan seit spätestens 525 nach Christus bekannt war und gründlichst studiert wurde und noch nach 1945 die

Grundlagen für das so erfolgreiche japanische Wirtschaftsmanagement lieferte, in Arabien wohl spätestens seit 1214 bekannt war und gelehrt und studiert wurde und vom arrogant-ignoranten Abendland zunebst seinen noch arroganter ignoranten Ablegern etwa in Nordamerika bis heute kaum zur Kenntnis genommen wurde.

Weil Père Amiot im ausführlichen Titel seiner französischen Ausgabe von 1772 feststellte, daß er seine Übersetzung (in Wirklichkeit eine nachdenkliche Paraphrase) im Auftrag des Kriegsministers des französischen Königs Louis XV., damals ein gewisser Monsieur Bertin, geschaffen habe, führte dazu, daß die Jesuiten am chinesischen Hof noch stärker in den Verdacht gerieten, eine Art 5. Kolonie des Abendlandes zu sein.

Da das XIII. Kapitel des Traktats von Sun Tse ›Die Verwendung von Geheimagenten‹ betrifft und da Chinas Herrscher (wie die Venedigs) von allen Untertanen erwarteten, ständig im Dienste des Reiches Fremde und Fremdes auszuspähen, mußten sie auf diesen Verdacht kommen.

Bis heute untersteht die Sammlung der ehemaligen Jesuiten-Bibliothek in Peking/Beijing, der Nationalbibliothek eingegliedert, nicht der Bibliotheksleitung oder dem Kulturapparat des Staates, sondern der Sicherheitsabteilung des ZK der KPCh, also dem chinesischen Geheimdienst.

1955 konnte der aus Prag stammende Mathematiker und Philosoph Arnošt Kolman, einst begeisterter Kommunist, mit Chruschtschows Genehmigung einen Aufsatz in Moskau veröffentlichen ›Was ist Kybernetik?‹. Damit war der Bann gebrochen, den Stalin in deutlicher Erkenntnis verhängt hat, daß sich die elektronische Datenverarbeitung, das Computerwesen, der realsozialistischen Ideologie nicht unterwerfen ließ und daher für diese Ideologie eine größere Gefahr bedeutete, als der technische Fortschritt an Machtzuwachs verheißen konnte. Das war der erste Schritt Chruschtschows auf dem Wege, der auch zum 9. November 1989 führte. Noch im gleichen Jahr erschien eine bulgarische Übersetzung, 1956 kamen eine erweiterte russische Fassung unter dem Titel ›Kybernetik‹, deren Übersetzungen ins Rumänische, ins DDR-Deutsche heraus, 1957 ins Bulgarische usw. In der Folge wurden immer mehr Techniker im Realsozialismus mit der Unfähigkeit der Computer vertraut, ideologisch zu »denken«, und mit ihrer Fähigkeit, richtig zu rechnen. Dieser Vorgang dürfte für das Ende des Sozialismus von der gleichen Wichtigkeit sein, wie die Entdeckung der nichteuklidischen Geometrie an der Artillerieschule in Kasan 200 Jahre vorher für die Entwicklungen, die über den Dekabristenaufstand zum Sturz des reformunwilligen Zarentums führte.

Im heutigen Pappenheim besaß um 745 ein Franke Besitz, auf den noch die St. Georgskapelle zurückgeht.

802 schenkten seine Tochter, mit einem Grafen von Berchtold verheiratet, und ihr Sohn ihren gesamten Besitz in Pappenheim dem Kloster St. Gallen.

899 beschaffte sich der königliche Pfalzgraf Meginwart auf dem Tauschweg allen Eichstätter Besitz in Pappenheim und brachte 902 auch die Grundherrschaften von St. Gallen an sich.

Meginwart gilt als Ahnherr derer von Pappenheim, die sich als Lehensmänner der Krone nach der von ihnen auf dem Platz zwischen den beiden späteren Ecktürmen der Vorburg von Burg Pappenheim kurz nach 1000 errichteten »Kaldenburg« auch von Kalden oder Calentin nannten.

1028 wurde die Kaldenburg in den Fehden zwischen Herzog Ernst II. von Schwaben, dem Gaugrafen der Gegend, mit seinem Stiefvater König Konrad II. bereits wieder zerstört.

Die seit 1111 belegten von Pappenheim, die 1141 zu erblichen Marschällen des Heiligen Römischen Reiches, ab 1404 Deutscher Nation, erhoben werden, tauchen in der Reichsgeschichte kontinuierlich als Dienstmannen, Heerführer und Diplomaten der Könige und Kaiser auf.

1208 vollzog Marschall Heinrich von Kalden an dem Königsmörder Pfalzgraf Otto von Wittelsbach die verhängte Reichsacht und tötete ihn.

Pappenheim, gegen 1200 zur Stadt erhoben und später zur Residenz umgewandelt, beherbergte, da die Grafen als Reichsmarschälle seit 1193 den Königsschutz über die Juden ausübten, eine der ältesten Judengemeinschaften Deutschlands.

Beim Burgumbau 1355/57 entstanden die eigenartigsten Teile der Burg: die »Hohen Lauben« oder »Hohen Läden«, auch »Hohe Kemenaten« genannt.

1632 fiel in der Schlacht bei Lützen der Erbmarschall und bayerische Generalfeldmarschall Gottfried Heinrich von Pappenheim-Treuchtlingen, genannt Schramm-Heinz.

Schramm-Heinz kommandierte Panzerreiter, die er aus seiner fränkischen Heimat und aus den Niederlanden rekrutierte. Nach seinem Tod übernahm 1634 Max Piccolomini das Kommando über diese Reiter.

Burg Pappenheim wurde nie erobert: weder von den Bayern, die das immer wieder in Wittelsbachscher Landgier versuchten, noch von den Schweden im 30jährigen Krieg, noch 1704 von den Franzosen, die mit 5000 Mann die in der Burg verschanzten 200 Mann und 30 Husaren vergeblich bestürmten, bis diese wegen Lebensmittel- und Munitionsknappheit aufgeben mußten.

Der letzte Nachfahr der direkten Linie derer von Pappenheim, Ludwig Friedrich Karl Haupt (seit Heinrich Testa v. P. um 1170 war der Name Testa/Haupt in der Familie), letzter Regierender Graf und Herr zu Pappenheim von Calatin auf Rotenstein und Bellenberg, der noch den Titel Erlaucht trug, starb 1960.

Schon im 14. Jahrhundert sorgten »Fallknechte« derer von Pappenheim als Erbmarschälle in Nürnberg bei Kaiserbesuchen für die sanitären und hygienischen Bedürfnisse und Einrichtungen, wobei sie im Zuge der im Mittelalter latenten Seuchengefahr auch mit der Reinigung der Aborte und Kloaken beauftragt waren, weshalb die Pappenheimer bei der Nürnberger Bevölkerung »in schlechtem Geruch« standen.

Das berühmte Schillerwort aus Wallenstein »Ich kenne meine Pappenheimer« bezog sich aber nicht auf diese, sondern auf die von Piccolomini kommandierten Panzerreiter.

Der Kreis Schwarzwald-Baar tradiert in seinem zweiten Namensteil »Baar« eine der ältesten Landschaftsbezeichnungen überhaupt. Sie ist 783 als »Peratoltespara« belegt, was soviel bedeutet wie »das Zins-tragende (Land) des Bertolt«. »Bara« wird von »beran« = tragen abgeleitet, ist etwa zehnmal belegt und verschwindet im

9. Jahrhundert. Man vermutet im Gesamtkomplex der seit der Karolingerzeit bekannten Baar-Bezirke das Kerngebiet der suebisch-alamannischen Herzöge, das traditionell eine höhere gewerbliche Webetätigkeit für sich beanspruchte.

Aus einem Frauengrab (Nr. 168) kam 1979 im Ort Neudingen (Gewann Löbern) auf einem sehr wahrscheinlich zu einem Webstuhl gehörenden Holzteil, wohl einer Verstrebung, die bisher einzige im südwestlichen deutschsprachigen Bereich gefundene Runeninschrift auf Holz zutage. Sie sieht so aus:

LBI·IMUBA:HAMALE:BLIDGUD:URAITRUNA

Das besonders hervorgehobene »Hamale« (durch die drei Punkte vor und nach dem Wort, durch Überlängen vor allem des ersten und letzten Buchstaben) wird vom Kommentator P. Scardigli als ein gewöhnliches Substantiv »Stütze, Strebe« gedeutet; das einleitende »Lbi« gilt als Abkürzung von »L(iubi) + bi« oder unmittelbar als Abkürzung für »liubi« = Liebe; »Imuba« ist ein Frauenname, der wortgeschichtlich mit der »Imme« = Biene zusammenhängt; »Blidgu(n)d« ist ein weiterer Frauenname; »urait runa« wird als »schrieb die Runen« gelesen.

Scardigli deutet die seltene Runeninschrift aus dem ins 6. Jahrhundert datierten Frauengrab als »Liebe. Imubas Stütze. Blidgunde schrieb die Runen«.

Personen und Persönlichkeiten

Einst lebte in Hartford/Connecticut ein Mann namens Samuel Colt (1814-1862), der wohl an den Folgen der Syphilis gestorben ist. Zuvor aber konstruierte er den »Colt«, der 1836 patentiert wurde, und baute auf ihm ein Handfeuerwaffenimperium auf. Berühmt wurden der »Texas-Paterson-Colt« 1837, der »Navy-Colt« 1851 und der »Single-Action-Army-Frontier-Colt« 1873, der mit überlangem Lauf und Kaliber 45 als »Peacemaker« berühmt wurde. Seine Colt's Patent Fire Arms Manufacturing Co. in Hartford produzierte während des Bürgerkriegs für den Norden wie für den Süden und scheffelte so ungezählte Millionen. Um der Nachfrage gerecht werden zu können, erfand er das Prinzip der industriellen Anfertigung austauschbarer Ersatzteile und legte so die Basis für die industrielle Massen- oder Fließbandproduktion, die dann später Henry Ford aufgriff und zur Basis der modernen Wegwerfkonsumgesellschaft ausbaute, weshalb man ihn fälschlich als Erfinder dieser industriellen Revolution feierte, die aber wirklich mit dem Colt-Revolver begann. Doch weigern sich sogenannte Fortschrittlinge bis heute, an Omina zu glauben. Wofür die Natur sich an uns allen rächt.

Viele bekannte und beliebte Lieder verdankt Norwegen einem Herrn namens Johan Nordahl Brun, der im Zivilberuf Bischof von Bergen war. Der große Mann wurde 1745 geboren, und dementsprechend gab es zu seinem 250. Geburtstag 1995 in Bergen einen Brun-Kongreß, der sich mit der Klärung wahrhaft brennender Fragen zu beschäftigen hatte. So enthält z. B. eines seiner beliebtesten Lieder die Zeile »Die Trauer verging mir auf dem Ulriken-Gipfel«. Der Ulriken ist einer der sieben Berge, auf denen die Stadt Bergen errichtet wurde. In Bergen gibt es aber immer noch Menschen, die bei ihrer Seele schwören, Brun habe zeit seines Lebens keinmal auch nur einen Fuß auf den Ulriken gesetzt.

Der Mensch kommt unter allen Tieren in der Welt dem Affen am nächsten.« (Lichtenberg)

Als ein Romanist einen Keltologen fragte, ob keltische Sprachen wie das Irische etwas dem spanischen »mañana« Vergleichbares aufzuweisen hätten, antwortete der: »Gewiß, aber nichts von so dramatischer Dringlichkeit!«

Ich hasse die Wirklichkeit, aber sie ist der einzige Ort, wo man ein anständiges Steak bekommt.« (Woody Allen)

Die Irin Anne Lytton sprach fließend acht Sprachen: Französisch, Deutsch, Spanisch, Italienisch, Portugiesisch, Latein, Griechisch und Hebräisch; außerdem kannte sie acht weitere Sprachen: Irisch, Arabisch, Russisch, Syrisch, Persisch, Samaritanisch, Äthiopisch und Chaldäisch. Sie starb mit 90.

Der Gründer des Klosters Glendalough, St. Kevin, starb 622 im Alter von 120.

Aus Irland kam der Mönch Kilian und verbreitete den christlichen Glauben in der Stadt Wirziburg in Ostfranken. Mit päpstlichem Auftrag missionierte er den Herzog Gozbert und sein heidnisches Volk. Als Kilian von dem Her-

Personen und Persönlichkeiten

zog verlangte, die Ehe mit seiner Frau Geilana aufzulösen, die schon vorher mit seinem Bruder verheiratet worden war, sann diese auf Rache. Zwei Henkersschergen streckten in ihrem Auftrag den irischen Mönch und seine Gefährten Totnan und Kolonat nieder und verscharrten die Ermordeten in aller Eile. Aber die Rache Gottes ließ nicht lange auf sich warten: Geilana verfiel dem Wahnsinn, und die Henker stürzten sich ins Schwert.

Der Ire Louis Brennan erfand einen steuerbaren Torpedo für den Küstenschutz, das ihm 100 000 Pfund einbrachte, einen Hubschrauber und eine gyrostatische Monorail-Bahn.

Der Ire John Holland erfand das erste motorgetriebene funktionstüchtige U-Boot: der erste Typ »The Holland« lief 1900 vom Stapel.

Der Ire James Martin erfand den ersten Schleudersitz für Flugzeuge, der im Zweiten Weltkrieg rund 3500 alliierten Piloten das Leben rettete, weshalb er geadelt wurde.

Der Ire Joe Sheridan, Chefkoch in Dublins Restaurant »Foynes«, erfand 1943 den Irish Coffee.

Der Ire John Walker erfand 1899 die ersten Raupenketten für Panzer und Artillerie.

Die Irin Eibhlin Dubh Ni Chonaill wurde im Alter von 15 Jahren von ihrer Mutter gezwungen, den sehr viel älteren O'Connor of Iveragh zu heiraten, der sechs Monate später starb, woraufhin sie mit einem gewissen O'Leary durchbrannte, dessen Tod wiederum sie um 1830 veranlaßte, in der 1000jährigen Tradition gälisch dichtender Frauen Irlands ihre erschütternde Totenklage ›Caoinadh Airt Ui Laoghaire‹ zu verfassen, die ›Klage um Art Ua Laoghaire‹, das letzte große Epos Irlands in gälischer Sprache und unter Verwendung der klassischen Versmaße. Sie hatte 21 Geschwister.

1831

wurde der Zoo von Dublin gegründet; gleichzeitig erfand man das »Arbeitsessen«: denn die Mitglieder des Aufsichtsrats des Zoos traten zu ihren Sitzungen nach einem Porridge-Frühstück zusammen, das (bis heute) stehend einzunehmen ist. Der Anspruch von US-Managern, das Arbeitsessen erfunden zu haben, ist also unberechtigt. Ob »Arbeitsessen« als terminologische Aufwertung des alten deutschen Begriffs »Bratkartoffelverhältnis« zu gelten hat, gilt in Fachkreisen als ungelöste Frage, da jede Fachwissenschaft je nach den ihr gemäßen definitorischen Regeln unausweichlich zu anderen Ergebnissen aus anderem Frageansatz kommen muß.

Ein irisches 7-Gänge-Diner besteht aus einer gekochten Kartoffel und einem 6er-Pack Guinness.

Der irische Harfenist Denis O'Hempsey wurde 1695 geboren und starb 1807, nach einem Leben von 112 Jahren in 3 Jahrhunderten.

Personen und Persönlichkeiten

Grace O'Mally heiratete mit fünfzehn den berühmten Piraten Donal O'Flaherty im Jahre 1546, wurde, nachdem er in einem Seegefecht gefallen war, die legendäre Piratenkönigin von Clare Island und heiratete 1582 Richard Burke, den Häuptling des Clans der Burkes of Mayo.

Die Irin Marie Louise O'Morphi (1736-1815) war Kurtisane am Hof König Ludwigs XV. von Frankreich, wurde von Madame de Pompadour mit einem älteren Armeeoffizier verheiratet, der 1757 fiel, heiratete dann einen Hofbeamten, der 1790 starb, woraufhin sie den Revolutionär M. Dumont heiratete, der 20 Jahre jünger als sie war.

Seamus Finnbar Diarmuid Brendan Thomas O'Neill nannten seine Freunde – verständlicherweise – Jimmy.

1381 ließ sich die Frau von Sir Robert Knollys ohne städtische Erlaubnis eine Brücke aus ihrem Haus über die Straße in ihren Rosengarten bauen; zur Erinnerung an ihre anschließende Bestrafung erhält der Lord Mayor von London jedes Jahr in der Guildhall eine Rose geschenkt.

Bulgarien ehrte als erstes Land einen Iren durch eine Sonderbriefmarke: 1921 den vormaligen Kriegsberichterstatter der Times, James Davin Bourchier, wegen seiner Berichte während der Balkankriege.

Personen und Persönlichkeiten

Chile ehrte 1970 den Iren Ambrosio O'Higgins, Generalkapitän von Chile und nachmals Vizekönig von Peru, mit einer Sondermarke. Seinem Sohn Bernardo O'Higgins (1778-1842), dem Befreier Chiles und Chiles erstem Diktator, wurde bisher keine Sonderbriefmarke gewidmet.

Grenada ehrte 1970 die irische Piratin Anne Bonny mit einer Sondermarke.

Guernsey ehrte den Iren Sir John Doyle mit einer Sondermarke wegen seiner Verdienste bei der Verteidigung der Insel gegen Napoleon.

Thomas Mayne Read (1818-1883), der große Berichterstatter und bedeutende Anreger Karl Mays, sollte Prediger der Presbyterianischen Kirche Irlands werden, floh statt dessen nach New Orleans, diente als Captain in der US-Army während des Krieges USA gegen Mexiko 1847, bereiste ausgiebig die USA und schrieb aus dem eigenen Erleben über 90 Bücher, die heute fälschlich nur noch als »Abenteuergeschichten für Jungen«, wenn überhaupt, bekannt sind.

Der Ire William Carleton (1794-1868), der bedeutende Schriftsteller, entstammte einer armen, aber katholischen Familie (jüngstes von 14 Kindern, 14 acres Land) und sollte Priester werden, wozu er sich auch berufen fühlte; ab 1818 lebte er in ärmsten Verhältnissen in Dublin, wo er sich in die Protestantin Jane Anderson verliebte; als man ihm anbot, Geschichten über den Aberglauben zu schreiben, den die katholische Kirche angeblich bei den irischen Bauern ermutigte, griff er zu, heiratete Jane, wurde nie Priester, wohl aber Protestant, und starb wohlhabend.

Christine Davies (1637-1739), Irin, heiratete mit 21 einen Kellner des Restaurants, das sie geerbt hatte, Richard Welsh; nachdem er zum Kriegsdienst in Flandern gepreßt worden war, verkleidete sie sich als Mann, suchte ihren Richard als Soldat dreizehn Jahre lang, fand ihn endlich wieder, blieb die nächsten drei Jahre mit ihm vereint, bis er in einem Gefecht fiel; danach heiratete sie den Grenadier Hugh Jones, der ebenfalls im Gefecht fiel; danach kehrte sie nach Dublin zurück und heiratete ein letztes Mal, wieder einen Soldaten.

Frank Lateur wählte sich, da sein Hauptthema der Freiheitskampf der flandrischen Bauern war, als Pseudonym den flämischen Namen Stijn Streuvels.

Francesco Ezechiele Ermenegildo Suppé-Demelli nannte sich, nicht unbegreiflich, Franz von Suppé.

Der österreichische Staatsangehörige deutscher Herkunft Ettore Schmitz schrieb in italienischer Sprache und nannte sich daher Italo Svevo = der italienische Schwabe (= Deutsche), um so seiner »Bastardschaft« Ausdruck zu verleihen.

Israel Beer Josaphat nannte sich 1844 Paul Julius Reuter, gründete 1849 mit Brieftauben eine Nachrichtenagentur in Aachen, eröffnete 1851 eine

Nebenstelle in London und entwickelte aus ihr die Nachrichtenagentur Reuter's.

Andrea Domenico D'Agnolo di Francesco nannte sich nach dem Beruf seines Vaters, der ein Schneider = »sarto« war, Andrea del Sarto.

Konstantin Aacklitzen (oder Angklitzen), deutscher Benediktiner, wurde wegen seiner alchimistischen Künste als »Bartoldus niger« = Berthold der Schwarze bekannt; ob Berthold Schwarz in Europa das Schießpulver – in China längst bekannt – neu erfunden hat, ist ungewiß.

Thomas Trimm nannte sich Ehm Welk.

Die auf Java geborene pfeifende Schauspielerin Ilse Charlotte Still nannte sich lieber Ilse Werner.

Oskar Werner hieß eigentlich Josef Bschließmayer.

Der Komponist Schönberg wurde am 13. September 1874 geboren. Er war überzeugt, daß er an einem 13. sterben werde. Da 7 und 6 13 ergeben, war er überzeugt, daß er 76 Jahre alt werde. Er starb am 13. Juli 1951, 13 Minuten vor Mitternacht, im Alter von 76 Jahren.

Lord Sandwich ist nicht der Erfinder des Sandwich.

Personen und Persönlichkeiten

Karl Valentin hieß eigentlich Valentin Ludwig Frey.

Lola Montez hieß eigentlich Marie Dolores Eliza Rosanna Gilbert. Sie wurde 1818 im irischen Limerick als Tochter eines schottischen Offiziers und einer Kreolin geboren. Mit fünfzehn heiratete sie Hauptmann Thomas James, doch zerbrach die Ehe an seiner Grausamkeit und wurde nach fünf Jahren geschieden. Sie bildete sich zur Tänzerin aus, kam 1846 nach München, wurde dort Geliebte von König Ludwig I. und zur Gräfin von Landsfeld erhoben; das Verhältnis führte 1848 zu Unruhen in München und trug mit zur Abdankung Ludwigs nach der Märzrevolution bei. Lola heiratete 1849 den US-Leutnant Heald, der sie mit sich in die USA nahm, aber kurz darauf starb. 1853 heiratete sie den Geschäftsmann P. P. Hull aus San Francisco, doch endete die Ehe in Scheidung. Lola starb 1861 in New York.

Dublin hieß ursprünglich Eblana, Galway Magnata, Kenmare Neidin, Newmarket Ahahasne, Riverstown Ballynarosheen oder Sadlierstown, und Wexford Menapia.

Vom Heiligen Patrick, dem Nationalheiligen Irlands, ist wenig sicher überliefert, außer einer Tatsache: Er war kein Ire.

1938 wurde in Kolleter bei Newton Stewart/Nordirland ein Dorfmädchen aus Versehen mit dem Taxifahrer verheiratet, der sie zur Kirche gefahren hatte und den Trauring des Bräutigams für die Braut in Verwahr hatte;

der Irrtum wurde entdeckt, als die Unterschriften zu leisten waren, woraufhin die erste Ehe für ungültig erklärt und die richtige Ehe geschlossen wurde, was sie zur wohl einzigen Frau in der Geschichte der katholischen Kirche macht, die an einem Tag zweimal geheiratet hat.

Engländer nennen Kartoffeln irische Aprikosen oder Trauben, ein Ruderboot ein irisches Kriegsschiff, eine Frau mit zwei blaugehauenen Augen eine irische Schönheit, bei Krawallen geworfene Ziegel irisches Konfetti, Spinnweben irische Vorhänge, falsches Zeugnis irisches Zeugnis, eine Schaufel einen irischen Fächer, eine langstielige Schüppe eine irische Harfe, Corned Beef irisches Pferd, Windstille mit Nieselregen einen irischen Orkan, einen Tenor eine irische Nachtigall, den Penis eine irische Wurzel, den Wachraum von Polizei oder Armee irisches Theater, eine Schwangerschaft irische Zahnschmerzen, Corned Beef mit Kohl (dem Gemüse) irischen Puter, den Beischlaf irischen Whist (ein Kartenspiel, Vorläufer von Bridge), ein blaugehauenes Auge des Iren Wappen, einen Fasttag irisches Festmahl.

Die Iren trinken pro Kopf mehr Tee als jedes andere Volk auf Erden.

Wenn den Pionieren im Wilden Westen ihre Läuse- und Flohbevölkerung in der Wäsche zu lebhaft wurde, legten sie sie auf Ameisenhügel, und wenn die Ameisen die Wäsche leergefressen hatten, mußte man sie nur noch aus ihr herausschütteln, um in lebloser Wäsche weiterreisen zu können.

Personen und Persönlichkeiten

Zwar zeigen Wildwestfilme meist Pferde als Gespanntiere vor Wagen, doch brauchte man in der Wirklichkeit viel häufiger die effektiveren Ochsen.

Asa Yoelson, der vielleicht auch Joseph Rosenblatt hieß, wurde als Al Jolson berühmt.

John Rowlands nannte sich als Journalist Henry Morton Stanley.

Man Ray hieß eigentlich Emmanuel Rudnitskij.

Der berühmte US-Detektiv Allan Pinkerton stolperte, biß sich in die Zunge, bekam Blutvergiftung und starb.

Harry S Truman heißt *so,* und nicht Harry S. Truman, weil beide Großväter Vornamen mit S hatten, seine Mutter sich aber nicht für einen entscheiden konnte, jedoch auch dagegen war, daß das S verschwände.

Nero war wie Errol Flynn Olympiateilnehmer: Flynn als Boxer, Nero als Wagenlenker.

Harvey Kennedy erfand die Schnürsenkel und wurde dadurch reich.

Personen und Persönlichkeiten

US-Panzergeneral Patton glaubte, daß er bereits sechsmal gelebt habe, darunter einmal als Soldat im Heer Alexanders des Großen und einmal als vorgeschichtlicher Krieger.

Harry Kahne (USA) konnte mit fünf Stück Kreide in beiden Händen, beiden Füßen und dem Mund gleichzeitig auf fünf Tafeln komplizierte Wörter wie »Idiosynkrasie«, »Konstantinopel« und »Indianapolis« schreiben und dabei ein Wort auf dem Kopf stehend, das zweite in Spiegelschrift, das dritte von rechts nach links, das vierte in systematisch versetzten Buchstaben und nur das fünfte in Normalschrift fixieren.

Ped-X-ing in den USA ist keine andere Schreibweise für Peking, sondern bedeutet Fußgängerübergang.

US-Präsident Lincoln hatte einen Sekretär namens Kennedy, US-Präsident Kennedy hatte einen Sekretär namens Lincoln.

Walt Disney hieß in Wirklichkeit Walter Elias.

Der US-Geheimdienst CIA plante einmal, Fidel Castro während einer Auslandsreise ein Mittel in die Schuhe zu praktizieren, auf daß ihm sein berühmter Bart ausfalle.

Personen und Persönlichkeiten

Peggy Hopkins Joyce wurde eine der reichsten Frauen der Welt, indem sie nacheinander fünf Millionäre heiratete.

Nachdem Pierre Salinger, der Pressesprecher des US-Präsidenten John F. Kennedy, seinem Herrn wunschgemäß 1961 binnen 12 Stunden 1200 Havanna-Zigarren des Typs Harry Upman beschafft hatte, entnahm der Präsident seinem Schreibtisch ein vorbereitetes Dokument, lächelte und unterschrieb es: das noch heute gültige Einfuhrverbot für Erzeugnisse aus dem Cuba Fidel Castros in die nur moralischen Grundsätzen verpflichteten USA.

William Frederick Cody nannte sich nach seiner Zeit als Großwildjäger Buffalo Bill, obwohl er nie Büffel, sondern immer nur Bisons gejagt hatte.

Der Komponist Israel Isidor Baline hatte seinen Namen so auf sein erstes zur Veröffentlichung angenommenes Notenblatt geschrieben; durch einen Lesefehler des Setzers wurde daraus Irving Berlin.

Als Lucarezia Bori, die unvergessene Mimi und Violetta der Metropolitan Opera, sich wegen Stimmermüdung in ihre heimatliche spanische Bergwelt zurückgezogen hatte, liebte sie zur Erholung Maultierausritte, bis sie bei einem solchen Ausritt abgeworfen wurde und ohnmächtig liegenblieb. Als sie wieder erwachte, stellte sie beim Fluchen auf das Tier fest, daß sie ihre Stimme wiedergefunden hatte.

Personen und Persönlichkeiten

Washington Irving wurde zu seiner Rip-van-Winkle-Geschichte durch eine Anekdote über den kretischen Dichter Epimenides angeregt, von dem es heißt, er habe eines Nachmittags ein Schläfchen gehalten, aus dem er erst nach 50 Jahren erwachte.

Ob man das englische »nunnery« in Shakespeares ›Hamlet‹ oder in Faulkners Südstaatenerzählungen jeweils mit »Nonnenkloster« oder »Puff« übersetzt, verändert den Sinn der Stelle und damit den Kontext nicht unwesentlich.

Der Pudding Creek nördlich von Fort Bragg in Kalifornien hieß Ortslegenden zufolge ursprünglich Noyo Creek und wurde von den Seeleuten in »Put in Creek« umgetauft, da seine Mündung weit und breit den einzigen sicheren Ankerplatz bot.

Tahoe, der als der schönste Bergsee Kaliforniens gilt, heißt so nach einem Washo-Wort tha-ve (Schnee, gefrorenes Wasser), tah-oo (Wasserfläche, See), tah-oo-ee (viel Wasser).

Der herrliche Yosemite-Naturpark in Kalifornien heißt so nach einem Wort aus der Sprache der Indianer am Stanislaus-Fluß (wohl Miwok), dem Wort u-zu'-mai-ti (ausgewachsener Grizzly).

Walter Hunt erfand die Sicherheitsnadel binnen vier Stunden aus Angst vor dem Gefängnis: Er hatte sich Geld geliehen, um eine Erfindung zu machen, die klappte nicht; der Geldverleiher gab ihm am Fälligkeitstag 30 cm Draht mit der Aufforderung, daraus binnen 24 Stunden etwas Nützliches zu erfinden oder in Schuldhaft zu gehen.

Cary Grant hieß eigentlich Archibald Alexander Leach.

Maureen Fitzsimmons erhielt wegen ihrer roten Haare und ihrer grünen Augen als Künstlernamen den der Heldin aus ›Vom Winde verweht‹ – Maureen O'Hara.

Spangler Arlington Brough nannte sich Robert Taylor.

Der US-Schauspieler W. C. Fields ließ während des Zweiten Weltkriegs auf deutschen Banken 50 000 Dollar stehen für den Fall, daß Hitler den Krieg doch gewönne.

Auf dem Grabstein des US-Filmkomikers W. C. Fields steht: »Eigentlich wäre ich lieber in Philadelphia.«

Dino Crocetti wurde als Dean Martin bekannt.

Die Marx-Brüder Chico, Harpo, Groucho und Zeppo hießen eigentlich Leonard, Adolph, Julius und Herbert.

Personen und Persönlichkeiten

Der zweite Mann von Marilyn Monroe, Joe Di Maggio, läßt ihr Grab dreimal wöchentlich mit frischen Rosen bestellen.

Der farbige US-Schauspieler und Regisseur Robert Townsend, der seinen ersten eigenen Film auf Pump zustande brachte, fuhr zur Benefiz-Premiere von ›Hollywood Shuffle‹ in einer eigenen Luxuslimousine vor.

Frederick McIntyre Bickel ist besser als Fredric March bekannt.

Herbert Charles Angelo Kuchazwitsch Schluderpacheru nannte sich begreiflicherweise lieber Herbert Lom.

Virginia Katharine McMath wurde zu Ginger Rogers.

John Wayne hieß in Wirklichkeit Marion Michael Morrison.

Der Filmschauspieler Alan Ladd sprach die unsterblichen Worte: »Ein Mann muß tun, was ein Mann tun muß.«

Walter Matuschanskavasky nannte sich begreiflicherweise lieber Walter Matthau.

Mickey Mouse hieß ursprünglich Mortimer.

Mickey Rooney hieß in Wirklichkeit Joe Yule Junior.

Die Warner Brothers Harry Morris und Jack L. hießen eigentlich H. M. und J. L. Eichelbaum.

Roy Harold Scherer jr. wurde als Rock Hudson bekannt.

Betty Joan Perske nannte sich Lauren Bacall.

Rodolpho Alfonzo Raffaelo Pierre Filibert Guglielmi di Valentina d'Antonguolla wurde als Rudolfo Valentino weltberühmt.

José Ramón Gil Samaniegos wurde in Hollywood zu Ramon Novarro.

Reatha Watson, Jungschauspielerin in Hollywood, übernahm 1922 die Rolle einer vom Pferd gestürzten Kollegin und den Rollennamen Barbara La Marr als Pseudonym.

Hedwig Kiesler, österreichische Schauspielerin, trat 1936 in dem tschechischen Film ›Ekstase‹ nackt auf; vor dem sich daraus entwickelnden Skandal mußte sie fliehen; in den USA nannte sie sich Hedy Lamarr.

Bis 1819 wurde das Abholzen eines Baumes in Großbritannien mit dem Strick bestraft.

Personen und Persönlichkeiten

In England hatten gegen Ende des 19. Jahrhunderts manche Männer bei Wahlen drei Stimmen: zu Hause, am Platz ihres Büros in der City of London, in ihren Universitäten.

In Schottland arbeitete eine Köpfungsmaschine bereits 1581, ebenfalls in Italien.

Oliver Cromwell wurde zwei Jahre nach seinem Tode gehenkt und geköpft.

Im 19. Jahrhundert wurden in Großbritannien erfolglose Selbstmörder gehenkt.

1911 wurden drei Männer gehenkt wegen der Ermordnung von Sir Edmund Berry zu Greenbury Hill; sie hießen Green, Berry und Hill.

Sir John Popham, im 16. Jahrhundert Chefrichter Englands, begann seine Laufbahn als Einbrecher.

Ernest Bevin, der als Vater des Wohlfahrtsstaates gilt, verließ die Schule bereits mit 11 Jahren.

Der Engländer Henry Lewis konnte mit seiner Nase Billard spielen.

1933 prägte die britische Königliche Münze lediglich vier Penny-Stücke.

Lawrence Norfolk sammelt makabre Tode. Seine liebsten bisher sind:
 – der des Urvaters der europäischen Tragödiendichtung Aischylos, dem, der, auf der Flucht vor dem Orakelspruch, er werde von des Geschickes Mächten durch ein herabstürzendes Haus zu Tode gebracht werden, in seinem 69. Jahr den Hof des Hiero auf Sizilien und die Stadt Gela verließ, um sich in den Feldern in Sicherheit zu bringen, wo alsbald ein vorüberfliegender Adler das kahle Dichterhaupt für einen Stein ansah, darauf seine unzugängliche Beute, eine Schildkröte, zu zerschmettern, und indem er sie hinabstürzen ließ, sie den Schädel zerschmetterte;
 – der Ödöns von Horváth, jenes satirischen Analytikers der untergründigen Bösartigkeit der kleinbürgerlichen Gesellschaft, den, mit einem Packen pornographischer Literatur unterm Arm zur Erstaufführung von ›Bambi‹ in ein Pariser Premierenkino eilend, prompt ein stürzender Straßenbaum erschlug;
 – und schließlich der jenes namenlosen Anglers, den, als er mit einer Wurfangel großen Fischen nachspürte, die Wurfangel versehentlich ein Hornissennest aufriß, dessen Bewohner sich wütend wider ihn warfen, wovor er sich mit einem Sprung in die brasilianischen Wasser zu retten trachtete, die Piranhas auffraßen.

Als 1936 Edward VIII. auf den britischen Thron verzichtete und die Reiche unter seiner Krone um Zustimmung zu seiner Abdankung bat, vergaß der Freistaat Irland zuzustimmen, so daß der Herzog von Windsor bis zu seinem Tode König von Irland blieb und alle irischen Regierungen widerrechtlich tätig waren, und da das 1949 in Kraft getretene

Gesetz über die Schaffung der Republik Irland rechtswidrig ist – es enthält eine Verfassungsänderung, die durch Volksentscheid hätte bestätigt werden müssen –, sind auch alle seither mit Irland abgeschlossenen Verträge rechtlich null und nichtig.

1386 wurde in England ein Schwein zum Tode durch den Strick verurteilt und exekutiert, weil es ein Kind getötet hatte.

1647 schaffte das englische Parlament Weihnachten ab.

Das Wahrzeichen der fränkischen Kriegskönige war die Kriegsfackel, französisch auch »auriflamme« geheißen, die in der Gestalt der sogenannten bourbonischen Lilie (die keine Lilie, sondern eben jene Kriegsfackel darstellt) überlebte. Demgemäß müßten jene 300 goldenen Bienen, die Napoleon aus dem Grab des Childerich zu Tournai rauben ließ, um sie auf seinen mitternachtsblauen Krönungssamtmantel nähen zu lassen und so eine »ältere« Legitimation als die der Bourbonen vorzutäuschen, in Wirklichkeit das Symbol der fränkischen Friedenskönige gewesen sein.

Apropos Lebensläufe
Die Geschichte von den Geschichten

Bekanntlich entsteht Geschichte dadurch, daß man Geschichten (= Fakten) entweder an einer Wäscheleine aufhängt oder an einem Fahnenmast aufzieht, oder auch mit einer Schnur zu einem Paket verbündelt. Wäscheleine wie Fahnenmast wie Paketschnur sucht sich der jeweilige Deutebold[1] selbst aus. Je nach der literarischen Qualität seines Wirkens wird man sein Werk als literarisch (= Dichtung) oder als wissenschaftlich (= Geschichtsschreibung) qualifizieren. Es ist offenkundig, daß diese Differenzierung bei weitem noch nicht ausreicht, um dem Phänomen »Wissenschaft als Unterart der Spezies Kunst« gerecht zu werden oder gar ihm auf die Spur zu kommen. Doch muß diese Diskussion für diesmal unterbleiben.

Anders ist es mit der Frage nach der Rolle von Geheimdiensten, vor allem aber von Geheimpolizeien in der Geschichte der Literatur. Nun ist es so, daß jede Behörde dazu neigt, ihre Akten sorgsam zu pflegen, bis ihr deutlich gemacht

---

[1] Zum Begriff des Deuteboldes, dessen sich die kritische Publizistik in ihrer Seriosität zu selten bedient, siehe vorstehend Seite 240.

wird, daß eben diese Akten ihr zum Verhängnis werden können. Wären dann Geheimpolizisten von ihrem bisherigen Tun überzeugt, würden sie die Akten stolz als Beweis eben dieses ihres überzeugten Tuns der Geschichte übergeben. Da sie es nie sind und außerdem im allgemeinen von tiefer moralischer Feigheit, übergeben sie sie meist den Flammen. Das ist schade, denn in ihnen haben sich während der ganzen Zeit geheimpolizeilichen Tuns wie in den Schränken jeder Zensurbehörde die verbotenen und also wahrsten Dichtungen und Schicksale des von der jeweiligen Behörde unterdrückten Volkes gesammelt. Nur selten gelingt es kühnen Bürgerinitiativen, wenigstens Teile dieser geheimen Schätze vor ihrer Vernichtung zu bergen. Dazu gehören auch Berichte von Auslandsreportern über im Inland der jeweils regierenden Macht mißliebige Vorgänge. Von solchen wieder aufgefundenen Auslandskorrespondenzen zur Frage der Geschichte und Bedeutung des ius primae noctis (des sogenannten Herrenrechts auf die erste Nacht) konnte ich für diese Sammlung einige erwerben. Die nachfolgenden nämlich:

Uruk, 24. September 4325

Der Freund unseres Herrschers, der ehemalige Fürst der Wälder und Triften Enkiddu, verursachte heute nachmittag einen ungeheuren Auflauf. Ihn überkam jäh der Schmerz, in der Stadt und nicht mehr bei seinen Tieren zu leben. Da verfluchte er die üppig-schöne Tempeldirne, die Dienerin der Astarte, die ihn mit der Süße ihres Leibes sechs Tage und sieben Nächte auf ihrem Lager hielt, bis er den Geruch der Wilde verloren hatte und nicht mehr von seinen Tieren anerkannt wurde. So war er in die Stadt zu Gilgamesch gekommen, und so fluchte er auf dem Marktplatz, daß alle, die wollten, es hörten: »Ich will Dir, Weib, Dein Schicksal bestimmen, es soll kein Ende nehmen all Deine Lebenstage. Meine Verwünschungen sollen stehen über Deinem Haupte. Die Straße sei Deine Wohnung, hausen sollst Du im Winkel der Mauer. Immer seien müde und wund Dir die Füße. Bettler, Verworfene, Ausgestoßene werden Dich nehmen und dann Deine Wangen schlagen.« So verfluchte Enkiddu[1] das Weib, und wer es hörte, erschauerte. (Ben Akiba)

Charran, 23. August 1230

Der Hirtenfürst Laban ließ zum Ergötzen der hiesigen Gesellschaft in seinem Lager nahe der Stadt uralte Nomadenbräuche wieder aufleben, als er seinen Großknecht Jakob mit seiner Tochter verheiratete. Dieser hatte die Schöne, die junge Lea, haben wollen, obwohl die ältere und weniger schöne Rahel noch unvergeben war. Da führte der Vater dem Bräutigam abends in das unerhellte Brautgemach die verschleierte Braut, daß er sie nehme und bei ihr sei für die sieben Tage der Hochzeit. Der aber merkte erst beim grauenden Morgen, daß er nicht Lea, sondern Rahel erkannt hatte. So hatte Laban dem Zugereisten eine Lektion in feiner Lebensart erteilt. Die Schöne aber, Lea, gab er ihm am Ende der Woche als Zweitfrau. So war er beide Töchter los und hatte für weitere sieben Jahre, dies der Kontrakt, den Großknecht erneut gewonnen. (Moses Abu Israel)

---

[1] Als höflicher Mensch sprach er selbst die Verfluchte in der direkten Rede mit großem »D« an.

Apropos Lebensläufe

Mendes, 4. Mai 1201

In unserer schönen alten Nilstadt wurde heute, wie schon seit Jahrhunderten üblich, das Fest Bindidis, des bocksköpfigen Gottes dieser Lande, begangen. Ein Bock öffnete auf dem von feiernder Menge erfüllten Haupthof des Tempels eine unberührte Jungfrau. So vermählte sich der Gott mit den Menschen und gab ihnen für ein neues Jahr sein Land zur Nutzung. Was hier noch uralt-heiliger Brauch, wird in manchen anderen Städten langsam säkularisiert: Dort spielt jeweils der Hohepriester die Rolle des Gottes. Und schon soll hie und da jeder Landherr den Priester mimen. So wird aus heiligem Ton irdene Ware. Gebräuchlich und ohne Wert zuletzt. (Osarsiph ben-Yakuv)

Wêse, 25. April 1198

Die Hauptstadt hat nun den Skandal des Jahres. Peteprê, der Ministerpräsident, entdeckte, daß seine anmutige Gattin, in den gefährlichen Mittdreißigern, mit seinem chaldäisch-ebräischen Privatsekretär Josef seit längerem ein Verhältnis unterhielt. Der Ergrimmte ließ den beiden den Prozeß machen. Hierbei kam zutage, daß ihn seine Eltern schon in der Wiege verschnitten hatten. Sie glaubten, es komme eine neue Zeit herauf, in der des Mannes Geist sich von den dumpfen Fesseln des Urkuhschoßes befreien werde. Damit der Sohn in dieser neuen Welt zu höchstem Amt aufsteigen könne – wie es dann eintrat –, taten sie, was sie taten. So wird denn verständlich, was die hochgebildete Mut em-Enet, seine Gattin, schließlich in die Arme des eleganten und weltbefahrenen Sekretärs trieb. Die Richter berücksichtigten in ihrem Urteil die Tragik, die den Vorgängen zugrunde liegt. Zwar spottet man in den Salons, aber insgeheim bringt man den

Opfern der Verstrickung mehr Sympathie denn Hohn entgegen. Verachtung aber den Alten. (Thomas Mann)

Jellinge, 26. Dezember 984
König Harald, seines faulen Gebisses wegen Blauzahn genannt, gewährte der hiesigen Auslandspresse das übliche Jul-Interview. Dabei berichtete er vom Schicksal der seit langem nicht mehr gesehenen Prinzessin Tyra. Es sei, erklärte der Monarch auf entsprechende Fragen, sein Schwiegersohn Styrbjörn zum Jul-Fest gekommen und habe gesagt: »Du bist mir immer ein guter Schwiegervater gewesen. Aber nun muß ich dir leider sagen, daß deine Tochter Tyra tot ist.« – »Das ist« – berichtete der Monarch seine Gegenfrage – »eine traurige Nachricht. Woran ist sie denn gestorben?« Die Antwort habe gelautet: »Sie wurde mißmutig, als ich mir in Jomsburg eine wendische Beischläferin nahm, und sie geriet so in Zorn, daß sie Blut spuckte. Und dann schwand sie hin und starb. Sonst aber ist sie mir eine gute Frau gewesen.« König Harald beendete seinen Bericht mit der philosophischen Feststellung, es sei nun einmal heute so, daß junge Leute schneller wegstürben als alte. Im übrigen habe er Styrbjörn anheimgestellt, sich unter den restlichen Prinzessinnen nach Ersatz umzusehen.

(Frans G. Bengtsson)

Marseille, 11. Oktober 1230
Stadtgespräch ist hier, wie Markgraf Barral immer deutlicher archaische Züge in sich wach werden läßt. Heute feierte er in Gissi die Übergabe seiner dortigen Ländereien an baskische Siedler. Er ließ in ihrem Kreis aus Wein einen heiligen Ring gießen und erkannte in ihm,

Apropos Lebensläufe

während die Basken den Ring umtanzten, die wildglutige Maitagorry auf bloßer Erde, die er so gleichzeitig mit dem Mädchen befruchtete und fruchtbar machte. Das jedenfalls glauben die Basken, deren Anführer und Schmied die 13jährige Maitagorry anschließend zur Frau nahm. Vertraulich haben mir manche Damen der Stadt verraten, sie gäben gerne vieles, um einmal an Stelle Maitagorrys sein zu dürfen. Doch hätten sie schon zu viel gegeben, als daß sie deren Rolle noch spielen könnten. In den meisten Herren streitet hier der Wunsch, die Rolle des Markgrafen nachzuahmen, mit der Furcht, schon zu zivilisiert zu sein, als daß ihnen solch archaisches Tun bei der Durchführung des ius primae noctis gelänge. (Wolf von Niebelschütz)

Rouen, 30. Mai 1431

Mit Wehmut sah ich heute gegen 9 Uhr morgens zu Rouen das köstliche Mädchen aus Lothringen ihre Glut mit den Flammen des Scheiterhaufens versprühen, statt in den Armen eines würdigen Liebhabers. Es erschien uns Korrespondenten aus aller Welt dies eine wahrhaft sinnlose Verschwendung. Und doch: Keiner, der wie ich den ganzen Prozeß von Anbeginn an miterlebt hatte, der wie die meisten die kirchenrechtlichen und politischen Hintergründe gewahr wurde, konnte auf einen anderen Ausgang hoffen. Johanna hatte sich so unglücklich ins politische Spiel gemischt, daß England nicht umhin konnte, gegen seine eigene Tradition das Recht wahrzunehmen, einen Spruch des geistlichen Gerichts gleichzeitig als Kriminalspruch anzusehen und darum so zu verfahren. Doch steht zu befürchten, daß die Vorgänge während des Prozesses ebenso wie die beteiligten Personen bald in ein völlig falsches Licht geraten werden, da hier Emotionen aufgerührt worden sind, die noch lange Jahrhunderte Europa verstören und zerreißen dürften. Deshalb sei hier noch einmal das Wesentlichste dieses Prozesses zusammengetragen; zumal offenbar Personen, die diesem Prozeß nicht beiwohnten – man hört von Friedrich Schiller, Ruth Schirmer-Imhoff, Franz-Maria Arouet, George Bernard Shaw und Alexandre Dumas – daran gehen, diese Affäre bereits literarisch auszuwerten.

Deshalb möge man sich denn erinnern: Als Johanna aus Domrémy an der lothringisch-deutschen Grenze auftauchte, lebte der eigentliche Thronfolger Frankreichs, Karl, mit seinem Saus-und-Braus-Hofstaat nur noch auf kleinen Territorien zu Orléans an der Loire. Im Norden und Süden umgeben von englischen Ländereien: zum geringsten Teil nur eroberte, denn schließlich war zu Beginn der jüngsten Streitereien Englands Herrscher der größte Vasall der französischen Krone, dem rund ein Drittel aller Lande Frankreichs durch Heirat und Erbschaft gehörten. Das zweite Drittel gehörte Burgund, das Karl sich 1419 durch den Meuchelmord an Johann dem Unerschrockenen, dem Herzog von Burgund, zum erbitterten Feind zu machen gewußt hatte. Das letzte Drittel schließlich gehörte teils Karl, teils stritt man um die Herrschaft. Auch war zu dieser Zeit Karl durchaus nicht mehr legitimer Thronfolger. Denn: Nachdem er rechtens seine Mutter an ihren lockeren Lebenswandel erinnert und seinen Ursprung aus den väterlichen Lenden bezweifelt hatte, war es dieser gelungen, ihren geisteskranken Gemahl, den König, zum Vertrag von Troyes zu bewegen. Durch diesen wurde 1420 die Thronfolge dem englischen Prinzen Heinrich zugesprochen, falls dieser dafür Tochter Katharina, die Schwester (?) Karls, ehelichen würde. Die Königin, Isabeau

Apropos Lebensläufe

von Bayern, mag diesen Vertrag aus Rachegelüsten gegenüber Karl abgeschlossen haben. Viele Untertanen Isabeaus aber, darunter der spätere Bischof von Beauvais, sprachen aus anderen Gründen dafür: Sie waren des ewigen Streites müde und des Blutvergießens. Sie sahen den einzigen Ausweg darin, daß der stärkste Feudalherr Frankreichs – nämlich England – auch die Krone trüge.

Indem Johanna nun Karl zur Krönung verhalf, entsprach sich zwar den loyalen Gefühlen aller dem alten Herrscherhaus sich verbunden Fühlenden: Aber Johanna brach damit einen Staatsvertrag und ließ zu Reims einen Usurpator salben. Sie tat danach gar noch Schlimmeres: Mit der Salbung in Reims war der Auftrag, den sie nach eigener Aussage von Gott erhalten hatte, erfüllt. Sie aber trat nicht zurück, sondern begab sich – wohl getrieben durch die von Schillern so charmierend besungene Kraft der Liebe – auf den Weg, der sie zu ihrem tragischen Ende geleiten sollte. Man wird diesen Weg, wie das bereits hie und da anklingt, in späterer Zeit und vor allem in den notorisch verlogenen Schulbüchern aller Kasten und Klassen zweifellos als einen Heilsweg bezeichnen.

Doch zurück: Nicht nur auf diesem Gebiet der großen Staatspolitik verging sich die Jeanne d'Arc Geheißene zumindest gegen die bestehenden Verträge. Auch den Gesetzen ihres eigenen Glaubens war sie untreu. Denn gegen den Satz, daß die etablierte Kirche die volle Wahrheit Gottes lehre, stellte sie den ihren, daß die Kirche nur so lange recht habe, als das nicht mit ihren privaten Offenbarungen kollidiere. Es ist hier nicht der Ort, die theologischen Implikationen dieser Tat im Detail zu untersuchen. Johanna hatte sich jedenfalls eindeutig der Ketzerei schuldig gemacht. Was Wunder, daß sich das Inquisitionsgericht mit ihr zu befassen begann? Jene

Apropos Lebensläufe

Institution, die um 380 von den römischen Kaisern gegründet wurde, um Glaubensabtrünnige harmlos zu machen, die dann erst 1215 zu einer kirchlichen wurde (in Händen der Bischöfe) und die seit 1233 endgültig und für alle Zeiten dem Dominikanerorden übertragen ward. Diese Institution, und niemand anders, hatte an die Bischöfe den Auftrag gegeben, Johanna den Glaubensprozeß zu machen, sobald sich die Gelegenheit dazu ergebe. Diese Aufforderung hatte der Großinquisitor für Frankreich ausgesprochen. Dieser Aufforderung nachzukommen wurde Schicksal des Bischofs Peter zu Beauvais, der dem Gerichtshof zu präsidieren hatte, während der eigentliche Gerichtsherr nicht er, sondern der Vertreter des Großinquisitors war. Zu Beauvais aber hatte der Prozeß stattzufinden, weil Johanna in dieser Diözese gefangengenommen wurde.

Mit ihrer Gefangenschaft war das nun auch wieder eine Sonderbarkeit: Wenn nämlich der französische Hof, der ihr seine usurpierte neue Herrschaft ja zu verdanken hatte, auch nur die geringste Dankbarkeit besessen hätte, wäre es nie zum Prozeß gekommen. Denn lange bemühte sich Herr Johann von Luxemburg, ihr »Besitzer«, sie König Karl gegen ein Lösegeld zurückzuverkaufen. Der aber wollte – getrieben von der Adelspartei – nichts davon wissen. Und hier liegen wieder einige der Gründe, weshalb Johannas Tun als reichlich fragwürdig bezeichnet werden muß; denn der Adel war nicht so sehr gegen sie, weil sie Erfolg hatte; er war vielmehr gegen sie, weil sie behauptete, der Adel Frankreichs sei französischer Adel und deshalb gemeinsam mit Frankreichs anderen Untertanen als eine Nation anzusehen, die das Recht habe, gegen die Beherrschung durch einen Herrscher aus anderer Nation aufzutreten. Man wird diese Argumentation sicherlich einmal bestechend finden: sobald man nämlich den verzweifelt törichten Gedanken gefressen haben wird, daß jede Gemeinschaft zu ihrem Blühen der Beschränkung im Korsett einer politischen Nation-Gemeinschaft bedürfe. Ansätze zu diesem Denken lassen sich seit einiger Zeit überall feststellen. Sie scheinen aber aus einer wenig begrüßenswerten Geisteshaltung zu entstammen: Wenn ich mich mit meinem Nachbarn nicht mehr vertrage, dann versuche ich nicht etwa, die Streitpunkte auszuräumen, sondern dann baue ich eine Mauer zwischen ihm und mir. Die Konsequenzen sind offenkundig.

Nun also der Prozeß: Johanna stand vor ihren geistlichen Richtern und hatte sich wegen der Anklage der Ketzerei zu verteidigen. Das konnte sie nicht, und es wäre das auch nicht nötig gewesen, da sie durchaus bereit war, ihre als ketzerisch bezeichneten Handlungen zu revozieren. Da aber setzte ein wahrhaftig tragisches Zwickmühlenspiel ein.

Den Sitten unserer Zeit folgend, brachte man gegen sie auch vor, sie sei eine Buhldirne des Teufels, da sie ständig in Männerhosen reite. Diese Argumentation stützte sich auf das Alte Testament, wo in Deuteronomium XXII, 5 zu lesen ist: »Die Frau zieht keine Männerkleider an, sonst ist sie verabscheuungswürdig vor Gott.« Nun trug Johanna, wie der berühmte Kanzler der Pariser Universität Johannes Gerson in seinem berühmten Gutachten vom 14. Mai 1429 zu dieser Frage festgestellt hat, Hosen, um in dieser rauhen Zeit ihre Unschuld besser schützen zu können; und es werde ja wohl in Gottes Augen die Schamhaftigkeit nicht verletzen, was zu deren Schutz geschehe; der Buchstabe des Alten Testamentes aber sei juristisch nicht mehr bindend, seit das Neue Testament gelte; und schließlich: »Wo die göttliche Tugend an der Arbeit ist, müssen sich die Mittel nach dem Zweck richten.«

Soweit Gersons Gutachten. Gerson aber ist inzwischen selbst als Ketzer aus Paris vertrieben worden und hat in der Schweiz Asyl nehmen müssen. Johanna ihrerseits war nicht gebildet genug, um die »Hosen-Frage« im Sinne Gersons, aber ohne ihn, zu erläutern. Sie verwies vielmehr immer wieder auf eben diesen Gerson, den das Inquisitionsgericht aber nicht mehr anerkennen konnte – mochte seine Argumentation (in anderen Worten) auch durchaus annehmbar sein. Nur: Johanna standen diese anderen Worte nicht zur Verfügung. Und ihr geistlicher Verteidiger durfte sie nicht suchen. Denn ihm hätte man rechtens »Nachfolge Gersons« vorgeworfen.

Johanna aus Lothringen widerrief und wurde zu geistlicher Haft verurteilt. Ehe sie aber aus der Stadt in ein Klostergefängnis gebracht werden konnte, griff sie wieder zu den Hosen. Diesmal, um sich vor den Nachstellungen ihrer Kerkermeister zu sichern. Die oben knapp skizzierte Zwickmühle klappte zu. Johanna war rückfällig geworden. Das geistliche Gericht mußte ihre endgültige Verdammung und Exkommunizierung aussprechen. Und England sah sich folgender Situation gegenüber:

Das hübsche Kind hatte aus Gründen, die hier unerörtert bleiben mögen, dafür gesorgt, daß ein Staatsvertrag durch Frankreich gebrochen wurde, der England die französische Krone einbringen sollte. Johanna hatte im Vaterland Europa die These aufgestellt, daß das Vaterland Frankreich vorginge. Sie hatte das Kräftespiel so durcheinandergebracht, daß jene französischen Fürsten, die zugleich auch Englands Könige waren, in Gefahr standen, ihre kontinentalen Besitzungen zu verlieren und auf die Insel jenseits des Kanals abgedrängt zu werden. Sie war schließlich vom geistlichen Gericht verurteilt worden. Da sie – zumindest in den Augen der einfachen Sol-

Apropos Lebensläufe

daten und Untertanen der britischen Majestät diesseits und jenseits des Kanals – als Ketzerin und Teufelsbuhle galt, hätte jede Milde ihr gegenüber die Krone selbst in den Verdacht gebracht, der Schönen Komplizin zu sein. Auch hätte Frankreich sich von der Krone abgewandt – bis auf jene Bevölkerungsgruppen, in denen die nationalistischen Parolen der Lothringerin gezündet hatten. So vollzog denn der Henker des größten Vasallen unter der französischen Krone, des britischen Königs, an dem Mädchen aus der winzigen Enklave Domrémy an der deutsch-französischen Grenze zwischen burgundischem und englischem Gebiet auf Grund des Urteils des geistlichen Gerichtshofes die Exekution.

Jeanne d'Arc wird rehabilitiert werden, sobald die von ihr erweckten Gedanken erst einmal in größere Massen bislang ungebildeter Bevölkerung eingesickert sein werden. In menschlicher Hinsicht wird ihre Rehabilitation nur zu billigen sein. Denn – wie gesagt – es ist schade um das schöne Kind, und sie wäre nicht exekutiert worden, wenn die Verhältnisse nicht auf so tragische Weise verzwackt gewesen wären. Doch sollte das in keiner Weise die Tatsache verdecken dürfen, daß geistliches wie weltliches Gericht im gewöhnlichen Sinn des Wortes Recht taten ebenso wie in einem sehr viel bedeutsameren außerordentlichen Sinn: England verbrannte nach Zustimmung der weltweiten Kirche Johanna deshalb zu Recht, weil sie im Vaterland Europa zugunsten des einen Vaterlandes Frankreich gegen England das Europa der Vaterländer proklamiert hatte.

(Hugo Schrath)

Apropos Lebensläufe

Tenochtitlan, 27. September 1506
Die bezaubernde Maya-Prinzessin A..., die seit einiger Zeit hier den Schutz des Hauses Montezuma als Exilierte genießt, bewies heute, daß sie außer Anmut auch Seelengröße besitzt. Ein Prinz hatte sie im Stadion getätschelt und ihr seine Liebe gestanden. Sie aber kehrte in ihre Wohnung zurück, schnitt mit scharfem Obsidian die getätschelte Brust ab und übersandte sie dem Busengrapscher mit dem Bemerken, da er das Objekt seiner Liebe so eindeutig gekennzeichnet habe, erlaube sie sich, es ihm anbei zu übermitteln. Hoffend, ihn nicht wiedersehen zu müssen. Er langweile sie.
(Eduard Stucken)

St. Petersburg, März 1783
Hinter vorgehaltener Hand flüstert man sich hier in zuverlässigen diplomatischen Kreisen zu, die Kaiserin Katharina sei mit den Leistungen ihrer Garde nicht mehr zufrieden, was ihre Bettüchtigkeit angehe. So habe sie sich von ihrem Leibschreiner eine hölzerne Stute bauen lassen, mit zweckmäßiger Innenausstattung. Darinnen liege sie nun des öfteren und erprobe nach den Reitern deren Pferde. Alles stramme Kosakenzucht, auch einiges kaukasisches Geblüt. Die Monarchin verlange jedoch in allen Fällen einen guten Pedigree. Denn nur so gebühre es sich für eine Kaiserin aus gut deutschem Hause.
(Gregor A. Potemkin)

Paris, 12. Februar 1965
Montmartre hat eine neue Sensation. Die Damen anerkennen eine als ihre neue Meisterin: Goulou, Kennern seit langem keine Fremde mehr, hat sich von einem vorzüglichen

hawaiischen Tattauier in ein lebendes Bilderbuch verwandeln lassen. In eine Art lebenden Comic Strip, allerdings ohne Worte. Und erst wenn der Gast in langem und fesselndem Studium die Geschichte gelesen hat, die da berichtet wird (und deren Inhalt hier nicht einmal angedeutet werden darf), findet er sich unversehens vor dem Tempel der Venus, den der Hawaiianer als einzigen ausgespart hat. Goulou, die sich seither ihre Freunde nur noch nach ihrer Kunst und Beständigkeit aussucht, verfügt inzwischen über ein Bankkonto, das die Nationalbank bereits als Währungsdeckung anzusehen beginnt. Wie übrigens auch die geistvolle Schöne, die eine wahrhaft lebendige Illustrierte ist. Was man von den deutschen Bildergazetten leider nur sehr selten sagen kann.

(Fritz Graßhoff)

Fritz Graßhoff

* am 9.12.1913 in Quedlinburg, † am 9.2.1997 in Hudson

Kurzer Lebens- und Todeslauf

Zuerst war ich ein Kieselstein
und lebte in der Bode.
Ein Bergrat vom Geol. Verein,
der klopfte mich zu Tode.

Ich wuchs darauf als Wegerich
an einer Wirtshausecke.
Die Gäste aber brachten mich
erbarmungslos zur Strecke.

Dann wurde ich ein Murmeltier
im Hochland der Karpaten,
daselbst nach einem Bleiklystier
in Bohnerwachs gebraten.

Schon wieder bin ich auf der Welt
als Stromer und als Dichter;
ernähre mich von Versengeld
und leuchte im Gelichter.

FGs Vater fuhr zur See, wurde in Quedlinburg Kartoffel- und Kokshändler (wo noch 1990 sein Firmenschild durch den schäbigen DDR-Außenanstrich schimmerte) und dann Bauer. FG wuchs »in einer Proletarierstraße zwischen Koksbergen, Bumskneipen, Schlägern und entsprechendem Damenflor« auf, machte 1933 sein Abitur, begann als Kirchenmalerlehrling zu lernen, war dann als Journalist und ab 1938 als Soldat in Frankreich und Rußland. Ab 1946 lebte er in Celle, ab 1956 in Schweden, Griechenland und der Türkei, ab 1967 in Zwingenberg, ab 1983 in Hudson (Canada).

FG dichtete berühmte Gesänge wie ›Käptn Byebye aus Shanghai‹, die von den bekanntesten Diseusen und Chansonniers auf Langspielplatten vorgetragen wurden, das ›Wumpe-Lied‹ und die ›Moritat vom eiskalten Gasanstaltsdirektor‹. 1956 wurde er weithin auch als Maler bekannt, der 1993 in Celle über sein Malen und Werken den Katalog ›Maler und Poet‹ vorlegte und vor allem über sein Malen 1984 bei den Karo-Enterprises in Hudson ›Paintings – Peintures – Gemälde‹ und 1993 ›Graphik – Graphic – Graphiques‹.

1947 erschien seine ›Große Halunkenpostille‹, die »erstmalig erschienene, auf Zuwachs geschneiderte und hiermit beträchtlich erweiterte ... nebst dem Allgemeinen ungültigen Bauernkalender von 1954 neu bebildert vom Autor selbst. Ausgabe vorletzter Hand«, die 1954, 1959 und 1981 in jeweils erweiterten Neuausgaben erschien (1981 in München).

1964: ›Die klassische Halunkenpostille. Zwei Dutzend alte griechische und römische Dichter übersetzt, entstaubt und umgehost, dazu Der Neue Salomo – Songs, Lieder und Balladen nach des Predigers Worten mit Bildern versehen und ans Licht gebracht‹ (Köln-Berlin 1964).

1965: ›Unverblümtes Lieder- und Lästerbuch. Ein Leitfaden durch die Molesten des Daseins unter besonderer Berücksichtigung der Dickfelligkeit des Publikums. Stramm bebildert von ihm selbst.‹ (Köln-Berlin 1965).

1966 gab er ›Carl Michael Bellman: Durch alle Himmel alle Gassen‹ heraus. Der schwedische Rokokopoet hatte ihn seit seinem Aufenthalt in Schweden fasziniert. (Köln-Berlin

1966). Dieser ersten Auswahl folgte 1995 ›Bellmann auf deutsch. Fredmans Episteln‹ in FGs vollständiger Übertragung (Potsdam 1995).

1970: ›Bilderreiches Haupt- und (G)liederbuch 1966-1970‹ (Köln-Berlin 1970).

1972: ›Seeräuberreport. Songs, Lieder & Balladen für den Haus- und Marktgebrauch‹ (Tübingen-Basel 1972), dem 1986 die Neuauflage ›Seeräuberreport. Songs, Szenen, Lieder & Balladen für den Haus- und Marktgebrauch‹ folgte.

1975 kam in Düsseldorf sein ›Philodemus und die antike Hintertreppe‹ heraus, die sich wie alle seine Übersetzungen durch den schnoddrigen Jargon mit ironisch-satirisch-sarkastischen Spitzen auszeichnet und dennoch textgetreu ist.

1980 erschien in München sein ›Blauer Heinrich‹, eine simplicianische Autobiographie in den Kriegs- und bewegten Nachkriegsjahren, die nicht versucht, aus all den Zufälligkeiten und absichtlichen Zielsetzungen von Fall zu Fall die stringente Geschichte eines Lebenslaufs zu konstruieren, ihr gar eine Eschatologie beizudichten.

1991 ließ FG in ›Les Editions du Silence‹ in Hudson ›Les Animaux en pentalons – Tiere in Hosen‹ folgen, die man als geziemende Summe verstehen kann, auch wenn sie so nicht gedacht war. Seine Übertragung des ›Martial‹ sucht immer noch einen Verleger.

Apropos Lebensläufe

Endgedicht

Eben war es doch noch hell
Tanzten wir nicht eben noch
uns erkennend unterm Fliegenfänger
ums Geselchte?
Lasen wir nicht eben noch
uns die Zeit von Bart und Wimper?

Stritten wir nicht eben noch
uns um Mohn und Rübsen
das Loch im Faß
den Sprung im Krug
die Borste im Brot?

Wo ist das Gespräch des Flusses
mit den lauschenden Muscheln?
Eben war doch noch Gesang und Atem
im geduldigen Gras
und das Läuten über uns
der Aeroplane

Eben wollten wir uns noch
neue Kleider machen neue Hüte
Recht behalten hat
die Posaune in den U-Bahnschächten
und es erfüllen sich
die Gebete der Viren

Bibliographie

Außer zahlreichen Tageszeitungen und Wochenzeitschriften waren es vor allem die folgenden Bücher, in denen ich die süßen Früchte fand, aus denen sich diese Satura zusammensetzt:

Adam, Frank: Hornblower, Bolitho & Co. (Verlag Ullstein GmbH, Frankfurt-Berlin 1992)

Allen, Woody: Wie du dir so ich mir (deutsch von Benjamin Schwarz, rororo, Reinbek 1981)

Allgemeines deutsches Reimlexikon. Herausgegeben von Peregrinus Syntax, eingeleitet von Hans M. Enzensberger (Insel Verlag, Frankfurt am Main, 1993)

Aman, Reinhold: Maledicta. The International Journal of Verbal Aggression. Bisher 12 Bde. (Santa Rosa, 1996)

– Hillary Clinton's Pen Pal. A Guide to Life and Lingo in Federal Prison (Santa Rosa, 1996)

Ambjörnsen, Ingvar: 23-salen (Forfatterforlaget, Oslo 1981)

– Sarons Haut (Forfatterforlaget 1982; deutsch: Sarons Haut, Buntbuch-Verlag, Hamburg 1985, Fischer Taschenbuch Verlag, Frankfurt/Main 1988)

– De siste revejakta (Forfatterforlaget, Oslo 1983)

– Galgenfrist (Cappelen Forlag, Oslo 1984)

– Stalins Øyne (Cappelen 1985; deutsch: Stalins Augen, Nautilus Verlag, Hamburg 1989)

Bibliographie

- Hvitte Niggere (Cappelen 1986; deutsch: Weiße Nigger, Nautilus 1988)
- Heksenes Kors (Cappelen 1987)
- Kjempene faller (Cappelen 1987); deutsch: Die Riesen fallen, Sauerländer Verlag, Aarau 1988)
- Jesus står i porten (Cappelen 1988)
- Døden pa Oslo S (Cappelen 1988; deutsch: Endstation Hauptbahnhof, Sauerländer 1989)
- Bellona (Cappelen 1989)
- Giftige Løgner (Cappelen 1989; deutsch: Giftige Lügen, Sauerländer 1990)
- San Sebastian Blues (Cappelen 1989; deutsch: San Sebastian Blues, Nautilus 1990)
- Den mekaniske kvinnen (Cappelen 1990; deutsch: die mechanische Frau, Nautilus 1991)
- Sannhet til salgs (Cappelen 1991; deutsch: Wahrheit zu verkaufen, Sauerländer 1992)
- Jesus star i porten (Cappelen 1988; deutsch: Der Mann im Schrank, Nautilus 1992)
- Det gyldne vakuum (Cappelen 1992; deutsch: Das goldene Vakuum, Nautilus 1993)
- De bla ulvene (Cappelen 1991; deutsch: Die Blauen Wölfe, Sauerländer 1993)
- Utsikt Til Paradiset (Cappelen 1993; deutsch: Ausblick auf das Paradies, Rasch & Röhring 1995)
- Den siste revejakta (Forfatterforlaget 1983; deutsch: Der letzte Deal, Nautilus 1995)
- Etter orkanen (Cappelen 1993; deutsch: Nach dem Orkan, Sauerländer 1996)
- Hevnen fra himmelen (Cappelen 1994; deutsch: Die Rache vom Himmel, Sauerländer 1997)

Ambler, Eric: die bisherigen Werke (19 Bände, Diogenes Taschenbücher, Zürich)

The American Peoples Encyclopedia (New York 1971)

Anglo, Sidney: How to win at tournaments: The technique of medieval chivalric combat. (In: The Antiquaries Journal, Band 68/1988, Heft 2)

Archiv der Gegenwart (wöchentliche Dokumentation seit 1931, Siegler-Verlag, derzeit St. Augustin)

Baantjer, A.C.: sämtliche bisher erschienenen De Cock-Krimis (Ullstein)

Bibliographie

Baddeley, John Frederick: Russia, Mongolia, China (2 Bände, in Band 2 die Übersetzung der China-Berichte Spafariis ins Englische, S. 194–422, London 1919, Reprint New York 1964)

Bächtold-Stäubli, Hanns; Hoffmann-Krayer, Eduard: Handwörterbuch des deutschen Aberglaubens (10 Bände, Walter de Gruyter, Reprint Berlin 1987)

Baecker, Dirk: Nichttriviale Transformation. In: Soziale Systeme, Zeitschrift für soziologische Theorie, 1. Jahrgang, Heft 1 (Leske + Budrich, Opladen 1995)

Bardenhewer, O. u. a. (Hrsg.): Bibliothek der Kirchenväter (83 Bände, Kösel, Kempten 1911-39)

Barkhoff, Jürgen: Magnetische Fiktionen. Literarisierung des Mesmerismus in der Romantik (J. B. Metzler Verlag, Stuttgart und Weimar 1996)

Barthel, Manfred: Lexikon der Pseudonyme (Heyne-Verlag, München 1989)

Baumann, Wolf-Rüdiger: The Merchants Adventurers and the Continental Cloth-Trade. In: European University Institute Series B Geschichte, Bd. 2 (Walter de Gruyter, Berlin-New York 1990)

Beckmann, Gudrun; Ewinkel, Irene; Keim, Christian; Möller, Joachim: Eine Zeit großer Traurigkeit – Die Pest und ihre Auswirkungen (2 Bände, Jonas Verlag, Marburg 1987)

Beeler, M. S.: The Venetic Language (University of California Press, Berkeley & Los Angeles, 1949)

Blüher, Hans: Die Rolle der Erotik in der männlichen Gesellschaft (Jena 1921)

Bombaugh, C. C.: Oddities and Curiosities of word and literature (Hrsg. Martin Gardner, Dover Publications Inc., New York 1961)

Borges, Jorge Luis: Sämtliche Werke; besonders ›Einhorn, Sphinx und Salamander‹ (Hanser, München; besonders 1983)

Botts, Linda: Loose Talk (New York 1980)

Bourke, John Gregory: Das Buch des Unrats (Eichborn Verlag, Frankfurt am Main 1992)

Bramann, Klaus-Wilhelm; Merzbach, Joachim; Münch, Roger: Sortiments- und Verlagskunde (K.G. Saur, München 1993)

Briggs, Katharina: A Dictionary of Fairies (London 1976)

Brousek, Margarete-Anna: Böhmisches Tarock (Ullstein, Berlin 1992)

Brown, Fredric: Flitterwochen in der Hölle – und andere Schauer- und Science-Fiction-Geschichten (deutsch von B. A. Egger, dtb 192, Zürich 1979)

Le Brun, Jacques: Rêves de religieuses. Le désir, la mort et le temps. (In: Revue des sciences humaines, 82. Jahrgang 1988)

Bibliographie

Buff, Wolfgang; von der Dunk, Klaus: Giftpflanzen in Natur und Garten. (Augsburger Bücher, Augsburg 1980)
Der Bulgarenmord in ›Quellen zur Geschichte des 7. und 8. Jahrhunderts, die vier Bücher der Chroniken des sogenannten Fredegar‹, neu übertragen von Andreas Kusternig, Freiherr vom Stein-Gedächtnisausgabe (Wissenschaftliche Buchgesellschaft, Darmstadt 1982)

Caine, Michael: Not Many People Know That (London 1986)
Callaghan, Mary Rose: Kitty O'Shea – a life of Katharine Parnell (Pandora Press, London 1989)
Chandler, Raymond: Sämtliche Werke (13 Bände, Diogenes Taschenbücher, Zürich 1980)
Chase, James Hadley: Falls Sie Ihr Leben lieben ... (deutsch von Heinz F. Kliem, Ullstein-Krimi, Berlin 1972)
Christiansen, Werner C.: Kleiner kommunistischer Zitatenschatz (Bad Godesberg 1960)
Cela, Camilo José: Neunter und letzter Wermut (deutsch von Gisbert Haefs, Verlag Klaus Wagenbach, Berlin 1990)
Civiltà degli etruschi. 8 Bde. Katalog der Progetto Etruschi. (Electa editrice, Milano 1985)
Coe, Michael D.: Das Geheimnis der Maya-Schrift – Ein Code wird entschlüsselt (Rowohlt-Verlag, Reinbek bei Hamburg 1995)
Costello, Peter: The Magic Zoo (London 1979)
Cruz-Smith, Martin: Los Alamos (deutsch von Wulf Bergner, Goldmann Verlag, München 1990)

Dawson, Christopher: Die Religion im Aufbau der abendländischen Kultur (Düsseldorf 1953)
Miclea/Florescu: Decebal şi Traian (Editura Meridiane, Bukarest 1980)
Defoe, Daniel: Ein Bericht vom Pest-Jahr (1987)
Diderot/d'Alembert: Encyclopédie, ou Dictionnaire raisonné des Sciences des Arts et des Métiers ... (Vincent Giuntini, Lucca ²1758–1771, 17 Bände)
Die Didriks-Chronik Svava: Das Leben König Didriks von Bern und die Niflunge, erstmals vollständig aus dem Altschwedischen übersetzt und mit geographischen Anmerkungen sowie einem kritischen Apparat versehen von Heinz Ritter-Schaumburg (Der Leuchter, Otto Reichl Verlag, St. Goar, 1990)
Dublin at your fingertips (OMC Publications, Trim 1989)

Bibliographie

Eberhard, Wolfram: Lokalkulturen im alten China. 2 Bände (Leiden und Peking, 1942)

Eckmar, Frederick Rudolf: De Maagd en de Mordenaar (Amsterdam 1958)

Eco, Umberto: Nachschrift zum ›Namen der Rose‹ (deutsch von Burkhart Kroeber; Carl Hanser Verlag, München 1984)

Ekwall, Eilert: The Concise Oford Dictionary of English Placenames (Oxford, At the Clarendon Press, [4]1991)

The Encyclopedia Britannica (32 Bände, London/New York 1911 ff.)

Engelmann, Wolf-Eberhard; Fritzsche, Jürgen; Günther, Reiner; Obst, Fritz Jürgen: Lurche und Kriechtiere Europas (Ferdinand Enke Verlag, Stuttgart 1986)

Eysenck, Hans und Michael: Der durchsichtige Mensch (Kösel Verlag GmbH & Co., München 1983)

Faligot/Kauffer: Der Meister der Schatten Kang Sheng und der chinesische Geheimdienst 1927–1987 (deutsch von Regina von Beckerath und Barbara Schaden, Ehrenwirth Verlag, München 1988)

Faust-Blätter (Neue Folge): Halbjahresschrift der Faust-Gesellschaft (Faust-Verlag Joachim Heesen, Stuttgart O, Hallbergerstraße 6)

Feuerbach, Anselm von: Merkwürdige Verbrechen (Eichborn Verlag, Frankfurt am Main 1993)

Fiedler, Frank: Die Monde des I Ging – Symbolschöpfung und Evolution (Diederichs Gelbe Reihe, München 1988)

Förstemann, Ernst: Altdeutsches Namenbuch, Erster Band: Personennamen (P. Hanstein's Verlag, Bonn [2]1900)

Foxe, John: The Book of Martyrs (London o. J.)

Frauen-Brevier für Haus und Welt – Eine Auswahl der besten Stellen aus namhaften Schriftstellern über Frauenleben und Frauenbildung (zusammengestellt von H. V. Grote'sche Verlagsbuchhandlung, Berlin 1872)

Frey, Alexander Moritz: Sohnemann der Unsichtbare (Delphin-Verlag Doktor Richard Landauer, München 1914)

Friedman, Kinky: Lone Star (deutsch von Hans-Michael Bock, Haffmans Verlag, Zürich 1993)

Frequent Flyers (deutsch von Georg Deggerich, Haffmans Verlag, Zürich 1994)

Froude, J. A.: Short Studies on Great Subjects (London 1919)

Die Geschichte Thidreks von Bern, übertragen von Fine Erichsen, in: Thule Altnordische Dichtung und Prosa Band 22 (Eugen Diederichs Verlag, Neuausgabe 1967 mit Nachwort von Helmut Voigt)

Giardinelli, Mempo: Wie einsam sind die Toten (deutsch von Willi Zurbrüggen, Piper Verlag, München 1990)

Giljarowski, Wladimir: Kaschemmen, Klubs und Künstlerklausen. Sittenbilder aus dem alten Moskau (deutsch von Manfred Denecke, Rütten & Loening, Berlin ³1988)

Gimbel, John: Science, Technology and Reparations. Exploitation and Plunder in Postwar Germany (Stanford University Press, Stanford 1990)

Gleeson, John: The Book of Irish Lists & Trivia (Gill and Macmillan, Dublin 1989)

Gleick, James: Chaos – die Unordnung des Universums (Droemer Knaur, München 1988)

Goldt, Max: Die Radiotrinkerin (Haffmans Verlag, Zürich 1991)
- Quitten für die Menschen zwischen Emden und Zittau (Haffmans Verlag, Zürich 1993)
- Schließ einfach die Augen und stell dir vor, ich wäre Heinz Kluncker (Haffmans Verlag, Zürich 1994)

Graßhoff, Fritz: Seeräuberreport (Erdmann, Stuttgart 1972)
- Unverblümtes Lieder- und Lästerbuch (Kiepenheuer & Witsch, Köln 1965)
- Die klassische Halunkenpostille (Kiepenheuer & Witsch, Köln 1964)
- Neue große Halunkenpostille ... nebst dem Allgemeinen ungültigen Bauernkalender von 1954 (Nymphenburger, München 1981)

Greeley, Andrew M.: Planet der Verheißung (deutsch von N. N., also bei Bastei/Lübbe 1988)
- Selig sind die Sanftmütigen (Bastei-Verlag, 1989)
- Selig, die reinen Herzens sind (Bastei-Verlag, 1989)

Gronow, Captain: The Reminiscences and Recollections (London 1889)

Grunewald, Jakob: Willkürliche Biogramme (Haffmans Verlag, 1986)

Gudde, Erwin G.: California Place Names – The Origin. An Etymology of Current Geographical Names (University of California Press, Berkeley ³1974)

Haefs, Gabriele: Christophorus und Cucuphatus – zwei sonderbare Heilige (bisher unveröffentlichtes Manuskript)
- (Hrsg.): Frauen in Irland. Erzählungen (dtv 11222, München 1990)

Bibliographie

Haefs, Gisbert: Mord am Millionenhügel
- Und oben sitzt ein Rabe
- Das Doppelgrab in der Provence
- Mörder & Marder
- Das Triumvirat
- Die Schattenschneise (Krimis bei Goldmann/München und Haffmans/Zürich)
- Hannibal – Der Roman Karthagos (Haffmans, Zürich 1989)
- Freudige Ereignisse (Erzählungen; Haffmans, Zürich 1990)
- Alexander – der Roman Alexanders des Großen, Teil I: Hellas (Haffmans, Zürich 1992); Teil II: Asien (Haffmans, Zürich 1993)

Haefs, Hanswilhelm: Die Ereignisse in der Tschechoslowakei vom 27.6.1967 bis 18.10.1968 – ein dokumentarischer Bericht (Siegler-Verlag, Bonn 1969)
- Wege zur Lochmühle – Berichte und andere Geschichten aus den Schluchten des Adlerlandes (bisher unveröffentlichtes Manuskript mit Studien zur Geschichte des Ahrtales ad exemplum historiae Eifliensis)
- Im langen Schatten Tschinggis Chans – Anmerkungen zu abendländischen Ignoranzen, oder: Nachrichten über die eurasische Schicksalsgemeinschaft, ihr Entstehen und ihre Auswirkungen bis heute (bisher unveröffentlichtes Manuskript; eine Kurzfassung erschien in der Zeitschrift ›Im Gespräch‹)
- Von denen ›Nifl-Jungen‹ zum ›Lied der Nibelungen‹ zum ›Ring der nie gelungen‹ – eine Wanderung durch heterodoxe Gefilde (bisher unveröffentlichtes Manuskript mit Studien zu den möglichen historischen Hintergründen von Didrikschronik, Thidreksaga und Nibelungenlied; eine Kurzfassung erschien in der Zeitschrift ›Tumult‹)
- Spurensuche in Mexiko, oder: ›Der Waldläufer‹ – Karl Mays ›Kulissenschieber‹? ›Das Goldtal‹ – sein Steinbruch für Charaktere? Captain Reid – der Vater Winnetous? (erschienen als Sonderheft 80 der Schriftenreihe der Karl-May-Gesellschaft)
- Wie Mao 1945 den USA eine exklusive Kooperation anbot, wie daraus nichts wurde, mit welchen Konsequenzen, und wie der US-Senat das 1971 bewertete (Beiheft 3/1987 der Deutschen China-Gesellschaft, Köln)
- Die Sprachen Chinas und die nationalen Minderheiten (Beiheft 4/1988 der Deutschen China-Gesellschaft, Köln)
- Aufruf zur Verteidigung Europas gegen die politischen Klassen vulgo Nomenklatura (in: Dampf-Radio Nr. 41/92)

Bibliographie

- Geschichte des Klosters Osek in Nordböhmen 1192–1995 (bisher unveröffentlichtes Manuskript)

Haenisch, Erich: Sinomongolische Späne. In: Eurasia Nostratica, Festschrift für Karl Heinrich Menges, Bd. I–II (Wiesbaden 1977)

Hahn, Jürgen: ›Da klebte ich zwischen Himmel und Erde‹ – Betrachtungen zu Karl Mays Alterswerk (In: Jahrbuch der Karl-May-Gesellschaft 1992, S. 299–317, Hansa Verlag Ingwert Paulsen, Husum 1992)

Halm, Heinz: Das al-Andalus-Problem. In: Der Islam, 66 Jg., Heft 2/1989

Hammett, Dashiell: Sämtliche Werke (10 Bände, Diogenes-Taschenbücher, Zürich 1981)

Handbook of Middle American Indians (16 Bände, 2 Supplementbände, University of Texas Press, Austin ab 1964)

Handbook of North American Indians (20 Bände, bisher erschienen Bde. 5, 6, 8, 9, 10, 11 und 15; Smithsonian Institution, Washington ab 1984)

Harris, Robert: Vaterland (deutsch von Hanswilhelm Haefs, Haffmans Verlag, Zürich 1992)

Heberer, Thomas: Nationalitätenpolitik und Entwicklungspolitik in den Gebieten nationaler Minderheiten in China (Bremer Beiträge zur Geographie und Raumplanung, Heft 9, Universität Bremen 1984)

- Minderheiten und Minderheitenpolitik in der Volksrepublik China. In: China-Report Nr. 81/1985 der ÖGCF (Österreichische Gesellschaft zur Förderung freundschaftlicher und kultureller Beziehungen zur VR China, Wien)
- Ethnic Minorities in China: Tradition and Transform (Rader-Verlag, Aachen 1987)
- Probleme der Nationalitätentheorie und des Nationalitätenbegriffes in China. In: Internationales Asienforum 1-2/1985
- Das neue Gesetz über die Gebietsautonomie der Nationalitäten der VR China. In: Osteuropa-Recht 1-2/1985
- China und seine ethnischen Minderheiten. In: H. Steckel (Hrsg.): China im Widerspruch. Mit Konfuzius ins 20. Jh. (Rowohlt-Verlag 1988)

Heinzle, Joachim: Das Nibelungenlied – eine Einführung (In: Artemis-Einführungen, Band 35, Artemis-Verlag, München/Zürich 1987)

Hellriegel, Richard: Gaugrehweiler und der Rheingraf Karl Magnus. (In: Der junge Geschichtsfreund Nr. 3/1960, Beilage zum Nordpfälzer Geschichtsverein; Winnweiler)

Herrmann, Joachim: Zwischen Hradschin und Vineta – frühe Kulturen der Westslawen (Urania-Verlag, Leipzig ²1976)

Bibliographie

Hess, Moses: Philosophische und sozialistische Schriften 1837 bis 1850 (Auswahl, Akademie Verlag, Berlin 1961)
He Xin: Der Ursprung der chinesischen Götter (chinesisch, Beijing 1987). Durch ingeniöse Interpretation reichen Bildmaterials sucht He nachzuweisen, daß der Drachen-Glaube aus der Verkörperung, Verdinglichung, Deifizierung von Wolkenformationen entstanden sei, ohne aber die Frage nach dem Grund des Entstehens dieser Vorstellungen zu stellen.
Higgins, George V.: Der Anwalt (deutsch von Oskar T. Sahm, dem matzerathischen Gegenstück zu Oscar W. Ilde, Goldmann Verlag, München 1989)
Histoire Générale de la Chine, ou Annales de cct Empire; traduites du Tong-Kien-Kang-Mou, par le feu Père Joseph-Anne-Marie de Moyriac de Mailla, Jésuite François, Missionaire à Pékin, publiées par M. l'Abbé Grosier chez Pierres et Clousier (13 Bände, Paris 1777 bis 1785)
Historia von D. Johann Fausten. Nachdruck des Faust-Buches von 1587, mit einem Nachwort von Peter Boerner (Dr. Martin Sändig GmbH, Wiesbaden 1978)
Hofstädter, Douglas R.: Gödel, Escher, Bach. Ein endloses geflochtenes Band (Klett-Cotta, Stuttgart [11]1988)
Hohoff, Curt: Unter den Fischen. Erinnerungen an Männer, Mädchen und Bücher 1934-1939 (Limes Verlag, Wiesbaden 1982)
Honorius Augustodunensis (auch H. von Autun und H. von Regensburg): Imago Mundi (= Bild der Welt; erstes MS gegen 1110, 5. und letzte Überarbeitung nach 1152; Inkunabel Nürnberg ca. 1472)
Hosnes, Arild: Vals til tusen (Det norske samlaget, Oslo 1990)
Hudson, W. H.: Far Away and Long Ago (London 1918)
Hügel, Hans Otto (Hrsg): Das große Buch der Detektive (Bastei-Lübbe Paperback, Bergisch Gladbach 1988)

D'Israeli, Isaac: Curiosities of Literature (5 Bände, London 1823)

Jackson, K. H.: The Pictish Language. In: (Hrsg. F. T. Wainwright) The Problem of the Picts (Thomas Nelson & Sons, Edinburgh 1955)
Janssen, Johann Philipp: Quintus Icilius oder der Gehorsam. Abenteuer zwischen Absolutismus und Aufklärung (Judicium-Verlag, München 1992)
Jarring, Gunnar: The Qilich-Dialect. In: Lunds Universitets Arsskrift, N.F. Avd. 1, Band 33 Nr. 3 (printed by Hakan Ohlsson, Lund 1937)
Jay, Ricky: Learned Pigs & Fireproof Women – A Histoy of Unique, Eccentric & Amazing Entertainers (Guild Publishing, London 1987)

Bibliographie

Karst, J. (Prof. honoraire de l'Université de Strasbourg): Essai sur l'origine des Basques, Ibères et peuples apparentés, avec une étude sur la préhistoire et la toponymie de l'Alsace, de la Suisse et des pays rhénans ainsi que des régions illyro-alpines et ponto-caucasiques (P.-H. Heitz, Strasbourg 1954)

Kästner, Erich: Drei Männer im Schnee (Verlag Ullstein GmbH, Frankfurt-Berlin–Wien 1979)

Kavanagh, Dan: Vor die Hunde gehen. In: Die Duffy-Krimis. (Deutsch von Willi Winkler, Haffmans Verlag, Zürich 1995)

Kemelman, Harry: die 7 als rororo thriller erschienenen Rabbi-Krimis

Kippenhahn, Rudolf: Der Stern, von dem wir leben (Deutsche Verlags-Anstalt, Stuttgart 1990)

Klopprogge, Axel: Die Deutung der Tataren in der abendländischen Literatur des 13. Jahrhunderts (Magisterarbeit an der TH Aachen, 1984)

Knoll, Ludwig: Kulturgeschichte der Erotik (10 Bände, Moewig Verlag, München 1983-1985)

Kohout, Pavel: Die Einfälle der heiligen Klara (Goldmann-Verlag, München 1990)

Kolman/Janouch: Die verirrte Generation – So hätten wir nicht leben sollen (herausgegeben und mit Anmerkungen versehen von Hanswilhelm Haefs, deutsch von Elisabeth Mahler-Berg, František Janouch, Hanswilhelm Haefs, Doris Breuer, Nadja George; Fischer Taschenbuch Verlag, Frankfurt am Main 1982)

Kowollik, Konrad: Der Bedellion-Verlag (St. Goar) veröffentlicht unter dem Obertitel ›Reihe: Unbekannte Metropole am Rhein entdeckt‹ unter dem Untertitel ›Aus der Arbeitsmappe von Pastor Kowollik‹ Studien zur Vor- und Frühgeschichte der Kreise Mayen und Cochem
- Heft 1 (1987): Die herausragende Stellung der Kreise Mayen und Cochem in der Frühgeschichte Europas, dargestellt an dem Problem Tholey
- Heft 2 (1987): Entdeckung verschollener Orte und Höfe
- Heft 3 (1988): Unbekannt und doch viele Namen: Der Kreis Mayen
- Heft 4 (1988): Hinweise auf das zweite Rom im Kreise Mayen
- Heft 5 (1989): War die Schlacht von Straßburg im Kreise Mayen-Koblenz?
- Eine zusammenfassende Darstellung seiner Überlegungen erschien in der Zeitschrift ›Deutschland in Geschichte und Gegenwart‹ (Gravert, Tübingen, 35. Jahrgang, Nr. 3, Sept. 1987, S. 35-40): Gab es ein zweites Rom am Rhein?

Bibliographie

Kracke, Helmut: Mathe-musische Knobeliske (Dümmler Verlag, Bonn 1982)
Kunstmann, Heinrich in: Die Welt der Slaven, Halbjahrsschrift für Slavistik (Sagner, München)
- Was besagt der Name Samo und wo liegt Wogastisburg?) (1979, S. 1–21)
- Spuren polnischer Zwangssiedlung in der Oberpfalz? (a. a. O., S. 172–184)
- Die Pontius-Pilatus-Sage von Hausen-Forchheim und Wogastisburg (a. a. O., S. 225–247)
- Samo, Dervanus und der Slovenenfürst Wallucus (1980, S. 171 bis 177)
- Über die Herkunft Samos (a. a. O., S. 293-313)
- Wo lag das Zentrum von Samos Reich? (1981, S. 67-101)
- Über den Namen der Kroaten (1982, S. 131-136)
- Noch einmal Banz (a. a. O., S. 352-358)
- Über den Namen der Bulgaren (1983, S. 122-130)
- Nestors Dulebi und die Glopeani des Geographus Bavarus (1984, S. 44 bis 61)
- Wer waren die Weißen Kroaten des byzantinischen Kaisers Konstantinos Porphyrogennetos? (a. a. O., S. 111–122)
- Über die Herkunft der Polen vom Balkan (a. a. O., S. 295–329)
- Mecklenburgs Zirzipanen und der Name der Peene (a. a. O., S. 353 bis 359)
- Woher die Kaschuben ihren Namen haben (1985, S. 59–65)
- Mazowsze – Land der Amazonen? Die Landschaftsnamen Masowien und Masuren (a. a. O., S. 77–88)
- Die Namen der ostslawischen Derevljane, Polotcane und Volynjane (1985, S. 235–259)
- Wie die Slovenen an den Ilmensee kamen (a. a. O., S. 388–401)
- Der Wawel und die Sage von der Gründung Krakaus (1986, S. 47–73)
- Woher die Russen ihren Namen haben (a. a. O., S. 100-120)
- Woher die Huzulen ihren Namen haben (a. a. O., S. 317–323)
- Waren die ersten Przemysliden Balkanslaven? (1987, S. 25–47)
- Der alte Polenname Lach, Lech und Lendizi des Geographus Bavarus (a. a. O., S. 145–157)
- Gniczno und Warta (a. a. O., S. 302–309)
- Der oberpfälzische Flußname Pfreimd, tschechisch Přimda (1988, S. 183–190)
- Die slovakischen Hydronyme Nitra, Cetinka, Zitava und Ipel' – Zeugen der slavischen Süd-Nord-Wanderung (a. a. O., S. 389–403)

Bibliographie

- Der Dukla-Name und sein Weg von Montenegro über die Karpaten nach Nordwestrußland (1989, S. 70–88)
- Polens Goplo-See und die Schiffahrt (a. a. O., S. 109–115)
- Slovakische Ortsnamen aus Thessalien: Prešov-Levoča-Spiš (a. a. O., S. 274–296)
- Zur Frage nach der Herkunft der Balten: Kaunas-Pomesanien-Pogesanien-Schalauen (1990, S. 16–35)
- Bojan und Trojan – einige dunkle Stellen des Igorliedes in neuer Sicht (a. a. O., S. 162–187)

sowie:

- Dagobert I. und Samo in der Sage. In: Zeitschrift für slavische Philologie, Band XXXVIII, Heft 2 (Heidelberg 1975, S. 279-302)
- Vorläufige Untersuchungen über den bairischen Bulgarenmord von 631/632. Der Tatbestand – Nachklänge im Nibelungenlied. In:Slavistische Beiträge, Band 159 (Sagner, München 1982)
- Wer war Rüdiger von Bechelaren? In: Zeitschrift für deutsches Altertum und deutsche Literatur, Band CXII (Steiner,Wiesbaden 1983, S. 233–252)
- Der anhaltische Landschaftsname Serimunti. In: Text, Symbol, Weltmodell; Johannes Holthusen zum 60. Geburtstag (Sagner, München 1984, S. 335–344)
- Die oberfränkischen Raumnamen Hummelgau und Ahorntal. In: Aspekte der Slavistik; Festschrift für Josef Schrenk. In: Slavistische Beiträge, Band 180 (Sagner, München 1984, S. 152-164)
- Der Name Piast und andere Probleme der polnischen Dynasten-Mythologie. In: Suche die Meinung; Karl Dedecius, dem Übersetzer und Mittler, zum 65. Geburtstag (Harrassowitz,Wiesbaden 1986, S. 347–354)
- Beiträge zur Geschichte der Besiedlung Nord- und Mitteldeutschlands mit Balkanslaven. In: Slavistische Beiträge, Band 217 (Sagner, München 1987)
- Choden und Hundsköpfe – vom Ursprung der alten tschechischen Grenzwacht gegen Baiern. In: Gesellschaftsgeschichte – Festschrift für Karl Bosl zum 80. Geburtstag (Oldenbourg, München 1988, Band I, S. 195–205)
- Wie sich die Hall(e)-Namen erklären (In: Blätter für oberdeutsche Namenforschung, 27. Jahrgang/1990)
- Wer war der Heide Craco der Regensburger Dollingersage? Über einen allegorischen Epilog zur Lechfeldschlacht. In: Verhandlungen des Historischen Vereins für Oberpfalz und Regensburg (132. Band 1992, S. 93-107)

Bibliographie

- Onomastische Beiträge zur Vorgeschichte der Rus': Thessalisches in Nordwestrußland; wie sich der Name Kiew erklärt. In: Welt der Slaven, N. F. XVI, 1+2 (1992, S. 211–231)
- Die Slaven: Ihr Name, ihre Wanderung nach Europa und die Anfänge der russischen Geschichte in historisch-onomastischer Sicht (Franz Steiner Verlag, Stuttgart 1996)

Lancelot und Ginover: Hrsg. Reinhold Kluge; übersetzt, kommentiert und hrsgg. von Hans-Hugo Steinhoff. Bde I + II (Deutscher Klassiker Verlag, Frankfurt/Main 1995)

Lemoine, Jacques: L'Asie Orientale – les Chinois Han, les ethnies non Han de la Chine ... (In: Encyclopédie de la Pleiade, Ethnologie régionale) Band II (Paris 1978)

Lemprière's Classical Dictionary of Proper Names mentioned in Antient Authors (London 1788)

Lenz, Werner: Kleines Lexikon der Superlative (Bertelsmann, Gütersloh 1982)

Leonard, Elmore: Nr. 89 – unbekannt (deutsch von Jochen Stremmel, Goldmann-Krimi 5192, München 1992)

Leonhardt, Ulrike: Mord ist ihr Beruf. Eine Geschichte des Kriminalromans. (C.H. Beck, München 1990)

Lewin, Louis: Die Gifte in der Weltgeschichte (Berlin 1920)

Lexikon der Antike (Hrsg. Johannes Irmscher und Renate Johne, VEB Bibliographisches Institut, Leipzig [10]1990)

Lichtenberg, Georg Christoph: Sudelbrevier (aus den Sudelbüchern gezogen und mit einer Sudelnotiz beschlossen von Gisbert Haefs, Haffmans Verlag, Zürich 1988)

Linné, Carl von: Nemesis Divina (Hanser, München 1981)

Littell, Robert: Der Spion im Spiegel (deutsch von Bernhard Rietz, Goldmann-Verlag, München 1990)

Loewenthal, Richard: Nikolai Gavrilovich Spafarii-Milesku (1636–1708) – A Biobibliography. In: Monumenta Serica. Journal of Oriental Studies. Vol. XXXVII 1986/87, S. 95–111 (Steyler Verlag, Nettetal 1989)

Lyall, Gavin: Juli! Paß auf! (deutsch von Egon Strohm, Ullstein-Kriminalroman 1989)

Mackay, Charles: Zeichen und Wunder – Aus den Annalen des Wahns (Eichborn Verlag, Frankfurt am Main 1992)

Mahal, Günther: Faust – Der Astrologe, Alchimist und Wunderheiler Johann

Georg Faust, Zeitgenosse Luthers. Leben, Wirken und Zeit des großen deutschen Magiers (Scherz Verlag, München 1980)

Mandelbrot, Benoit B.: Die fraktale Geometrie der Natur (Birkhäuser, Basel 1988)

Matronen und verwandte Gottheiten. Ergebnisse eines Kolloquiums, veranstaltet von der Göttinger Akademiekommission für die Altertumskunde Mittel- und Nordeuropas; Beihefte der Bonner Jahrbücher Band 44 (Rheinland-Verlag GmbH, Köln 1987)

Matthaei Parisiensis, Monachi Sancti Albani, Cronica Majora, edited by Henry Richards Luard (7 Bände, London 1872-1883)

McNeill, William H.: Plagues and Peoples (Anchor Press, New York 1976)

Mennicken, Paul: Hondet en Ee op Rörender Platt (Gesellschaft zur Förderung des Töpfereimuseums, Raeren 1989)

Michelet, Jon: In letzter Sekunde (deutsch von Gabriele Haefs, Fischer Taschenbuch Verlag, Frankfurt/Main 1990)

Milligan, Spike: Puckoon (Haffmans Verlag, Zürich)

Möller, Joachim: Wagner – Nietzsche – George. Das Ende von Philosophie, Musik, Dichtung (Verlag Die Blaue Eule, Essen 1994)

Moncada, Francisco de: Expedición de los Catalanes y Aragoneses contra Turcos y Griegos (Madrid 1943)

Die Mongolen und ihr Weltreich (Hrsg. Axel Eggebrecht; u. a. Hansgerd Göckenjan: Die Welt der frühen Reiternomaden; Michael Weiers: Geschichte der Mongolen, und: Westliche Boten und Reisende zu den Mongolen im 13. und 14. Jahrhundert; Erhard Rosner: Mongolen auf dem chinesischen Kaiserthron; Walther Heissig: Bewältigung in der Dichtung – die Literatur der Mongolen; C. C. Müller: Die Religion der Mongolen. Katalog der Mongolen-Ausstellung, bei: Verlag Philipp von Zabern.

S. Morgensterns klassische Erzählung von wahrer Liebe und edlen Abenteuern ›Die Brautprinzessin‹ – gekürzt und bearbeitet von William Goldman – die Ausgabe der »spannenden Teile« (deutsch von Wolfgang Krege, Hobbit Press Klett-Cotta, Stuttgart 1977)

Mühlberg, Dietrich: Sexuelle Orientierungen und Verhaltensweisen in der DDR. In: Sozialwissenschaftliche Informationen, Jahrgang 24, Heft 1 (Erhard Friedrich Verlag, Seelze 1995)

Nabokov, Vladimir: Einladung zur Enthauptung (deutsch von Dieter E. Zimmer, Rowohlt Verlag, Reinbek 1990)

Nadas, Péter: Der Lebensläufer (Aus dem Ungarischen von Hildegard Grosche, Rowohlt, Berlin 1995)

Needham, Joseph: Chinas Bedeutung für die Zukunft der westlichen Welt (Heft 1 der Schriftenreihe der Deutschen China-Gesellschaft, hrsg., übersetzt und mit Anmerkungen versehen von Hanswilhelm Haefs, Köln 1977)

– Science and Civilization in China (bisher 18 Bände, Cambridge University Press seit 1954)

Nehberg, Rüdiger: Die Kunst zu überleben – Survival (Ernst Kabel Verlag, Hamburg 1981)

Das Nibelungenlied in der Fassung C (›Lied‹): übersetzt, eingeleitet und erläutert von Felix Genzmer (Philipp Reclam jun., Stuttgart 1965)

Das Nibelungenlied auf der Basis der Fassung B (›Not‹): mittelhochdeutscher Text und Übertragung, herausgegeben, übersetzt und mit einem Anhang versehen von Helmut Brackert, 2 Bände (Fischer Taschenbuch Verlag Nr. 6038/39, Frankfurt/Main, Ausgabe 1984)

Nicolaisen, W. F. H.: p-Celtic Names: Pictish and Cumbric; in Nicol.: Scottish Place-Names, their study and significance. (B.T. Batsford Ltd., London 1976)

Niebelschütz, Wolf von: Freies Spiel des Geistes – Reden und Essays (Eugen Diederichs, Düsseldorf 1961)

Nimoy, Leonard: Ich bin Spock (Heyne-Verlag, München 1996)

Norfolk, Lawrence: Lemprière's Wörterbuch (deutsch von Hanswilhelm Haefs, Albrecht Knaus-Verlag, München 1992)

Ørum, Poul: sämtliche bisher als rororo thriller erschienenen Dänemark-Krimis

Parisot, Jeannette: Dein Kondom, das unbekannte Wesen – Eine Geschichte der Pariser (Kabel Verlag, Hamburg 1987)

Pastior, Oskar: Kopfnuß Januskopf – Gedichte in Palindromen (Hanser Verlag, München 1990)

Peitgen, Heinz Otto; Saupe, Dietmar: The Science of Fractal Images (Springer, Heidelberg/New York 1988)

Pernoud, Régine: Christine de Pizan, Das Leben einer außergewöhnlichen Frau und Schriftstellerin im Mittelalter (deutsch von Sybille A. Rott-Illfeld, dtv 11192, München 1990)

Pesch, Alexandra: Brunaǫld, haugsǫld, kirkjuǫld – Untersuchungen zu den archäologisch überprüfbaren Aussagen in der Heimskringla des Snorri

Sturluson. Texte und Untersuchungen zur Germanistik und Skandinavistik Band 35 (Peter Lang Verlag, Frankfurt/Main 1996)
Pinnow, Jürgen: Indianersprachen bei Karl May. Zwei Abhandlungen (Sonderheft der KMG 69, 1987)
- Aus der Geisteswelt der Apachen und Navaho + Indianersprachen bei Karl May II (Sonderheft der KMG 74, 1988)
- Die Sprache der Chiricahua-Apachen, mit Seitenblicken auf das Mescalero. Eine Übersicht (Helmut Buske-Verlag, Hamburg 1988)
- Neues zu Inn-nu-woh, Winnetou und anderen indianischen Eigennamen (Sonderheft der KMG 95, 1993)
Pizan, Christine de: Das Buch von der Stadt der Frauen (deutsch und kommentiert von Margarete Zimmermann, dtv 2220, München 1990)
Plaul, Hainer: Illustrierte Karl May Bibliographie (K. G. Saur, München-London-New York-Paris 1989)
Poetisches Abracadabra – Neuestes ABC- und Lesebuechlein: Zusammengestellt und mit einem Nachwort versehen von Joseph Kiermeier-Debre und Fritz Franz Vogel (dtv, München 1992)
Polnische Pointen (ausgewählt und übertragen von Karl Dedecius, Carl Hanser Verlag, München 1962)
Polo, Marco: Il Milione – Die Wunder der Erde (übersetzt von Elise Guignard, Manesse Bibliothek der Weltliteratur, Zürich 1983)
Prodolliet, Ernest: Faust im Kino – Die Geschichte des Faustfilms von den Anfängen bis in die Gegenwart (Band 12 der Reihe des Instituts für Journalistik und Kommunikationswissenschaft der Universität Freiburg, Schweiz, 1978)

Die Räter/I Reti. Im Auftrag des Kantons Graubünden, von Ingrid R. Metzger und Paul Gleirscher redigiert; hrsgg. von der Kommission III (Kultur) der Arbeitsgemeinschaft Alpenländer in der Schriftenreihe der ARGE ALP (Verlagsanstalt Athesia, Bozen 1992)
Rehder, Peter: Aco Šopovs ›Molitvi na moeto telo‹ – ein Meisterwerk der modernen makedonischen Lyrik (deutsche Übersetzung, Anmerkungen und Kommentar). In. Ars Philologica Slavica – Festschrift für Heinrich Kunstmann, hrsg. v. V. Setschkareff, P. Rehder, H. Schmid, Verlag Otto Sagner, München 1988, S. 314-329
Ritter (-Schaumburg), Heinz: Die Nibelungen zogen nordwärts (Otto Reichl, Buschhoven [3]1987)
- Dietrich von Bern – König zu Bonn (Herbig, München 1982)

- Die Didrikschronik (Reichl-Verlag, Buschhoven 1990)
- Der Cherusker – Arminius im Kampf mit der römischen Weltmacht (Herbig-Verlag, München 1988)

Ronart, S. & N.: Concise Encyclopedia of Arabic Civilization (Amsterdam 1966)

Room, Adrian: Dictionary of Place-names in the British Isles (Bloomsbury Publishing Ltd., London 1988)

Rublack, Ulinka: Pregnancy, Childbirth and the Female Body in Early Modern Germany. In: Past and Present 150, Februar 1996

Rucker, Rudy: Die Wunderwelt der vierten Dimension (Scherz Verlag, Bern-München-Wien 1990)

Rüger, Christoph B.: Gallisch-Germanische Kurien. In: Epigraphische Studien 9, Bonn 1972, S. 251-260
- Römische Inschriftenfunde aus dem Rheinland 1978-1982. In: Epigraphische Studien 13, Bonn 1983, S. 111-166
- A Husband for the Mother Goddesses – Some Obersavations on the Matronae Aufaniae. In: Rome and her northern provinces – Papers presented to Sheppard Frere ... (Alan Sutton, Oxford 1983)
- Eine Ubica Aemulatio Claudi Caesaris? – Beobachtungen zu einem Graphem in Niedergermanien. In: Acta Archaeologica Lovaniensia 25, 1986, S. 159-166
- Beobachtungen zu den epigraphischen Belegen der Muttergottheiten in den lateinischen Provinzen des Imperium Romanum. In: Matronen und verwandte Gottheiten (Beihefte der Bonner Jahrbücher Band 44, Rheinland-Verlag GmbH, Köln 1987)
- Observaciones acerca de la construcción de los puentes romanos en Renania. Técnica y función: politica desde César hasta Honorio. In: 1er Seminario Internacional Puente de Alcántara – Cuadernos de San Benito 1, 1989

Rühmkorf, Peter: Tabu I. Tagebücher 1989-1991 (Rowohlt-Verlag, Reinbek bei Hamburg 1995)

Satterthwait, Walter: Miss Lizzie (Haffmans Verlag, Zürich 1995)

Schmidsberger, Peter: Heilpflanzen (Gondrom Verlag, Bidlach 1988)

Schmidt, Arno: Die Gelehrtenrepublik (Bd. 5 des erzählerischen Werks in 8 Bänden der Edition der Arno Schmidt Stiftung im Haffmans Verlag, Zürich 1985)

Schmidt, Volker: Rethra – Mecklenburgs versunkene Akropolis. In: Mecklenburg Magazin 22/93 S. 7-11

Schmoekel, Reinhard: Deutsche Sagenhelden und die historische Wirklichkeit (Georg Olms Verlag, Hildesheim-Zürich-New York 1995)

Schneider, Wolf: Die Sieger (Gruner + Jahr AG & Co, Hamburg, o. J.)

Schüssler, Thomas G.: Das Beste von Gott (Haffmans Verlag, Zürich 1995)

Schwinn, Thomas: Wieviel Subjekt benötigt die soziologische Theorie? In: Sociologia internationalis, Band 33, Heft 1 (Duncker & Humblot, Berlin 1995)

Sédillot, René: Le coût de la Révolution française – Vérités et Légendes (Perrin, Paris 1987)

Shah, Idries: The Secret Lore of Magic (London 1957)

Silberner, Edmund: Moses Hess – Geschichte seines Lebens (E. J. Brill, Leiden 1966)

Sjöwall, May + Wahlöö, Per: sämtliche bisher als rororo thriller erschienenen Schweden-Krimis

Speer, Albert: Erinnerungen (Propyläen Verlag, Berlin 1969)

Speidel, Michael: The Captor of Decebalus – a new inscription from Philippi. In: Journal of Roman Studies 60, 1970, S. 142–153

Spender, Dale: Mothers of the Novel (Pandora, New York 1986)

Spense, Jonathan D.: The Memory Palace of Matteo Ricci (Penguin Books, New York 1984)

Die Sprachen im Römischen Reich der Kaiserzeit (Bonner Kolloquium 1974, Beihefte der Bonner Jahrbücher Band 40, Rheinland-Verlag GmbH, Köln 1980)

Stanesco, Michel: L'étrange aventure d'un faux muet. In: Cahiers de civilisation médiévale, 32. Jahrgang, Heft 2, 1989

Stary, Giovanni: I primi rapporti tra Russi e Cina. Documenti e testiomoniance (Guida Editori, Napoli 1974)

Geschichtliche und sprachliche Betrachtungen über den Genuß von Milch-Branntwein am Hofe K'ang-hsi's (1662–1722). In: Eurasia Nostratica, Festschrift für Karl Heinrich Menges, Bd. I-II (Wiesbaden 1977)

Steen, Sita: Schüttelrosen welken nicht – Ein bunter Strauß schüttelgereimt (Lax-Verlag, Hildesheim 1984)

– Neue Schüttelgedichte der Meistergilde (dito 1985)

– Viele schicke Gedichte und eine dicke Geschichte über Till Eulenspiegel (dito 1989)

Stein, Bernhard: Spargel (Hugo Matthaes Druckerei, Stuttgart 1993)

Stephani, Claus: Frauen im Wassertal. Lebensprotokolle aus Ostmarmatien (dtv, München 1990)

Bibliographie

Sülzer, Bernd: Unternehmen Harzreise (Weismann Verlag, Frauenbuchverlag GmbH, München 1986)
Swadesh, Morris: Lexicostatistic Classification. In: Vol. V »Linguistics« des Handbook of Middle American Indians (University of Texas Press, Austin ²1972)

Taylor, Colin: Die Mythen der nordamerikanischen Indianer (deutsch von Eva und Thomas Pampuch, Verlag C.H. Beck, München 1995)
Thalmayr, Andreas: Das Wasserzeichen der Poesie oder: Die Kunst und das Vergnügen, Gedichte zu lesen, in hundertvierundsechzig Spielarten vorgestellt von A. Th. (herausgegeben von Hans Magnus Enzensberger in ›Die Andere Bibliothek‹ bei Franz Greno, Nördlingen 1985)
Thomas, Ross: sämtliche bisher als Ullstein-Krimis erschienene Werke (der beste Weg, um festzustellen, was aus den Gesellschaftstheorien aller Art wird, sobald die Regenten die Gemeinschaftsstrukturen korruptiv verrotten lassen)
Thorndike, Lynn: A History of Magic and Experimental Science during the first thirteen centuries of our era (8 Bände, Columbia University Press, New York 1923-1958)
Tociliescu/Benndorf/Niemann: Monumentul dela Adamklissi – Tropaeum Traiani (Verlag Alfred Hoelder, Wien 1895)
Trevor-Roper, Hugh: Hermit of Peking – the hidden Life of Sir Edmund Backhouse (Penguin Books, New York 1978)
Čechura, Jaroslav: Počátky oseckého kláštera - mnišska kolonie v Mašt'ově (Die Anfänge des Klosters Osek – eine Mönchskolonie in Maschau). In: Památky príroda život, 10/1978 S. 53-60. Vlastivědny čtvrtletník Chomutovska (Komotauer Vierteljahresschrift)
Der Tübinger Reim-Faust von 1587/88. Aus der ›Historia ...‹ von 1587 in Reime gebracht von Johannes Feinaug. Als Facsimile herausgegeben, mit einem Nachwort und Texterläuterungen von Günther Mahal (Jürgen Schweier Verlag, Kirchheim/Teck 1977)
Twain, Mark: Bummel durch Europa (Diogenes Verlag AG, Zürich 1990)
– Ein Yankee aus Connecticut an König Artus' Hof (dtv, München 1985)

Udolph, Jürgen: Namenkundliche Studien zum Germanenproblem. Ergänzungsband 9 zum Reallexikon der Germanischen Altertumskunde (Walter de Gruyter Verlag, Berlin 1994)
Untermann, Jürgen: Trümmersprachen zwischen Grammatik und Ge-

schichte. Vorträge in der Rheinisch-Westfälischen Akademie der Wissenschaften, G 245 (Westdeutscher Verlag, Opladen 1980)

Valentin, Claus: Faszinierende Unterwasserwelt des Mittelmeeres (Pacini Editore, Pisa 1986; Vertrieb in Deutschland: Verlagsbuchhandlung Paul Parey, Hamburg)

Velímský, Tomáš: Ke vzniku mašt'ovského územního a majetkového celku (Die Anfänge des Maschauer Klosterbesitzes). In: Muzejni a vlastivědna prace / 30 časopis společnosti přátel starožitnosti 100/3/1992, S. 156–169

Vennemann gen. Nierfeld, Theo: Zur Erklärung bayerischer Gewässer- und Siedlungsnamen. In: Sprachwissenschaft 18 (1993), S. 425–483

Vogel, Martin: Onos Lyras – Der Esel mit der Leier (2 Bände, Verlag der Gesellschaft zur Förderung der systematischen Musikwissenschaft, Düsseldorf 1973)

Wang Dayou: Die Darstellung von Drache und Phönix (chinesisch, Beijing 1988). An rund 1000 Abbildungen von Drachen und Phönixen aus dem Vergleich mit japanischen und amerikanisch-indianischen Drachen bzw. »geflügelten Schlangen« werden weitere Indizien für die Möglichkeit, daß sich die Kulturen um das nördliche Pazifikbecken aus gemeinsamen Wurzeln entwickelt haben könnten, aufgezeigt.

Watzlawick, Paul: Wie wirklich ist die Wirklichkeit? (R. Piper & Co. Verlag, München-Zürich 1976)

Weiers, Michael: Mongolische Reisebegleitschreiben aus Tschagatai. In: Zentralasiatische Studien (ZAS) 1/1967, S. 7–54

– Bericht über Sammeltätigkeit in Taiwan (mandschurische Originalakten). In: ZAS 6/1972, S. 585–601

– Das Verhältnis des Ligdan Khan zu seinen Völkerschaften. In: Serta Tibeto-Mongolica, Festschrift Heissig, 1973, S. 365–379

– Zwei mandschurische und mongolische Schreiben des Sure Han aus dem Jahre 1635. In: ZAS 9/1975, S. 447–477

– Ein Schreiben südmongolischer Stammesfürsten an den Mandschuherrscher Sure Han aus dem Jahre 1636. In: Tractata Altaica, Festschrift D. Sinor, 1976, S. 755–766

– Die Kuang-Ning Affäre, Beginn des Zerwürfnisses zwischen den mongolischen Tsakhar und den Mandschuren. In: ZAS 13/1979, S. 73–91

– Mandschu-mongolische Strafgesetze aus dem Jahre 1631 und deren Stellung in der Gesetzgebung der Mongolen. In: ZAS 13/1979, S. 137–190

Bibliographie

- Die Verträge zwischen Rußland und China 1689-1881. Facsimile der 1889 in Sankt Petersburg erschienenen Sammlung mit den Vertragstexten in russischer, lateinischer und französischer sowie in chinesischer, mandschurischer und mongolischer Sprache. Herausgegeben und eingeleitet von Michael Weiers, Bonn 1979
- Specimina mandschurischer Archivalien aus der K'ang-Hsi-Zeit (5 Schriftstücke aus dem Briefverkehr des Kaisers mit dem Bannermarschall Anjuhu zu Fengtina = Mukden über Handels- und Wirtschaftsfragen im Zusammenhang mit schweren Erdbeben: 1. der Kaiser fordert Berichte über Erzmutungen im Bannergebiet an am 22.X.1679, 2. der Immediatbericht über den Mutungsbefund vom 22.X.1679, 3. die kaiserliche Kabinettsorder über weiteres Vorgehen vom 12.XII.1679, 4. Kabinettsorder über die Vorbereitung einer großen Jagd nach der Befriedung Yunnans vom 16.I.1682, 5. zusätzliche Order vom 10.III.1682 über den Termin der Jagd). In: ZAS 14/1980, S. 7-40.
- Gesetzliche Regelungen für den Außenhandel und für Auswärtige Beziehungen der Mongolen unter Kangxi zwischen 1664 und 1680. In: ZAS 15/1981, S. 27-52
- Der russisch-chinesische Vertrag von Burinsk vom Jahre 1727 (zur mandschurischen und der mongolischen Textfassung des Sbornik). In: Asiatische Forschungen, Band 80, Florilegia Manjurica in memoriam Walter Fuchs, 1982, S. 186-204
- Aus der Poesie der Mogholen. In: Acta Orientalia Academiae Scientiarum Hungaricum, Band XXXVI (1–3, S. 563–574, Budapest 1982/83)
- Zu den mongolischen und mandschurischen Akten und Schriftstücken des 17. bis 20. Jh.s (1. ein Schriftwechsel zwischen Mandschuren und Khortsin-Mongolen über ihren Bündnisvertrag vom 29.VI.1626, 2. eine Rechtsbelehrung des Mandschuherrschers Abahai an die Dörben Keüked-Mongolen vom 13.II.1631, 3. eine Glückwunsch-Throneingabe mongolischer Adliger an Kaiser Kang-hsi aus dem Jahre 1722 als Beleg für seine damalige Beliebtheit und als Paradigma des Bauschemas solcher Eingaben, 4. drei Texte von 1778 zur rechtlichen Regelung eines Finanzunterschleifs in der niedrigen Beamtenschaft, 5. eine von 1652 datierte Liste der Pflichtabgaben der höchsten Lamas – Dalai, Pantschen, Kutukhtu –, aus der ihre hierarchische Rangfolge und ihr politisches Gewicht deutlich werden, 6. ein Reisebegleitschreiben vom 1.VI.1907 für 2 Russen durch die Mongolei als Beispiel technolektisch organisierten Amtsmongolisch). In: Archiv für Zentralasiatische Geschichtsforschung,

Heft 3/1983, S. 71–120
- Die Mongolen – Beiträge zu ihrer Geschichte und Kultur (Wissenschaftliche Buchgesellschaft, Darmstadt 1986)
- Bemerkungen zu mongolischen Ortsnamen. In: Ural-Altaische Jahrbücher, NF Band 7, S. 233–240, Wiesbaden 1987
- Der erste Schriftwechsel zwischen Khalkha und Mandschuren und seine Überlieferung. In: ZAS 20/1987, S. 107–139
- Zum Verhältnis des Ch'ing-Staates zur lamaistischen Kirche in der frühen Yung-Cheng Zeit. In: ZAS 21/1988/89, S. 115–131
- Bemerkungen zu einigen sprachlichen Eigenheiten des Südostmongolischen im 17. Jahrhundert. In: Gedanke und Wirkung – Festschrift zum 90. Geburtstag von Nikolaus Poppe, Verlag Harrassowitz, Wiesbaden 1989, S. 366–372

Weis, Hans: Jocosa, lateinische Sprachspielereien (R. Oldenbourg-Verlag, Düsseldorf [5]1952)

Westwood, Jennifer: The Atlas of Mysterious Places (London 1987)

Wetering, Janwillem, van de: die 9 als rororo-Thriller erschienenen Amsterdam-Krimis

Wolf, Armin: König für einen Tag – Konrad von Teck, gewählt, ermordet und vergessen (Stadt Kirchheim unter Teck, Schriftreihe des Stadtarchivs, Band 17, [2]1995)

Wolf, Ror: Tranchirers letzte Gedanken über die Vermehrung der Lust und des Schreckens (Anabas-Verlag, Gießen 1994)

Wolk, Allan: The Naming of America – how continents, countries, states, counties, cities, towns, villages, hamlets and post offices came by their names (Cornerstone Library, New York 1977)

Wu, Silas: Communication and Imperial Control in China. Evolution of the Palace Memorial System (Cambridge, Mass., 1970)

Yule, Henry u. a.: Hobson Jobson (Kalkutta 1986)

Zhang Jie: Solange nichts passiert, geschieht auch nichts (Satiren, deutsch von Michael Kahn-Ackermann, dtv 11148, München 1989)

Zürn, Unica: Gesamtausgabe in fünf Bänden (hrsg. von Günter Bose und Erich Brinkmann, Verlag Brinkmann & Bose, Berlin 1989)